最高人民法院第二巡回法庭
典型案例及审判经验集萃丛书　03
编委会主任　胡云腾

# 行政典型案例及审判经验

主　编　郭修江　蔡小雪
执行编辑　熊俊勇　陆阳
最高人民法院第二巡回法庭　编著

人民法院出版社

图书在版编目（CIP）数据

行政典型案例及审判经验 / 郭修江，蔡小雪主编；最高人民法院第二巡回法庭编著. -- 北京：人民法院出版社，2019.5

（最高人民法院第二巡回法庭典型案例及审判经验集萃丛书）

ISBN 978-7-5109-2442-2

Ⅰ.①行… Ⅱ.①郭… ②蔡… ③最… Ⅲ.①行政诉讼—审判—案例—中国 Ⅳ.① D925.385

中国版本图书馆 CIP 数据核字（2019）第 033155 号

### 行政典型案例及审判经验

郭修江　蔡小雪　主编
最高人民法院第二巡回法庭　编著

| | |
|---|---|
| 责任编辑 | 兰丽专　赵作栋　陈晓璇 |
| 出版发行 | 人民法院出版社 |
| 地　　址 | 北京市东城区东交民巷 27 号（100745） |
| 电　　话 | （010）67550520（责任编辑）　67550558（发行部查询） |
| | 　　　　65223677（读者服务部） |
| 客服QQ | 2092078039 |
| 网　　址 | http：//www.courtbook.com.cn |
| E-mail | courtpress@sohu.com |
| 印　　刷 | 三河市国英印务有限公司 |
| 经　　销 | 新华书店 |
| 开　　本 | 787×1092 毫米　1/16 |
| 字　　数 | 318 千字 |
| 印　　张 | 20.75 |
| 版　　次 | 2019 年 5 月第 1 版　2020 年 11 月第 2 次印刷 |
| 书　　号 | ISBN 978-7-5109-2442-2 |
| 定　　价 | 78.00 元 |

版权所有　侵权必究

## 最高人民法院第二巡回法庭
## 典型案例及审判经验集萃丛书

### 编 委 会
（按姓氏笔画排序）

主　任　胡云腾

副主任　郑学林　郭修江　曾广东　虞政平　蔡小雪

委　员　齐　素　李明义　苏　戈　汪国献　张志弘

　　　　张能宝　高　珂　董　华

# 发挥司法改革排头兵作用
# 坚持审判重心下移　促进司法为民公正司法[*]

——2017年1月20日，最高人民法院院长周强在最高人民法院第一、第二巡回法庭成立两周年座谈会上的讲话（节录）

党的十八大以来，以习近平同志为核心的党中央高度重视法治建设，党的十八届四中全会对全面深化司法体制改革作出重要部署，提出最高人民法院设立巡回法庭这一重大改革举措，对于实现审判机关重心下移、就地解决纠纷、方便当事人诉讼，加快建设公正高效权威的中国特色社会主义司法制度，具有十分重大而深远的意义。

两年来，最高人民法院第一、第二巡回法庭坚持依法履职，在践行司法为民、公正司法，推进司法体制改革，服务和保障当地经济社会发展，维护社会大局稳定等方面发挥了重要作用，取得了显著成绩。一是坚持重心下移，依法公正高效审理案件。两年来，两个巡回法庭共收案4445件，结案3948件，其中审理跨行政区域案件633件。二是充分发挥司法改革"先行者""试验田""排头兵"作用，形成了一批可复制、可推广的经验。巡回

---

[*] 摘自《人民法院报》2017年1月21日。

法庭率先推进司法责任制改革，庭领导不再签批案件，真正实现"让审理者裁判，由裁判者负责"。实行审判团队模式，通过类案参考、主审法官联席会议、裁判文书交叉校验等机制，统一裁判尺度，规范审判权运行，法官责任感明显增强，办案质量效率显著提高。精简内设机构，实行扁平化管理模式，体现了审判权与行政事务管理权相分离的改革精神。三是牢牢坚持司法为民，成为群众"家门口的最高人民法院"。充分发挥巡回法庭贴近基层、贴近一线的优势，围绕就地解决纠纷、方便当事人诉讼等改革初衷，妥善审理案件，较好满足了人民群众多元司法需求。突出巡回特色，积极开展巡回接访、巡回开庭、巡回阅卷、巡回询问、巡回宣判等各项巡回审判工作，两个巡回法庭共巡回办案480余次，让司法更贴近人民群众。高度重视涉法涉诉信访工作，大量矛盾纠纷得到实质性化解，涉诉信访数量明显下降。四是积极延伸司法服务职能，加强协作交流。加强对巡回区地方法院的审判业务指导，提高巡回区法院的审判水平，确保裁判尺度统一。深化司法公开，加强与法学院校的深度合作，开展区际司法协作，取得积极成果。五是高度重视加强巡回法庭党的建设，不断提升队伍整体素质。严格落实从严治党主体责任，加强教育培训工作，促进队伍正规化、专业化、职业化，展现了最高人民法院巡回法庭法官的良好职业素养和精神风貌。

最高人民法院巡回法庭充分发挥司法改革"先行者""试验田""排头兵"作用，已经成为展示我国司法改革成果和社会主义法治建设的重要窗口。总结巡回法庭工作，有以下几方面经验：

一是牢牢坚持党的领导,确保正确政治方向,确保始终沿着中国特色社会主义法治道路前进。二是牢牢坚持以人民为中心,以人民满意为标准,让司法更好地走近群众、服务群众,打牢人民司法事业的群众基础。三是牢牢坚持公正司法,紧紧抓住执法办案这个第一要务,努力让每一起案件都经得起法律和历史的检验。四是牢牢坚持改革创新精神,以改革创新精神为引领,以改革的手段破解前进中的困难和问题。五是牢牢坚持从严治党、从严治院,全面落实从严治党各项要求,坚持严格教育、严格管理、严格监督,建设一支信念坚定、司法为民、敢于担当、清正廉洁的巡回法庭队伍,为公正司法提供有力组织保障。

要牢固树立"四个意识",坚决维护以习近平同志为核心的党中央权威。要深入学习贯彻习近平总书记系列重要讲话精神和治国理政新理念新思想新战略,牢牢坚持党对人民法院工作的绝对领导,牢牢坚持党中央集中统一领导,坚决维护党中央权威,在思想上政治上行动上始终同以习近平同志为核心的党中央保持高度一致,把党中央重大决策部署不折不扣落实到巡回法庭工作中去,确保始终保持正确政治方向。

要发挥各自优势,坚持不断探索,持续深化司法体制改革,为巡回区经济社会发展提供有力司法服务和保障。要树立大局意识,围绕大局、围绕重大国家战略统筹谋划,深入研究当地经济社会特点,围绕区域发展总体战略,努力做好结合文章,提升司法服务的针对性和有效性。

要坚持不断探索,持续深化司法体制改革,推动完善中国特色社会主义巡回法庭制度。巡回法庭作为司法改革的先行者,要时刻铭记肩负的重任,持续发力,久久为功,以高度的政治责任感和强烈的历史使命感不断推动司法改革向纵深发展。要落实司法改革主体责任,建立改革问责机制,抓好重点改革和关键领域改革,以钉钉子精神狠抓贯彻落实,确保司法体制改革各项举措落地生根。要加强改革跟踪问效和科学评价,加强改革效果评估,确保司法改革的成效体现在符合"四个有利于"要求上,体现在办案质量效率提升上,体现在司法公信力提高上。

要补齐短板,着力解决制约巡回法庭工作的各种体制机制障碍。要以服务人民群众、维护社会公平正义为目标,坚决破除影响司法公正、损害司法公信力的各种障碍。要坚持问题意识,发挥巡回审判的优势,深入基层、深入一线,不断总结工作经验,认真开展调查研究。要研究加强对六个巡回法庭工作的统筹,帮助协调解决影响巡回法庭工作效能的具体问题。要不断加强信息化建设,用信息化的手段提高审判质量效率,用信息化的手段最大限度满足人民群众司法需求。要加大支持力度,做好服务保障工作,解除干警后顾之忧,为巡回法庭工作创造良好环境。

# 庭 长 感 言

  2014年10月23日,党的十八届四中全会审议通过《中共中央关于全面推进依法治国若干重大问题的决定》,明确提出最高人民法院设立巡回法庭,审理跨行政区域重大行政和民商事案件。全会闭幕后,最高人民法院党组迅速落实中央改革部署,在中央政法委直接领导下,在有关地方和部门大力支持下,于2015年1月28日、31日分别在深圳市、沈阳市设立最高人民法院第一、第二巡回法庭。2016年12月28、29日,在深入总结两年改革经验的基础上,经中央深改组决定,最高人民法院第三、四、五、六巡回法庭分别在江苏省南京市、河南省郑州市、重庆市和陕西省西安市挂牌成立。巡回法庭的管辖范围覆盖全国26个省市自治区,基本完成了巡回法庭在全国的布局。

  最高人民法院设立巡回法庭,这是以习近平总书记为核心的党中央部署的一项重大司法改革举措,实现了最高审判机关的办案力量和工作重心下移,有利于就地审理相关案件和化解信访矛盾纠纷,极大地方便了当事人诉讼,被人民群众亲切地称为"家门口的最高人民法院"。巡回法庭办理了大部分具体案件,使最高人民法院本部得以集中精力制定司法政策和司法解释,发布指导性案例,审理有重大指导意义的案件。对于保证公正司法,提高司法公信力,促进审判体系和审判能力现代化,都具有重大而深远的意义。

第二巡回法庭的同志们坚守法治信仰,凝心聚力、艰苦奋斗,开拓进取、大胆探索,在深化司法体制改革的试验田里挥洒汗水、播种希望、收获果实。第二巡回法庭在2015至2016年两个年度里共办理了各类案件2000余件,接待来访群众4万多人次,为人民群众提供了优质高效的司法服务,受到当事人、律师和社会各界广泛好评和人民群众的广泛赞誉。巡回法庭全面实行主审法官和合议庭办案负责制,坚决落实"让审理者裁判,由裁判者负责"的要求;公正审理跨行政区域重大行政和民商事案件,有效解决诉讼"主客场"问题;建立健全主审法官会议制度,确保案件质效,促进裁判标准和司法尺度统一;加强巡回审判,设立巡回审判点方便当事人诉讼;探索审判权与司法行政事务管理权相分离,落实"扁平化"管理模式;切实履行"谁执法谁普法"的普法责任制,把法治精神送进大学校园、田间地头,等等。巡回法庭的各项改革举措,顺应了新时期人民群众对司法工作的新要求,发挥了作为司法体制改革排头兵和试验田的积极作用。第二巡回法庭的改革实践和工作成效充分证明,党中央决定最高人民法院设立巡回法庭的决策是完全正确的。

为深化巡回法庭制度改革,加强巡回法庭规范化建设,充分释放巡回法庭改革的能效,为全国法院探索可复制、可推广的经验,第二巡回法庭第一批工作人员认真总结2015至2016年两个年度的改革与办案经验，将其提炼形成对审判工作有指导意义的工作方法和司法技能，按照民商事二审案件、民商事申请再审案件、行政二审与申请再审案件、刑事申诉案件和涉诉信访案件等专题汇编成册。这些研究成果，凝聚了全庭主审法官和相关同志的集体智慧和心血，既接地气又很实用。有的经验和做法受到了社会各界的重视和好评，有的已具备可复制、可推广的价值，对审判类似案件和处理涉诉信访问题具有重要借鉴意义。相信这套丛书对广大法官执法办案会有所启发，对法学理论研究有参考价值。我们也希望最高人民法院各巡回法庭后来的小伙伴们，将我们抛出的这几块"砖头"作为继续前行的垫脚石，在依法审理各类案件以及落实各项司法改革政策中进一步总结经验，继续耕好巡回法庭这块试验田，当好全面深化司法体制改革的先行者和排头兵，为推动人民法院的理论创新、制度创新和实践创新，作出应有的贡献。

最高人民法院大法官
原最高人民法院审判委员会专职委员、第二巡回法庭庭长

**胡云腾**

二〇一八年十二月

# 编写说明

最高人民法院第二巡回法庭于2015年2月2日开始受理案件，至2016年6月30日，共受理二审、申请再审和提审行政案件384件。作为最高人民法院司法改革的前沿阵地，在胡云腾大法官及庭党组的鼓励和支持下，第二巡回法庭行政审判团队在案件审理和裁判过程中，特别强调对相关法律问题的说理，形成了一批具有规范、参考价值的案例，我们从中选取50件，提取裁判要旨，分两批进行发布。本书就是在两批案例的基础上，个别调整略有重复的案例，并增加针对裁判要旨的评析内容而形成。鉴于收录案例的要旨涉及内容比较庞杂，为便于大家阅读，我们对50个案例进行了简单分类：第一部分是立案规则，21个案例；第二部分是审理规则，16个案例；第三部分是判决规则，13个案例。

以往最高人民法院编写案例，主要以对下级法院法官作出的判决进行编辑、评析。我们这本案例评析的最大特点是，全部案例都是来源于最高人民法院的生效裁判，且每一个案例都是由编写案例的第二巡回法庭行政审判团队所承办的案件。案例的编写中，我们尽可能保持生效裁判的原貌，案件基本事实，一、二审裁判的基本观点，当事人的上诉、申请再审理由，以及最高人民法院的裁判意见，与最高人民法院的生效裁判文书内容基本一致。之所以在编写案例中能够保留生效裁判的原貌，是因为我们在撰写裁判文书的过程中，非常注重裁判文书的说理，尤其是针对当事人争议焦点进行分析论证。论证中，我们注重运用三段论形式逻辑的推理方式，对每一个法律问题的法律依据进行分析、解释，并结合本案的事实进行比较、对照，符合法律规定的适用条件，小前提与大前提完全相适应的，推导出案件争议问题的裁判结论。这种裁判文书说理的模式，无论是当事人还是案外的普通读者，阅读生效裁判就能够一目了然地理解和认识法官对争议焦点的思路和观点，有助于当事人服判息诉，也有利于对下指导，同时也是一种对社会行为规范的引领。正因如此，除评析之外的内容基本是最高人民法院生效裁判文书的翻版。在此基础上，结合法理对裁判要旨进行评析，讲明法律背后的原理，更有助于读者对最高人民法院裁判的认识和理解。

法治的脚步永无止境，愿为法治国家的实现尽绵薄之力。

# 目录 CONTENTS

## 一、立案规则

❶ 信访复核意见是否具有可诉性 ……………………………… 001
❷ 劳动能力鉴定结论不具有可诉性 …………………………… 007
❸ 安全生产事故报告行政批复具有可诉性 …………………… 012
❹ 改变原处理意见的信访答复行为具有可诉性 ……………… 020
❺ 行政机关依据法院裁定组织实施的行为不具有可诉性 …… 027
❻ 对当事人权利义务不产生实际影响的政府会议纪要不具有可诉性 … 032
❼ 省级人民政府征收土地决定不具有可诉性 ………………… 036
❽ 请求确认被诉行政行为合法，不属于行政诉讼的受案范围 … 043
❾ 行政机关不履行上级交办事项的行为具有可诉性 ………… 051
❿ 息诉罢访协议具有可诉性 …………………………………… 057
⓫ 破产清算组依据法院裁定对破产企业财产的处置行为不具有可诉性 … 064
⓬ 土地储备中心签订的土地使用权收购合同属于民事合同的性质 … 068
⓭ 获得补偿后的被征收人诉补偿前的行政行为不具有原告资格 … 075
⓮ 与被诉不作为行为之间不存在利害关系的起诉人不具有原告资格 … 080
⓯ 开发区管委会是否属于适格被告 …………………………… 086
⓰ 已获得征收补偿的被征收人不具有复议申请人的资格 …… 093
⓱ 规范性文件的认定标准 ……………………………………… 099
⓲ 以公告方式送达行为的起诉期限计算 ……………………… 105

⑲ 立案登记制的理解适用 …………………………………… 109
⑳ 新旧《中华人民共和国行政诉讼法》有关起诉期限规定的衔接 ……… 114
㉑ 2 年起诉期限的规定是否继续适用 ……………………………… 121

## 二、审理规则

㉒ "其他起诉条件"的审查与释明问题 …………………………… 128
㉓ 不予立案或驳回起诉裁定中对当事人诉讼请求的释明与引导 ……… 133
㉔ 全面审查与争议焦点审查 ……………………………………… 137
㉕ 普通共同诉讼的合并审理 ……………………………………… 144
㉖ 原告对被诉行政行为的初步证明责任 …………………………… 149
㉗ 与案件实体、程序相关民事事实人民法院应予审查 ……………… 153
㉘ 不经开庭审理迳行裁判的适用条件 ……………………………… 158
㉙ 行政赔偿中原告的举证责任问题 ………………………………… 163
㉚ 有明确的被诉行政行为是行政案件立案登记的首要条件 ………… 170
㉛ 被诉行政行为的可诉性不受行政复议决定约束 …………………… 174
㉜ 二审改变一审裁判理由维持其结果的合法性 ……………………… 178
㉝ 诉讼中行政机关负责人出庭应诉问题 …………………………… 184
㉞ 资产评估报告的审查及处理 ……………………………………… 190
㉟ 被诉行政行为主要事实清楚的理解 ……………………………… 201
㊱ 审查再审申请程序中的调解问题 ………………………………… 208
㊲ 集体土地征收补偿标准诉讼的裁决前置程序 ……………………… 216

## 三、判决规则

㊳ 行政赔偿损失的酌定 …………………………………………… 221
㊴ 行政行为违法未侵犯原告合法权益案件的判决方式 ……………… 225
㊵ 城镇居民是否享有集体使用权 …………………………………… 230
㊶ 诉请行政补偿而实际属于行政赔偿案件的处理 …………………… 237

㊷ "一事一申请"原则的适用 …………………………………… 243
㊸ 收回土地使用权损失补偿的计算 ……………………………… 248
㊹ 对"权属有争议的"不得颁证的理解 ………………………… 257
㊺ 违法强制拆除房屋的行政赔偿 ………………………………… 269
㊻ 房屋征收中市场价格补偿的理解适用 ………………………… 279
㊼ "住改非"房屋的征收补偿标准 ……………………………… 287
㊽ "停产停业期间必要的经常性费用开支"的理解适用 ……… 295
㊾ 违法强制拆除造成可回收废旧建筑材料损失的赔偿 ………… 305
㊿ 不履行监管职责造成当事人损失的行政赔偿 ………………… 311

**后记** …………………………………………………………………… 315

# 一、立案规则

## ❶ 信访复核意见是否具有可诉性

【裁判要旨】对当事人权利义务不产生实际影响的信访答复、复查、复核意见，不属于行政复议和行政诉讼的受案范围。但是，如果信访答复、复查、复核意见对当事人的权利义务作出了新的处理，则属于行政复议、行政诉讼的受案范围。

《信访条例》第三十五条第三款关于"信访人对复核意见不服，仍然以同一事实和理由提出投诉请求的，各级人民政府信访工作机构和其他行政机关不再受理"的规定，仅仅适用于信访人的"信访"投诉申请，不适用于信访人依法申请行政复议的情形。

原审裁定驳回原告起诉理由错误、结果正确的，上级人民法院可以在改变理由后，维持原审裁定驳回起诉的结果。

最高人民法院案号：（2015）行监字第43号

再审申请人（一审原告、二审上诉人）：王景彬。

被申请人（一审被告、二审被上诉人）：辽宁省人民政府。住所地：辽宁省沈阳市皇姑区北陵大街45号。

法定代表人：陈求发，省长。

委托代理人：殷磐石、安永生，辽宁省人民政府法制办公室工作人员。

王景彬诉辽宁省人民政府（以下简称辽宁省政府）驳回行政复议申请一案，辽宁省沈阳市中级人民法院于 2010 年 6 月 9 日作出（2010）沈中行初字第 36 号行政判决，驳回王景彬的诉讼请求。王景彬提起上诉。辽宁省高级人民法院于 2010 年 8 月 11 日作出（2010）辽行终字第 86 号行政判决，驳回上诉，维持原判。王景彬向最高人民法院申请再审。

**案件基本事实**：1994 年 6、7 月份，王景彬被诈骗木材 229.95 平方米，价值 245660 元。从 1996 年开始，王景彬以铁岭市公安局刑警支队未将所扣押的物品和追缴回来的款物如数返还为由开始信访。2005 年 6 月 7 日，铁岭市公安局刑警支队就王景彬信访事项作出《公安机关处理信访事项答复意见书》，主要内容为：此案经双方协商，王景彬本人同意，已于 2004 年 5 月 20 日结案。王景彬不服，于 2005 年 6 月 16 日向铁岭市公安局提出复查请求。8 月 19 日，铁岭市公安局作出《公安机关复查信访事项答复意见书》，与铁岭市公安局刑警支队处理意见相同。王景彬仍不服，于 8 月 19 日向辽宁省公安厅提出复核请求。王景彬于 11 月 2 日收到辽宁省公安厅作出的《公安机关复核信访事项答复意见书》[辽督复核（2005）12 号，以下简称《复核意见书》]，主要内容为：（1）要求赔偿 75 平方米红松原木经济损失无依据；（2）落叶松差价 15000 元返还给本人；（3）扣押的办公用品作价返还给本人；（4）公安机关收审过甄宝军并收缴 17000 元挪用款无依据；（5）其他的赔偿问题通过法律渠道解决。王景彬经过信访处理、复查和复核之后，以对辽宁省公安厅作出的《复核意见书》有异议为由，向被告辽宁省政府提出复议申请。辽宁省政府认为，《信访条例》第三十五条明确规定："信访人对复核意见不服，仍然以同一事实和理由提出投诉请求的，各级人民政府信访工作机构和其他行政机关不再受理。"2010 年 4 月 8 日，辽宁省政府作出辽政行复驳字（2010）5 号驳回行政复议申请决定，王景彬不服该决定，向法院提起行政诉讼。

**一审判决认为**：根据《中华人民共和国行政复议法》第十二条第一款规定，辽宁省政府具有对王景彬的复议申请作出被诉决定的法定职权。辽宁省政府根据《信访条例》第三十五条第三款和《中华人民共和国行政复议法实施条例》

第四十八条第一款第（二）项的规定，作出驳回行政复议申请决定，认定事实清楚，证据充分，程序合法。王景彬的诉讼理由不能成立，对其诉讼请求不予支持。依照《最高人民法院关于执行〈中华人民共和国行政诉讼法〉若干问题的解释》第五十六条第（四）项的规定，判决驳回王景彬的诉讼请求。

**二审判决认为**：根据《中华人民共和国行政复议法》第十二条第一款、《中华人民共和国行政复议法实施条例》第四十八条第一款第（二）项的规定，辽宁省政府具有作出驳回行政复议申请决定的法定职权。本案争议焦点是王景彬申请行政复议的事项是否属于行政复议的受案范围。王景彬申请行政复议的事项为辽宁省公安厅作出的《复核意见书》，请求辽宁省政府确认该《复核意见书》违法。该《复核意见书》是辽宁省公安厅针对王景彬反映的铁岭市公安局刑警支队未将其在刑事侦查活动中扣押的物品和追缴的款物返还的信访事项作出的答复，故其不属于行政复议的受案范围。辽宁省政府适用《中华人民共和国行政复议法实施条例》第四十八条第一款第（二）项规定，作出驳回行政复议申请的决定并无不当。依照《中华人民共和国行政诉讼法》第六十一条第（一）项规定，判决驳回上诉，维持原判。

**王景彬申请再审称**：（1）辽宁省公安厅作出的《复核意见书》违反了《信访条例》第三十五条第二款的规定，同时，还违反了《辽宁省行政机关信访听证暂行办法》第二十六条的规定，即"听证报告应当作为行政机关提出办理、复核意见的主要依据。未经过听证的证据不得作为行政机关提出处理意见的依据"。（2）一、二审法院认定的铁岭市公安局刑警支队与王景彬达成的《协议书》（2004年5月20日），其内容虚假，违反有关法律规定。铁岭市公安局刑警支队只给了王景彬2万元。王景彬于2005年8月19日按照法定程序持铁岭市公安局作出的编号为018号的《公安机关复查信访事项答复意见书》向辽宁省公安厅请求复核，并请求赔偿245660元的经济损失及10年的利息、误工费、交通费等共计60万元。至今已是第20年，故总计索赔90万元。请求：撤销本案一、二审判决；判决辽宁省政府赔偿王景彬20年的经济损失共计90万元人民币。

**最高人民法院经审查认为**：根据《中华人民共和国行政复议法》第六条规定，公民、法人或者其他组织认为行政机关的具体行政行为侵犯其合法权益的，属于行政复议的受案范围。故不会对当事人的权利义务产生不利影响的行政行为，不属于行政复议的受案范围。因此，信访复核答复意见如果只是重复下级行政机关之前的处理意见，未对当事人设定新的权利义务的，属于对当事人权利义务不产生实际影响的行政行为，该行政行为不属于行政复议的受案范围。但是，如果信访复核答复意见对当事人设定了新的权利义务，事实上成为一个新的行政处理决定，则属于行政复议的受案范围。本案中，辽宁省公安厅作出的《复核意见书》并非简单重复之前的行政处理，而是明确对王景彬请求确认赔偿的有关问题作出了新的处理意见：(1) 要求赔偿75平方米红松原木经济损失无依据；(2) 落叶松差价15000元返还给本人；(3) 扣押的办公用品作价返还给本人；(4) 公安机关收审过甄宝军并收缴17000元挪用款无依据；(5) 其他的赔偿问题通过法律渠道解决。这几条意见是辽宁省公安厅对王景彬信访事项作出的新的处理意见，对王景彬的权利义务产生了实际影响，应属于行政复议受案范围。辽宁省政府以辽宁省公安厅作出的《复核意见书》不属于行政复议受案范围为由，驳回王景彬的复议申请，其理由不当，应予纠正。《信访条例》第三十五条第三款关于"信访人对复核意见不服，仍然以同一事实和理由提出投诉请求的，各级人民政府信访工作机构和其他行政机关不再受理"的规定，仅仅适用于信访人的"信访"投诉申请，并不适用于信访人依法申请行政复议的情形。

根据《中华人民共和国行政复议法》第九条规定，公民、法人或者其他组织认为具体行政行为侵犯其合法权益的，可以自知道该具体行政行为之日起60日内提出行政复议申请。本案中，王景彬于2005年11月2日收到辽宁省公安厅作出的《复核意见书》，至2009年11月15日才向辽宁省政府申请行政复议，且不存在"因不可抗力或者其他正当理由耽误法定申请期限的"情形，其复议申请显然超过了法定的申请行政复议的期限。根据《中华人民共和国行政复议法实施条例》第四十八条第一款第（二）项规定，受理行政复议申请后，发现该行政复议申请不符合《中华人民共和国行政复议法》和本条例规定的受理条件的，行政复议机关应当决定驳回行政复议申请。因此，辽宁省政府驳回王景彬复议申请的结论并无不当。根据《最高人民法院关于执行〈中华人民共和国行政诉讼法〉若干问题的解释》第九十七条，参照《最高人民法院关于适用〈中华人民共和国民事诉讼法〉的解释》第三百九十条的规定，被诉行政行为及原审判决适用法律、法规错误，但处理结果正确的，再审改判并无实质意义，本案不予再审。

王景彬申请再审认为，辽宁省公安厅作出的《复核意见书》违反《信访条例》第三十五条第二款、《辽宁省行政机关信访听证暂行办法》第二十六条的规定，未依法举行听证；2004年5月20日，铁岭市公安局刑警支队与王景彬达成的《协议书》内容虚假，违反有关法律规定。上述申请再审的理由，均为王景彬对被申请复议的行政行为实体合法性问题的辩解，因本案被诉行政行为系从程序上驳回复议申请的行政复议决定，并未涉及被申请复议行政行为的实体合法性问题，因此，王景彬申请再审的理由不能成立，最高人民法院不予支持。

综上，王景彬的再审申请不符合《中华人民共和国行政诉讼法》第九十一条规定的情形。依照《最高人民法院关于执行〈中华人民共和国行政诉讼法〉若干问题的解释》第七十四条的规定，裁定驳回王景彬的再审申请。

## 裁判解析

信访答复意见、复查意见、复核意见，未对当事人的权利义务作出新的处理，只是重复确认既往处理意见的，属于对当事人权利义务不产生实际影响的行政行为，不属于行政复议的受案范围。但是，如果信访答复意见、复查意见或者复核意见，全部或者部分否定既往的处理结果，对当事人的权利义务作出新的处理，则属于新的行政行为，属于可申请复议的行政行为。本案中，辽宁省公安厅作出的《复核意见书》改变了既往的处理意见，对王景彬的权利义务作出新的处理，属于行政复议的受案范围，一、二审法院以该《复核意见书》属于对当事人权利义务不产生实际影响的重复处理行为为由，判决驳回王景彬对辽宁省政府驳回复议申请的复议决定的诉讼请求，理由不当。但是，由于王景彬申请行政复议超过法定申请复议期限，一、二审及复议决定的结果并无不当，进入再审撤销一、二审判决，撤销复议决定,最终结果还是驳回复议申请,浪费司法和行政资源,不利于当事人服判息诉。因此,本案在说明理由后,最终裁定驳回再审申请。同时,被诉复议决定适用法律也是错误的。《信访条例》第三十五条第三款"信访人对复核意见不服,仍然以同一事实和理由提出投诉请求的,各级人民政府信访工作机构和其他行政机关不再受理"中的"复核意见"仍然是指对当事人权利义务不产生实际影响的行为,如果复核意见属于新的行政行为,对当事人权利义务作出新的处理,属于行政复议的受案范围,则不受《信访条例》第三十五条第三款的约束。对于被诉行政行为适用法律错误、结果正确的,根据修改后的《中华人民共和国行政诉讼法》至少应当判决确认违法,而不是驳回王景彬的诉讼请求。但是,本案一、二审发生在修改后的《中华人民共和国行政诉讼法》实施之前,判决驳回王景彬诉讼请求亦无不当。

【合议庭成员:郭修江 苏 戈 范向阳】

【主审法官:郭修江】

【执笔人:郭修江 陆 阳 熊俊勇】

## ❷ 劳动能力鉴定结论不具有可诉性

【裁判要旨】劳动鉴定委员会不属于法律、法规及规章授权行使行政权的组织，不是行政主体，是依法成立的技术鉴定机构；劳动鉴定委员会作出的伤残鉴定结论不属于行政行为，属专门技术鉴定结论。

复议机关应当以行政复议决定书方式作出不予受理复议申请决定，以通知书方式作出不予受理复议申请决定的，行政行为形式不当，人民法院应当予以指正。

**最高人民法院案号：（2015）行监字第95号**

再审申请人（一审原告、二审上诉人）：袁景祯。

委托代理人：霍文娟。

被申请人（一审被告、二审被上诉人）：辽宁省人民政府。住所地：辽宁省沈阳市皇姑区北陵大街45号。

法定代表人：陈求发，省长。

袁景祯诉辽宁省人民政府（以下简称辽宁省政府）不履行行政复议职责一案，辽宁省沈阳市中级人民法院于2014年8月26日作出（2014）沈中行初字第176号行政判决，驳回袁景祯的诉讼请求。袁景祯提起上诉。辽宁省高级人民法院于2014年12月4日作出（2014）辽行终字第297号行政判决，驳回上诉，维持原判。袁景祯向最高人民法院申请再审。

**案件基本事实**：2013年12月13日，辽宁省劳动鉴定委员会作出《致残程度再次鉴定结论通知单》（辽鉴再字20130268号，以下简称《鉴定结论通知单》),评定袁景祯伤残程度为四级伤残。袁景祯对该结论不服,于 2014 年 2 月 17 日提出行政复议申请。2014 年 2 月 18 日,辽宁省政府作出《告知书》,内容为:"2014 年 2 月 17 日,我办收到你提交的被申请人为辽宁省劳动鉴定委员会办公室的行政复议申请,请求撤销《致残程度再次鉴定结论通知单》(辽鉴再字 20130268 号)。《工伤保险条例》第二十四条第一款规定:省、自治区、直辖市劳动能力鉴定委员会和设区的市级劳动能力鉴定委员会分别由省、自治区、直辖市和设区的市级社会保险行政部门、卫生行政部门、工会组织、经办机构代表以及用人单位代表组成。因此,辽宁省劳动鉴定委员会不具有行政主体资格,该复议事项不属于行政复议法规定处理事项。"辽宁省政府于当日向袁景祯送达该份《告知书》。袁景祯不服,于 2014 年 6 月 3 日起诉,请求撤销辽宁省政府作出的《告知书》。

**一审判决认为**:《中华人民共和国行政复议法》第二条规定:"公民、法人或者其他组织认为具体行政行为侵犯其合法权益,向行政机关提出行政复议申请,行政机关受理行政复议申请、作出行政复议决定,适用本法。"本案中,辽宁省劳动鉴定委员会不具有行政主体资格,其作出的《鉴定结论通知单》并非具体行政行为,因此,袁景祯申请的复议事项不属于《中华人民共和国行政复议法》规定的复议范围。辽宁省政府 2014 年 2 月 17 日收到复议申请后,于次日作出《告知书》并送达袁景祯,符合《中华人民共和国行政复议法》第十七条的规定。依照《最高人民法院关于执行〈中华人民共和国行政诉讼法〉若干问题的解释》第五十六条第(四)项的规定,判决驳回袁景祯的诉讼请求。

**二审判决认为**:《工伤保险条例》第二十四条第一款规定:"省、自治区、直辖市劳动能力鉴定委员会和设区的市级劳动能力鉴定委员会分别由省、自治区、直辖市和设区的市级社会保险行政部门、卫生行政部门、工会组织、经办机构代表以及用人单位代表组成。"因此,辽宁省劳动鉴定委员会不具有行政主体资格,其作出的《鉴定结论通知单》也不属于具体行政行为。根据《中华人民共和国行政复议法》第二条规定,公民、法人或者其他组织认为具体行政行为侵犯其合法权益,有权向行政机关提出行政复议申请。行政复议的对象应当是具体行政行为。袁景祯对辽宁省劳动鉴定委员会办公室作出的《鉴定结论通知单》申请行政复议,不属于行政复议的受案范围。辽宁省政府作出不予受理《告知书》符合《中华人民共和国行政复议法》的相关规定。依照《中华人民共和国行政诉讼法》第六十一条第(一)项的规定,判决驳回上诉,维持原判。

**袁景祯申请再审称**:辽宁省政府作出的《告知书》违法。辽宁省劳动鉴定委员会于2013年12月13日作出《鉴定结论通知单》,评定袁景祯伤残程度为四级伤残。袁景祯对该结论不服,向辽宁省政府申请行政复议,请求撤销该《鉴定结论通知单》。辽宁省政府于2014年2月18日作出《告知书》,以辽宁省劳动鉴定委员会不具有行政主体资格、复议事项不属于《中华人民共和国行政复议法》规定的处理事项为由,不予受理袁景祯的行政复议申请。辽宁省政府的上述行为属于不履行行政复议职责的行政不作为。综上,袁景祯请求最高人民法院:(1)撤销本案一、二审判决;(2)判令辽宁省政府履行行政复议职责,依法作出复议决定。

**最高人民法院经审查认为**:根据《中华人民共和国行政复议法》第二条规定,公民、法人或者其他组织认为具体行政行为侵犯其合法权益,可以依法申请行政复议。该法第六条还规定,公民、法人或者其他组织认为行政机关的具体行政行为侵犯其合法权益的,属于行政复议的受案范围。据此,公民、法人或者其他组织只有对具体行政行为不服,才能依法申请行政复议。如果申请复议的对象不是具体行政行为,则不能申请行政复议。具体行政行为,行为的主体是行政机关或者法律、法规授权的组织;行为的内容是行使行政职权的活动。劳动能力鉴定委员会作出的劳动能力鉴定结论,无论是作出主体,还是行为内容都不符合具体行政行为的标准,其实质是技术鉴定结论。根据《工伤保险条例》第二十四条、第二十五条规定,劳动能力鉴定委员会由社会保险行政部门、卫生行政部门、工会组织、经办机构代表以及用人单位代表组成。劳动能力鉴定委员会建立医疗卫生专家库,列入专家库的医疗卫生专业技术人员应当具有医疗卫生高级专业技术职务任职资格、掌握劳动能力鉴定的相关知识。设区的市级劳动能力鉴定委员会收到劳动能力鉴定申请后，应当随机抽取3名或者5名相关专家组成专家组，由专家组提出鉴定意见。设区的市级劳动能力鉴定委员会根据专家组的鉴定意见作出工伤职工劳动能力鉴定结论。从上述规定可以看出，劳动能力鉴定委员会实际是一个对专业技术问题进行综合决策的机构，不是行政机关或者法律、法规授权的组织；决策的内容是依据专家组提出的意见对伤残职工的伤残等级这一专业技术性问题作出判断，而非行政职权活动。所以，《工伤保险条例》第二十六条还规定，省、自治区、直辖市劳动能力鉴定委员会作出的劳动能力鉴定结论为最终结论。《人力资源社会保障行政复议办法》第八条第（三）项亦明确规定，公民、法人或者其他组织对劳动能力鉴定委员会的行为不服，不能申请行政复议。据此，辽宁省政府对袁景祯就辽宁省劳动鉴定委员会作出的《鉴定结论通知单》申请行政复议不予受理，于法有据，一、二审判决驳回原告诉讼请求并无不当。应当指出的是，根据《中华人民共和国行政复议法》第十七条规定，行政复议机关对不符合《中华人民共和国行政复议法》规定的受理条件的，应当决定不予受理，并书面告知申请人。因此，行政复议机关应当制作不予受理决定书送达申请人。辽宁省政府以通知形式书面告知申请人、作出不予受理决定的形式不妥，应予纠正。

综上，袁景祯的再审申请不符合《中华人民共和国行政诉讼法》第九十一条第（四）项规定的情形。依照《最高人民法院关于执行〈中华人民共和国行政诉讼法〉若干问题的解释》第七十四条的规定，裁定驳回袁景祯的再审申请。

### 裁判解析

法律、法规及规章授权的组织，通常会就一些专门技术性问题作出行政行为，与技术鉴定机构的职能性质有许多相似之处，实践中，两者非常容易混淆。区别两者的关键是看授权内容的性质。法律、法规及规章授予的职能是专门技术鉴定，不属行政职权，只是技术鉴定机构，而非行政主体。反之亦然。根据《工伤保险条例》第二十四条、第二十五条规定，劳动能力鉴定委员会由社会保险行政部门、卫生行政部门、工会组织、经办机构代表以及用人单位代表组成，其主要职能是作出工伤职工劳动能力鉴定结论。《工伤保险条例》授权成立的劳动能力鉴定委员会在法律性质上属于技术鉴定机构，其行使的职能属于专门技术鉴定性质的行为，不属于行政职权范畴。为此，《人力资源社会保障行政复议办法》第八条第（三）项规定，公民、法人或者其他组织对劳动能力鉴定委员会的行为不服，不能申请行政复议。

根据《中华人民共和国行政复议法》第二条规定，公民、法人或者其他组织认为行政机关的具体行政行为侵犯其合法权益的，可以依法申请行政复议。也就是说，只有对行政行为不服，才属于行政复议的受案范围；对行政行为以外的其他行为不服，不能通过行政复议途径解决争议。本案中，袁景祯对辽宁省劳动鉴定委员会作出的《鉴定结论通知单》申请行政复议，由于劳动鉴定委员会不属于行政机关，不具有行政主体资格；致残鉴定结论也不是行政行为，属于技术鉴定结论。因此，袁景祯对该行为申请行政复议，确实不属于行政复议的受案范围，辽宁省政府不受理其复议申请，结果并无不当。但是，根据《中华人民共和国行政复议法》第十七条第一款规定，行政复议机关收到行政复议申请后，经审查认为不符合行政复议受理条件，决定不予受理的，应当书面告知申请人。这里的"书面告知申请人"，是指应当制作行政复议不予受理决定书，文书内容应当由首部、案号、行政复议当事人基本情况、案件由来、复议请求和理由、被申请人答辩、复议机关查明的事实、不予受理复议申请的主要理由和法律根据、不予受理决定结果、告知诉权和起诉期限、复议机关签章、文书制作形成日期等内容。本案中，辽宁省政府以《告知书》形式代替行政复议不予受理决定书，文书缺乏必要的形式要件，法律文书格式不完整，应当予以纠正。

【合议庭成员：郭修江　汪国献　高　珂】

【主审法官：郭修江】

【执笔人：郭修江　陆　阳　熊俊勇】

## 3 安全生产事故报告行政批复具有可诉性

【裁判要旨】负责事故调查的人民政府根据《生产安全事故报告和调查处理条例》第三十二条规定，对安监部门的事故调查报告作出的批复，对当事人权利义务产生实际影响的，属于可诉的行政行为。人民法院应当依照《中华人民共和国安全生产法》《生产安全事故报告和调查处理条例》等法律、法规规定，对该行为的合法性进行审查，依法作出判决。

行政机关工作人员履行职责，与行政管理相对人存在利害关系时，应当主动申请回避，或者由行政机关决定回避。行政机关工作人员参与有关自己应承担法律责任的案件的调查处理的，违反"不得做自己案件法官原则"，构成违反回避规定的行政程序违法行为。

**最高人民法院案号：（2015）行监字第730号**

再审申请人（一审原告、二审上诉人）：王大庆。
委托代理人：孙宝岩，辽宁冠雄律师事务所律师。
被申请人（一审被告、二审被上诉人）：辽宁省大连市人民政府。住所地：辽宁省大连市西岗区人民广场1号。
法定代表人：肖盛峰，市长。
委托代理人：刘斌，辽宁省大连市安全生产监督管理局工作人员。
委托代理人：杨琳，辽宁青松律师事务所律师。

王大庆诉辽宁省大连市人民政府（以下简称大连市政府）安全事故报告行政批复一案，辽宁省大连市中级人民法院于2015年2月13日作出（2015）

大行初字第 38 号行政判决，驳回王大庆的诉讼请求。王大庆提起上诉。辽宁省高级人民法院于 2015 年 5 月 25 日作出（2015）辽行终字第 00112 号行政判决，驳回上诉，维持原判。王大庆申请再审。

**案件基本事实**：2013 年 6 月 2 日，王大庆将 6 月 1 日未下发的编号为第 0010374 号的 939# 罐动火许可证有效期改为 6 月 2 日，并安排三苯罐区外操作工慈军对 939# 罐进行现场动火作业监督。慈军到达小罐区现场时，大连林沅建筑工程有限责任公司（以下简称林沅公司）的领班张洪伟、电气焊工陶崇海、姚忠利及力工石成泉已在现场。9 时 30 分许，慈军与王大庆一起登上 939# 罐顶，王大庆闻到很重的油气味，但无法确定泄漏源，慈军用便携式可燃气体报警器对观察孔处可燃气体浓度进行了检测，王大庆检查检尺口，并将卡口卡好后用防火布盖上，确认呼吸阀盲板已加上。因泡沫发生器附近油气味道大，随即要求施工单位将泡沫发生器用黄泥堵上，将仪表小平台护栏用防火布围上。王大庆将动火许可证交给慈军，随后离开 939# 罐施工现场。10 时 30 分许，慈军将动火许可证交给林沅公司现场作业人员，施工人员使用气焊等工具对腐蚀的仪表小平台板进行拆除。13 时 40 分，林沅公司 4 名作业人员开始对 939# 罐作业，1 人在罐下清扫地面，1 人在维修仪表小平台铺设新花纹板，2 人在罐顶进行动火作业。14 时 27 分 53 秒，939# 罐突然发生爆炸着火，罐体破裂，着火物料在防火堤中蔓延，小罐区防火堤内形成池火。14 时 28 分 1 秒至 14 时 30 分 43 秒，937#、936#、935# 罐相继爆炸着火。16 时许，小罐区的大火被扑灭。事故致林沅公司的张洪伟、陶崇海、姚忠利、石成泉当场死亡，造成财产损失价值人民币 1751025 元。事故发生后，大连市政府所属的安监、监察、公安、总工会等有关单位人员组成事故调查组，对事故责任进行调查，并邀请大连市人民检察院派员参加，聘请 10 名专家参加事故调查。2013 年 6 月 4 日，辽宁省安全生产委员会向大连市政府下达《较大生产安全事故处理挂牌督办通知书》（辽安委督〔2013〕2 号），对案涉事故予以挂牌督办。2013 年 6 月 14 日，国家安全生产监督管理总局向辽宁省人民政府发出《国务院安委会办公室关于对中国石油大连石化"6·2"闪爆事故实行挂牌督办的通知》（安委办函〔2013〕34 号），对案涉事故亦予以挂牌督办。经过现场勘查、调查取证、检验测试、综合分析等程序，2013年6月27日，事故调查组将附有事故调查组成员签名的事故调查报告报送大连市政府，经大连市政府安全生产委员会办公室，报请辽宁省和国家安全生产监督机关审核。2013年7月29日，事故调查组完成《中国石油天然气股份有限公司大连石化分公司三苯罐区"6·2"较大爆炸火灾事故调查报告》（以下简称《事故调查报告》），认定：大连石化分公司第一联合车间安全员王大庆，在实施"更换939#罐罐顶侧壁仪表平台"动火作业审批时，擅自更改动火作业日期，并代他人签名，且现场安全防控措施不落实，对本次事故发生负有直接责任，建议移交司法机关对其追究刑事责任。大连市政府于2013年11月4日作出《关于中国石油天然气股份有限公司大连石化分公司三苯罐区"6·2"较大爆炸火灾事故结案的批复》（大政〔2013〕127号，以下简称127号《批复》），同意事故调查组对事故的原因分析、责任认定结论和对有关单位及责任人的处理意见，同意结案。2013年7月31日和8月1日，大连市政府信息公开网、国家安全监管总局网站分别向社会公布了《事故调查报告》全文。

　　**一审判决认为**：根据《中华人民共和国安全生产法》第七十三条规定，事故调查处理应当按照实事求是、尊重科学的原则，及时、准确地查清事故原因，查明事故性质和责任，总结事故教训，提出整改措施，并对事故责任者提出处理意见。案涉事故发生后，大连市政府成立了由安监、监察、公安、总工会等相关单位人员参加的事故调查组，立即开展事故调查工作，并邀请大连市人民检察院派员参加，聘请10名专家参加事故调查；通过现场勘查、调查取证、检验测试、综合分析，事故调查组查清了事故发生的经过、原因和人员伤亡及财产损失情况，对事故性质和责任予以认定，提出对有关责任人的处理意见；大连市政府按照《生产安全事故报告和调查处理条例》第三十二条第一款和第三十四条规定，作出127号《批复》，并在政府信息公开网站全文向社会公布了事故处理的情况。大连市政府作出127号《批复》符合法律规定。依照《最高人民法院关于执行〈中华人民共和国行政诉讼法〉若干问题的解释》第五十六条第（四）项的规定，判决驳回王大庆的诉讼请求。

**二审判决认为**：根据《中华人民共和国安全生产法》第七十三条、《生产安全事故报告和调查处理条例》第二十二条的规定，大连市政府依法组成由安监、监察、公安、总工会等相关单位人员参加的事故调查组，邀请大连市人民检察院派员参加，聘请10名专家参加事故调查，事故调查组符合法律规定，调查程序合法。调查组成员宋砚敏、于方、王利明三人系大连市安全生产监督管理局工作人员，虽然《事故调查报告》建议给予三人行政处分，但处分的原因系存在监管检查不力、执法不严责任。三人与事故发生不存在直接利害关系，不属于《生产安全事故报告和调查处理条例》第二十三条规定的回避人员。王大庆主张三人应当回避的理由不能成立。大连市人民政府安全生产委员会办公室向辽宁省安全生产委员会办公室报送的《大连市政府安委会办公室关于审核中国石油天然气股份有限公司大连石化分公司三苯罐区"6·2"较大爆炸火灾事故处理意见的请示》附件2《事故调查组成员签名列表》可以证明，事故调查组成员对事故调查报告已经签名，王大庆关于事故调查组成员没有签字的主张不能成立。依照《中华人民共和国行政诉讼法》第八十九条第一款第（一）项的规定，判决驳回上诉，维持原判。

**王大庆申请再审称**：（1）一、二审判决适用法律错误。被诉行政行为违反法定程序，事故调查组成员应当在《事故调查报告》上签名，而不是其他材料上签名。（2）一、二审判决违反法律规定。大连市政府作出被诉行政行为没有履行回避的法定义务。宋砚敏、于方、王利明属于被调查对象，按照《生产安全事故报告和调查处理条例》第二十三条规定应当回避。请求：撤销一、二审行政判决，撤销127号《批复》及其批准的《事故调查报告》。

**大连市政府辩称**：（1）王大庆关于《事故调查报告》没有事故调查组成员签字的问题不符合事实。由于案涉事故系国务院、辽宁省安全生产委员会挂牌督办案件，大连市政府将事故调查报告报请省、国家两级安全生产监督机关审核，审核后所形成的新调查报告与事故调查组无关，不应由事故调查组再次签字确认；（2）事故调查组的组成符合法律规定，不存在应回避而未回避的情形。王大庆所称事故调查组成员中，宋砚敏、于方、王利明三人与案件存在直接利害关系的说法是错误的。请求驳回王大庆的再审申请。

**最高人民法院经审查认为**：《生产安全事故报告和调查处理条例》第三十二条第一款规定："重大事故、较大事故、一般事故，负责事故调查的人民政府应当自收到事故调查报告之日起15日内做出批复；特别重大事故，30日内做出批复，特殊情况下，批复时间可以适当延长，但延长的时间最长不超过30日。"本案事故中死亡4人，属于较大事故，大连市政府收到《事故调查报告》后，经审核作出被诉127号《批复》，符合上述法律规定。一、二审判决驳回王大庆诉讼请求，并无不当。王大庆申请再审的请求，最高人民法院不予支持。

一、关于事故调查组成员未签名构成程序违法问题

《生产安全事故报告和调查处理条例》第三十条第二款规定："事故调查报告应当附具有关证据材料。事故调查组成员应当在事故调查报告上签名。"第三十一条规定："事故调查报告报送负责事故调查的人民政府后，事故调查工作即告结束。事故调查的有关资料应当归档保存。"根据上述规定，经负责事故调查的人民政府批准并存档的《事故调查报告》上，应当有事故调查组成员的签名。本案中，事故调查组根据省、国家安全生产监督机关的审核意见，经修改后报送大连市政府审批的《事故调查报告》，是事故调查组经调查后形成的最终报告，事故调查组全体成员应当予以签字确认，未予签字确认违反了《生产安全事故报告和调查处理条例》第三十条第二款规定。大连市政府未对《事故调查报告》尽到严格的审查义务，存在程序上的瑕疵。一、二审判决以事故调查组于2013年6月27日呈交辽宁省和国务院安全生产监督机关审核的事故调查报告上的签名，作为本案被诉127号《批复》审批基础的《事故调查报告》上的签名，不符合法律规定，依法应予纠正。尽管本案存在省、国家两级安全生产委员会挂牌督办、《事故调查报告》需提交督办机关审核的事实，但是，督办机关提出的审核意见最终仍需要由事故调查组进一步调查落实，事故调查组必须对其根据挂牌督办机关审核意见作出的最终《事故调查报告》负责，应当依法在最终形成的《事故调查报告》上签字确认。大连市政府答辩意见认为，审核后所形成的新调查报告与事故调查组无关，不应由事故调查组再次签字确认，理由不能成立。鉴于该程序瑕疵不足以否定127

号《批复》关于王大庆事故责任认定的基本事实，并不存在原审判决认定事实主要证据不足的问题。王大庆以此为由申请再审，最高人民法院不予支持。

二、关于宋砚敏、于方、王利明是否应回避问题

《生产安全事故报告和调查处理条例》第二十二条规定："根据事故的具体情况，事故调查组由有关人民政府、安全生产监督管理部门、负有安全生产监督管理职责的有关部门、监察机关、公安机关以及工会派人组成，并应当邀请人民检察院派人参加。"第二十三条规定："事故调查组成员应当具有事故调查所需要的知识和专长，并与所调查的事故没有直接利害关系。"2004年3月22日，国务院发布的《全面推进依法行政实施纲要》（国发〔2004〕10号）规定："行政机关工作人员履行职责，与行政管理相对人存在利害关系时，应当回避。"根据上述规定，事故发生地的安全生产监督管理部门应当委派工作人员作为事故调查组的成员，参与事故调查活动。但是，如果地方安全生产监督管理部门的工作人员对所调查事故本身负有责任，应当依法受到处理，则该工作人员属于《生产安全事故报告和调查处理条例》第二十三条和《全面推进依法行政实施纲要》规定的"与所调查的事故有直接利害关系"应当回避的人员。本案中，宋砚敏、于方、王利明系大连市安全生产监督管理局工作人员，但是，《事故调查报告》的建议中认为，三人分别负有"领导责任""监督不力、监管执法不严"的责任以及"执法不严"的责任，应当给予相应的行政处分。宋砚敏等三人参与应当给予自己行政处分的事故调查活动，"作自己案件的法官"，显然违反了法定程序和程序正当原则。一、二审判决认为宋砚敏等三人与事故发生不存在直接利害关系，不属于《生产安全事故报告和调查处理条例》第二十三条规定的应当回避的人员，系对法律规定的错误理解，最高人民法院予以纠正。但是，鉴于王大庆系对本次事故发生负有直接责任，与宋砚敏等三人所负责任性质完全不同，三人与王大庆之间并不存在利害关系，且本案并无证据否定被诉127号《批复》关于王大庆事故责任认定的主要事实和法律适用。王大庆以此为由申请再审，理由不能成立。

综上，王大庆的再审申请不符合《中华人民共和国行政诉讼法》第九十一条第（三）、（四）项规定的情形。依照《最高人民法院关于执行〈中华人民共和国行政诉讼法〉若干问题的解释》第七十四条的规定，裁定驳回王大庆的再审申请。

### 裁判解析

《中华人民共和国行政诉讼法》第二条规定："公民、法人或者其他组织认为行政机关和行政机关工作人员的行政行为侵犯其合法权益，有权依照本法向人民法院提起诉讼。"也就是说，公民、法人或者其他组织认为行政行为侵犯其合法权益而提起诉讼的，原则上属于行政诉讼的受案范围。《生产安全事故报告和调查处理条例》第三十二条规定："重大事故、较大事故、一般事故，负责事故调查的人民政府应当自收到事故调查报告之日起15日内做出批复；特别重大事故，30日内做出批复，特殊情况下，批复时间可以适当延长，但延长的时间最长不超过30日。有关机关应当按照人民政府的批复，依照法律、行政法规规定的权限和程序，对事故发生单位和有关人员进行行政处罚，对负有事故责任的国家工作人员进行处分。事故发生单位应当按照负责事故调查的人民政府的批复，对本单位负有事故责任的人员进行处理。负有事故责任的人员涉嫌犯罪的，依法追究刑事责任。"根据该条规定，人民政府对事故调查报告的批复，已经对事故进行定性，对事故责任进行划分，"有关机关"和"事故发生单位"只能按照批复对负有事故责任人员进行处分或者处理。批复关于事故定性和责任划分的内容，已经是对安全生产事故的处理内容，对相关责任单位和人员的权利义务已经产生实际影响。因此，属于可诉的行政行为。一、二审法院受理本案，并按照安全生产的相关法律、法规对批复行为的合法性进行审理和判决，是正确的。

国务院《全面推进依法行政实施纲要》对依法行政明确提出六点具体要求，其中之一是遵守"程序正当"原则。所谓"程序正当"原则，包含三层含义：一是行政机关实施行政管理，除涉及国家秘密和依法受到保护的商业秘密、个人隐私的外，应当公开，注意听取公民、法人和其他组织的意见；二是要严格遵循法定程序，依法保障行政管理相对人、利害关系人的知情权、参与权和救济权；三是行政机关工作人员履行职责，与行政管理相对人存在利害关系时，应当回避。回避制度是"程序正当"原则的核心内容之一。行政机关工作人员回避的基本条件是履行职责中"与行政管理相对人存在利害关系"。主要包括以下三种情形：一是参与自己可能承担法律责任相关事件的调查处理工作；二是系调查处理相关事件当事人的近亲属；三是与调查处理相关事件的当事人具有其他利害关系，可能影响案件的公正处理的。回避原则是适用于全部行政程序的一项基本原则，违反回避规定，属于违反法定程序。回避原则不仅体现在《全面推进依法行政实施纲要》的规定中，许多法律、法规、规章对回避原则也作出了具体规定。《生产安全事故报告和调查处理条例》第二十三条就有关于安全事故调查处理程序中必须遵守回避原则的规定。本案中，作为事故调查组的成员，宋砚敏、于方、王利明系大连市安全生产监督管理局工作人员，三人本身对事故分别负有"领导责任""监督不力、监管执法不严"的责任以及"执法不严"的责任。事实上，三人参与了有关自己责任的事件的调查处理工作，违反"不能做自己案件法官"的基本原则，违反回避规定，属于违反法定程序的情形。但是，鉴于没有证据证明由于三人作为事故调查组的成员参加本案事故调查处理，导致案件的事实认定或者处理结果出现明显不公的情形，推倒事故处理结论，重新组成调查组进行调查，只能是浪费行政和司法资源，没有实际意义。鉴于此，生效判决依据当时有效的《最高人民法院关于执行〈中华人民共和国行政诉讼法〉若干问题的解释》第五十六条第（四）项之规定，判决驳回原告诉讼请求，判决结果并无不当。应当指出的是，本案一审判决发生在2015年2月13日修改后的《中华人民共和国行政诉讼法》实施之前，如果本案发生在2015年5月1日之后，判决结果应当是确认违法，而不是驳回原告诉讼请求。根据修改后的《中华人民共和国行政诉讼法》第六十九条规定，只有完全合法的行政行为才可以判决驳回原告诉讼请求。根据修改后的《中华人民共和国行政诉讼法》第七十四条第一款第（二）项规定，即便行政行为程序轻微违法对原告权利未产生实际影响，仍然要判决确认违法，不得判决驳回原告诉讼请求。

【合议庭成员：郭修江　范向阳　董　华】

【主审法官：郭修江】

【执笔人：郭修江　陆　阳　熊俊勇】

## 4 改变原处理意见的信访答复行为具有可诉性

【裁判要旨】通常情况下,信访答复、复查、复核意见以及行政机关对信访事项不予答复的行为,是对当事人权利义务不产生实际影响的重复处理行为,不属于行政诉讼的受案范围。但是,信访答复、复查或者复核意见改变原处理意见,对当事人的权利义务作出新的处理的,是行政机关对当事人信访事项作出的新的行政行为,属于可诉的行政行为。

相关权利人对行政机关不履行其上级指示、命令的行为提起行政诉讼的,人民法院应当依法予以受理。

**最高人民法院案号:(2015)行提字第33号**

再审申请人(一审原告、二审上诉人):马恩本。

被申请人(一审被告、二审被上诉人):黑龙江省嫩江县人民政府。住所地:黑龙江省嫩江县嫩江镇。

法定代表人:王海东,县长。

委托代理人:范东雨,黑龙江省嫩江县临江乡党委书记。

委托代理人:王建臣,黑龙江省嫩江县移民办信访股股长。

马恩本诉黑龙江省嫩江县人民政府不履行发放移民安置补偿款法定职责一案,黑龙江省黑河市中级人民法院于2013年12月3日作出(2013)黑中行初字第3号行政裁定,驳回马恩本的起诉。马恩本提起上诉。黑龙江省高级人民法院于2014年6月9日作出(2014)黑行终字第6号行政裁定,驳回上诉,维持原裁定。马恩本申请再审,最高人民法院于2015年12月11日作出（2015）行监字第961号行政裁定，提审本案。

**案件基本事实**：马恩本系嫩江县临江乡铁古硇村移民。因修建水利工程的需要，2003年8月14日，马恩本与接收地政府签订了《尼尔基水利枢纽工程嫩江县移民投亲靠友安置协议书》，协议按照当时国家批准的3.36倍土地补偿标准，将安置补偿费汇至接收地政府，该款已支付到位。2006年8月，国家发改委作出发改投资〔2006〕1788号批复，将移民的安置补偿费由3.36倍调整至10倍。嫩江县移民办将调整增加的6.64倍安置补偿费全额兑现，拨付给了铁古硇村。马恩本认为，增加的安置补偿费应拨付给移民接收地，而不是铁古硇村。为此，马恩本多次去嫩江县移民办及嫩江县政府讨要，但是始终未予拨付。马恩本信访投诉，临江乡政府于2010年7月21日作出《关于马恩本诉求问题的处理意见》（临政函〔2010〕6号），称没有剩余的钱可以支付给马恩本所在接收地。马恩本申请复查，嫩江县政府于2010年8月16日作出《关于马恩本同志信访事项的复查决定》〔嫩政信复查字（2010）18号〕：（1）维持临江乡人民政府作出的《关于马恩本诉求问题的处理意见》（临政函〔2010〕6号）；（2）村集体已将剩余的2.64倍补偿款使用，无法将剩余安置补偿款汇至马恩本所在接收地。马恩本申请复核，2011年6月27日黑河市政府作出《关于马恩本信访事项的复核意见书》〔黑市政信复核决字（2011）第12号〕，主要内容为：撤销嫩江县人民政府作出的《关于马恩本同志信访事项的复查决定》；由嫩江县政府负责协调，将调整后的安置补偿款交给移民接收地。收到黑河市政府复核意见书后，马恩本多次去嫩江县政府提出拨款申请，嫩江县政府未履行相关拨付义务。马恩本于2013年10月16日提起本案行政诉讼，请求嫩江县政府履行发放国家增加的移民补偿款的法定职责。

**一审裁定认为**：马恩本在开庭笔录中承认，其在2011年6月28日收到黑河市政府作出的《关于马恩本信访事项的复核意见书》〔黑市政信复核决字（2011）第12号〕，该意见书撤销了嫩江县政府作出的《关于马恩本同志信访事项的复查决定》，并明确要求嫩江县政府负责协调，将调整后的补偿款交给移民接收地。但嫩江县政府并没有作为。马恩本在2013年10月16日向法院提起诉讼，已经超过2年的法定起诉期限。根据《最高人民法院关于执行〈中华人民共和国行政诉讼法〉若干问题的解释》（以下简称《若干解释》）第四十四条第（六）项之规定，裁定驳回马恩本的起诉。马恩本不服一审裁定，提起上诉。

**二审裁定认为**：根据《最高人民法院关于不服信访工作机构依据〈信访条例〉处理信访事项的行为提起行政诉讼人民法院是否受理的复函》规定，信访工作机构依据《信访条例》作出的登记、受理、交办、转送、承办、协调处理、督促检察、指导信访事项等行为，对信访人不具有强制力，对信访人的权利义务不产生实质影响。对信访事项有权处理的行政机关依据《信访条例》作出的处理意见、复查意见、复核意见和不再受理决定，信访人不服提起诉讼的，人民法院不予受理。黑河市政府作出的《关于马恩本信访事项的复核意见书》[黑市政信复核决字（2011）第12号]属于信访复核意见，不属于法院行政诉讼受案范围。因此，马恩本要求嫩江县政府执行该意见亦不属于行政诉讼受案范围。一审裁定以超过起诉期限为由驳回起诉，属适用法律不当，予以纠正，但其结果正确，应予以维持。依据《若干解释》第四十四条第一款第（一）项之规定，裁定驳回上诉，维持原裁定。

**马恩本申请再审称**：（1）二审裁定认定事实不清，伪造证据。（2）二审裁定适用法律错误。本案是针对嫩江县政府不执行上级决定而提起的行政诉讼，不是针对信访意见。二审裁定违反《中华人民共和国行政诉讼法》第九十一条第（一）、（三）、（四）项规定。请求：对本案进行再审，作出合理判决。

**嫩江县政府答辩称**：（1）二审裁定认定事实清楚，适用法律正确，本案不属于行政诉讼受案范围。（2）马恩本的再审理由缺乏事实依据和法律依据。请求：驳回马恩本的再审申请。

**最高人民法院经审理认为**：马恩本因修建水利工程公共利益需要，签订移民协议，理应获得相关移民安置补偿费用。在黑河市政府作出信访复核意见，明确要求将调整后增加的安置补偿款交给移民接收地后,嫩江县政府不履行上级政府的指令,属于不履行法定职责的行为。二审裁定认为,因黑河市政府作出的信访复核意见不属于行政诉讼受案范围,马恩本要求嫩江县政府执行该意见亦不属于行政诉讼受案范围,裁定维持一审驳回起诉结果,裁判理由不能成立,依法应予纠正。

一、关于信访复核意见的可诉性问题

根据《若干解释》第一条第二款第(五)、(六)项规定,驳回当事人对行政行为提起申诉的重复处理行为和对公民、法人或者其他组织权利义务不产生实际影响的行为,不属于行政诉讼的受案范围。也就是说,行政机关针对当事人的申诉作出的答复意见,内容仍然是坚持既往的处理意见,对公民、法人或者其他组织的权利义务没有产生实际影响的信访答复意见以及相应的复查意见、复核意见,均不属于行政诉讼的受案范围。但是,如果信访答复意见、复查意见或者复核意见否定了既往的处理意见,作出新的处理决定,对当事人的权利义务作出了不同于既往处理意见的新的安排,实质是对公民、法人或者其他组织的权利义务产生了新的实际影响。在此情形下,无论是信访答复意见,还是信访复查意见、信访复核意见,均应当属于行政诉讼的受案范围。本案中,黑河市政府作出的《关于马恩本信访事项的复核意见书》[黑市政信复核决字(2011)第12号],撤销了嫩江县政府作出的《关于马恩本同志信访事项的复查决定》,要求嫩江县政府负责协调,将调整后的补偿款交给移民接收地。黑河市政府的信访复核意见是对马恩本申诉事项作出的新的处理,对马恩本的权利义务作出了新的安排,已经对其权利义务产生了新的实际影响,应当属于行政诉讼的受案范围。二审裁定依据《最高人民法院关于不服信访工作机构依据〈信访条例〉作出的处理信访事项的行为提起行政诉讼人民法院是否受理的复函》,认为黑河市政府的信访复核意见不属于行政诉讼的受案范围,属于适用法律错误,依法应予以纠正。

二、关于不履行发放移民补偿款法定职责行为的可诉性问题

根据《中华人民共和国地方各级人民代表大会和地方各级人民政府组织法》第五十九条第(十)项的规定,县级以上的地方各级人民政府对上级国家行政机关交办的事项要予以执行。本案中,黑河市政府的信访复核意见撤

销了嫩江县政府作出的《关于马恩本同志信访事项的复查决定》，要求嫩江县政府负责协调，将调整后的补偿款交给移民接收地。嫩江县政府对黑河市政府作出的信访复核意见所要求的事项须予以执行。马恩本依据该信访复核意见申请嫩江县政府给付土地补偿款，嫩江县政府未予处理，属于不履行法定职责的行为。根据修改前的《中华人民共和国行政诉讼法》第十一条第一款第（八）项的规定，公民、法人或者其他组织认为，行政机关的具体行政行为侵犯其人身权、财产权的，属于行政诉讼受案范围。因此，嫩江县政府不履行发放移民补偿款法定职责的行为，侵犯了马恩本的财产权，依法属于行政诉讼的受案范围。二审裁定认为不履行信访复核意见的行为不属于行政诉讼受案范围，于法无据，应予纠正。

三、关于是否超过法定起诉期限问题

修改前的《中华人民共和国行政诉讼法》第三十九条规定，公民、法人或者其他组织直接向人民法院提起诉讼的，应当在知道作出具体行政行为之日起3个月内提出。《若干解释》第四十一条规定，行政机关作出具体行政行为时，未告知公民、法人或者其他组织诉权或者起诉期限的，起诉期限从公民、法人或者其他组织知道或者应当知道诉权或者起诉期限之日起计算，但从知道或者应当知道具体行政行为内容之日起最长不得超过2年。《若干解释》第三十九条还规定，公民、法人或者其他组织申请行政机关履行法定职责，行政机关在接到申请之日起60日内不履行的，公民、法人或者其他组织向人民法院提起诉讼，人民法院应当依法受理。《最高人民法院关于行政诉讼证据的规定》第四条第三款规定，被告认为原告起诉超过法定期限的，由被告承担举证责任。根据上述规定，不履行法定职责案件，当事人的起诉期限应当从行政机关接到履行义务申请后期满60日开始计算，因不履行法定职责案件中行政机关不可能告知当事人诉权和起诉期限，在修改后的《中华人民共和国行政诉讼法》实施之前，当事人的起诉期限应当为2年；同时，如果行政机关认为原告起诉超过法定起诉期限的，应当承担举证责任。本案中，黑河市政府于2011年6月27日作出信访复核意见，收到复核意见后，马恩本多次向嫩江县政府提出拨款申请，嫩江县政府一直未履行拨款义务。2013年10月16日，马恩本提起本案行政诉讼。从上述事实并结合法律、司法解释的相关规定，难以得出马恩本起诉已经超过2年的结论，且嫩江县政府在本案一、二审过程中亦未提供证据证明马恩本起诉超过法定期限，应当推定马恩本起诉未超过法定起诉期限。

综上，马恩本提起本案诉讼，符合法定受理条件。一、二审裁定不予受理，适用法律错误。依照《中华人民共和国行政诉讼法》第八十九条第（二）项、《最高人民法院关于执行〈中华人民共和国行政诉讼法〉若干问题的解释》第七十六条第一款的规定，裁定如下：撤销黑龙江省高级人民法院（2014）黑行终字第6号行政裁定，撤销黑河市中级人民法院（2013）黑中行初字第3号行政裁定；指令黑河市中级人民法院继续审理。

## 裁判解析

根据《中华人民共和国行政诉讼法》第二条规定，公民、法人或者其他组织认为被诉行政行为侵犯其合法权益的，有权依法提起行政诉讼。也就是说，只有有可能侵犯公民、法人或者其他组织合法权益的行政行为，才属于可诉的行政行为；对公民法人或者其他组织权利义务不产生实际影响，不可能侵犯其合法权益的行政行为，属于不可诉的行政行为。为此，《最高人民法院关于执行〈中华人民共和国行政诉讼法〉若干问题的解释》第一条第二款第（五）项、第（六）项规定，驳回当事人对行政行为提起申诉的重复处理行为以及对公民、法人或者其他组织权利义务不产生实际影响的其他行政行为，均属于不可诉的行政行为。信访答复意见、复查意见、复核意见通常情况下仅仅是对当事人申诉事项的重复处理，不会对当事人的权利义务产生实际影响，所以，属于不可诉的行政行为。《最高人民法院关于不服县级以上人民政府信访行政管理部门、负责受理信访事项的行政管理机关以及镇（乡）人民政府作出的处理意见或者不再受理决定而提起的行政诉讼人民法院是否受理的批复》（〔2005〕行立他字第4号）也明确规定，信访人对信访工作机构依据《信访条例》处理信访事项的行为或者不履行《信访条例》规定的职责不服提起行政诉讼的，人民法院不予受理；行政机关根据《信访条例》作出的处理意见、复查意见、复核意见和不再受理决定，信访人不服提起行政诉讼的，人民法院不予受理。但是，应当注意的是，信访处理行为不可诉的前提条件是重复处理、对当事人的权利义务不产生实际影响。如果行政机关作出的信访处理意见改变过去的处理结果，对当事人的权利义务作出新的处理，该信访处理意见属于新的行政行为，不属于对当事人权利义务不产生实际影响的重复处理行为，属于可诉的行政行为。本案中，黑河市政府作出的复核意见，撤销嫩江县人民政府复查决定，要求嫩江县政府协调处理，将调整后的安置补偿款交给移民接收地。该复核意见改变了过去的处理意见。嫩江县政府不履行上级政府行政决定的行为，属于不履行法定职责的行为，应当是可诉的行政行为。

【合议庭成员：郭修江　董　华　张志弘】

【主审法官：郭修江】

【执笔人：郭修江　陆　阳　熊俊勇】

## 5 行政机关依据法院裁定组织实施的行为不具有可诉性

> **【裁判要旨】** 实行裁执分离的非诉执行案件中,行政机关依据人民法院的准予执行裁定组织实施的行为,属于执行人民法院生效裁定的行为,不是行政行为,不属于行政诉讼的受案范围。

最高人民法院案号:(2015)行监字第1275号

再审申请人(一审原告、二审上诉人):杨勇。

委托代理人:任国顺。

杨勇诉辽宁省法库县人民政府(以下简称法库县政府)房屋行政强制及行政赔偿一案,辽宁省沈阳市中级人民法院于2015年2月27日作出(2015)沈中立行初字第1号行政裁定,对杨勇的起诉不予受理。杨勇提起上诉。辽宁省高级人民法院于2015年6月5日作出(2015)辽立行终字第23号行政裁定,驳回上诉,维持原裁定。杨勇申请再审。

**案件基本事实**:2011年4月16日,辽宁省法库县政府作出法库县政征公字(2011)第1号房屋征收决定,任俊清的房屋在征收范围之内。因未能与任俊清达成房屋征收补偿协议,法库县政府于2011年7月28日作出法政补决字(2011)2号房屋征收补偿决定,对任俊清位于法库县法库镇团结街13××和9××号、建筑面积分别为64.7和75.6平方米的两栋住宅予以货币补偿,补偿总金额为229335元,并要求任俊清在征收补偿决定送达之日起10日内搬迁腾空被征收房屋。该征收补偿决定明确告知任俊清申请行政复议和提起行政诉讼的权利和法定期限。2011年7月29日，法库县政府向任俊清送达了补偿决定，任俊清在法定期限内未申请行政复议、提起行政诉讼，且不搬迁。2011年11月26日，法库县政府向辽宁省法库县人民法院申请强制执行。法库县人民法院于同年12月12日作出（2011）法行执字第91号行政裁定，准予强制执行。2011年12月21日，法库县人民法院下达执行通知，限定任俊清必须于2011年12月27日前自动履行搬迁义务。2011年12月30日，法库县政府组织强制拆除了任俊清的房屋。2015年1月6日，杨勇以法库县政府将属其所有的13××号房屋作为其母亲任俊清的房屋一并予以强制拆除违法为由，向沈阳市中级人民法院提起诉讼，请求确认法库县政府强制拆除其房屋的行为违法，并赔偿由此产生的一切经济损失。

**一审裁定认为**：杨勇请求确认违法的强制拆除房屋行为，系经人民法院裁定准予强制执行后，法库县政府组织实施的强制执行行为。该行为不是行政机关的行政行为，不属于行政诉讼的受案范围。依据《中华人民共和国行政诉讼法》第四十一条、《最高人民法院关于执行〈中华人民共和国行政诉讼法〉若干问题的解释》第四十四条第一款第（一）项的规定，裁定对杨勇的起诉不予立案。

**二审裁定认为**：杨勇所诉强制拆除行为虽然是由法库县政府组织实施的，但该行为是依据人民法院准予强制执行裁定所实施的司法行为。并非法库县政府依职权作出的行政行为。依照《中华人民共和国行政诉讼法》第八十九条第一款第（一）项规定，裁定驳回上诉，维持原裁定。

**杨勇申请再审称**：（1）未经杨勇本人授权，法库县政府将其13××号合法房屋作为其母亲任俊清的房屋予以强制拆除违法。（2）实施强制执行，只能由法库县人民法院实施，法库县政府强制拆除显属违法。（3）作为执行依据的房屋征收补偿决定存在大量违法，其价格鉴定违法、政府单方委托评估机构违法、房屋权属认定错误、以棚户区改造为名实施商业开发违法。请求：撤销一、二审裁定，依法受理杨勇对本案的起诉。

**最高人民法院经审查认为**：法库县政府经申请，依据人民法院准予强制执行行政裁定组织实施的强制拆除行为，并非行政行为，不属于行政案件的受案范围，一、二审裁定不予受理，并无不当。杨勇申请再审的理由不能成立。

一、关于法库县政府组织实施强制拆除房屋行为是否属于行政诉讼受案范围问题

《中华人民共和国行政诉讼法》第二条规定："公民、法人或者其他组织认为行政机关和行政机关工作人员的行政行为侵犯其合法权益，有权依照本法向人民法院提起诉讼。"也就是说，行政机关依职权作出的行政行为，属于行政诉讼的受案范围；行政机关依据人民法院准予强制执行的行政裁定作出的行为，不属于行政行为，不属于行政诉讼受案范围。本案中，法库县政府对涉案房屋作出的强制拆除行为，是依据法库县人民法院作出的准予强制执行行政裁定实施的行为，并非行政行为。根据《最高人民法院关于执行〈中华人民共和国行政诉讼法〉若干问题的解释》第四十四条第一款第（一）项"请求事项不属于行政审判权限范围的"，应当裁定不予受理；已经受理的，裁定驳回起诉。一、二审法院据此对杨勇的起诉裁定不予立案，并无不当。

二、关于申请人民法院强制执行的组织实施主体问题

《最高人民法院关于办理申请人民法院强制执行国有土地上房屋征收补偿决定案件若干问题的规定》第九条规定："人民法院裁定准予执行的，一般由作出征收补偿决定的市、县级人民政府组织实施，也可以由人民法院执行。"也就是说，对于经人民法院裁定准予执行征收补偿决定的，一般应由作出征收补偿决定的市、县级人民政府组织实施，以体现"裁执分离"的改革方向。只有在个别例外的情形下，才由人民法院强制执行。本案中，法库县政府作为作出征收补偿决定的县级人民政府，依据法库县人民法院的准予执行裁定，组织实施对涉案房屋的强制拆除，符合上述司法解释的规定。杨勇申请再审认为，对任俊清实施强制执行必须由法库县人民法院实施，是任俊清强制执行案的唯一主体，任何部门、组织或政府无权实施。申请理由不能成立，最高人民法院不予支持。

三、关于房屋征收补偿决定的合法性问题

《国有土地上房屋征收与补偿条例》第二十八条规定："被征收人在法定期

限内不申请行政复议或者不提起行政诉讼，在补偿决定规定的期限内又不搬迁的，由作出房屋征收决定的市、县级人民政府依法申请人民法院强制执行。"《最高人民法院关于办理申请人民法院强制执行国有土地上房屋征收补偿决定案件若干问题的规定》第二条第三款规定："强制执行的申请应当自被执行人的法定起诉期限届满之日起三个月内提出；逾期申请的，除有正当理由外，人民法院不予受理。"根据上述规定，人民法院受理并审查行政机关强制执行申请的前提是，被执行人在法定期限内未申请行政复议、提起行政诉讼又不履行行政行为确定的义务，被执行人主动放弃了对行政机关申请执行的行政行为合法性的救济权利。本案中，杨勇并非涉案征收补偿决定的被执行人，如果认为征收补偿决定处置了其合法财产，应当在法定期限内依法对该补偿决定提起行政诉讼寻求救济，但是，杨勇并未对本案所涉征收补偿决定提起行政诉讼。申请再审中，杨勇主张涉案房屋征收补偿决定存在大量违法，侵犯其合法权益，因本案系裁定不予立案的案件，征收补偿决定是否合法等有关案件实体处理问题，不属于本案审查范围，杨勇以此为由申请再审，不能成立。

综上，杨勇的再审申请不符合《中华人民共和国行政诉讼法》第九十一条第（一）、（四）项规定的情形。依照《最高人民法院关于执行〈中华人民共和国行政诉讼法〉若干问题的解释》第七十四条的规定，裁定驳回杨勇的再审申请。

### 裁判解析

《国有土地上房屋征收与补偿条例》第二十八条第一款规定："被征收人在法定期限内不申请行政复议或者不提起行政诉讼，在补偿决定规定的期限内又不搬迁的，由作出房屋征收决定的市、县级人民政府依法申请人民法院强制执行。"自该条例于2011年1月21日颁布实施后，国有土地上房屋征收行政机关不再享有强制执行权，被征收人不履行搬迁义务的，行政机关只能申请人民法院强制执行。但是，仅靠人民法院的力量强制执行，确实难以实现行政管理的目的。为此，《最高人民法院关于办理申请人民法院强制执行国有土地上房屋征收补偿决定案件若干问题的规定》第九条规定："人民法院裁定准予执行的，一般由作出征收补偿决定的市、县级人民政府组织实施，也可以由人民法院执行。"上述司法解释的规定实质是实行裁执分离制度。即国有土地上的房屋征收，行政机关申请人民法院强制执行，人民法院裁定准予执行后，由市、县人民政府组织实施。此时，市、县人民政府组织按照人民法院生效裁定实施的强制拆除行为属于人民法院司法行为的一部分，不属于行政行为。根据《中华人民共和国行政诉讼法》第二条规定，行政机关作出的行政行为属于行政诉讼受案范围，非行政行为不属于行政诉讼的受案范围。《最高人民法院关于行政机关根据法院的协助执行通知书实施的行政行为是否属于人民法院行政诉讼受案范围的批复》（法释〔2004〕6号）规定："行政机关根据人民法院的协助执行通知书实施的行为，是行政机关必须履行的法定协助义务，不属于人民法院行政诉讼受案范围。但如果当事人认为行政机关在协助执行时扩大了范围或违法采取措施造成其损害，提起行政诉讼的，人民法院应当受理。"据此，市、县人民政府根据人民法院生效的行政裁定组织实施国有土地上房屋强制拆除行为，不属于行政诉讼的受案范围。例外情况是，市、县人民政府组织实施过程中，超过生效行政裁定准予执行的范围，或者强制执行的强度超过必要限度野蛮强拆，或者其他强制执行措施行为违法，造成被拆迁人不必要的损失的，属于市、县人民政府违法的行政行为，不属于司法行为范畴。被征收人以此为由提起行政诉讼的，属于行政诉讼的受案范围。就本案而言，杨勇主张法库县政府将属其所有的13××号房屋作为其母亲任俊清的房屋一并予以强制拆除违法，但是，13××号房屋已经包含在法政补决字（2011）2号房屋征收补偿决定中，经法库县人民法院法行执字第91号行政裁定准予强制执行。杨勇主张的房屋已经包含在人民法院准予执行裁定中，法库县政府根据"裁执分离"原则，依据生效行政裁定作出的强制拆除房屋行为，属于法库县人民法院司法行为的继续，不属于行政行为。对该行为提起行政诉讼，不属于行政诉讼的受案范围，一、二审对杨勇的起诉裁定不予立案并无不当。

【合议庭成员：郭修江　汪国献　高　珂】

【主审法官：郭修江】

【执笔人：郭修江　陆　阳　熊俊勇】

## 6 对当事人权利义务不产生实际影响的政府会议纪要不具有可诉性

【裁判要旨】政府会议纪要通常属于行政机关集体研究讨论相关议题形成的内部意向性处理意见，对外不发生法律效力，对当事人的权利义务不会产生实际影响，属于不可诉的行政行为。但是，政府以会议纪要的形式，形成对外发生法律效力的行政决定，则属于可诉的行政行为。政府会议纪要"外化"，不是会议纪要可诉的法定要件。会议纪要内容告知当事人，或者向相关当事人送达，但是外化后会议纪要内容仍然仅仅是一种拟处理的意向，而非生效行政决定的，仍然属于对当事人权利义务未产生实际影响的不可诉的行政行为。

**最高人民法院案号：（2015）行监字第1680号**

再审申请人（一审原告、二审上诉人）四平市海丰园房屋开发有限公司。住所地：吉林省四平市铁西区中央斜路55号。

法定代表人：刘铁功，董事长。

委托代理人：戴颖周，北京颖周律师事务所律师。

四平市海丰园房屋开发有限公司（以下简称海丰园公司）诉吉林省四平市人民政府（以下简称四平市政府）、原审第三人四平九洲房地产开发有限责任公司（以下简称九洲公司）变更项目开发主体会议纪要一案，吉林省四平市中级人民法院于2015年5月21日作出（2015）四行立初字第1号行政裁定，对海丰园公司的起诉不予立案。海丰园公司提起上诉。吉林省高级人民法院于2015年8月3日作出（2015）吉行立终字第84号行政裁定，驳回上诉，维持原裁定。海丰园公司申请再审。

**案件基本事实：** 四平市政府于 2004 年 7 月 7 日作出第五届七次市政府常务会议纪要——《关于解决海丰园小区历史遗留问题》（以下简称《会议纪要》），决定将海丰园小区 B、C、D 地块的开发权由海丰园公司交给九洲公司继续开发建设，并由九洲公司支付转让资金 2800 万元。2004 年 7 月 9 日，海丰园公司与九洲公司签订《协议书》，约定由九洲公司将转让资金支付给解决海丰园小区历史遗留问题领导小组，由该小组会同海丰园公司按照《会议纪要》及四平市建设局与九洲公司签订的《开发建设合同书》约定内容，用于解决海丰园历史遗留问题。2015 年 5 月 11 日，海丰园公司向四平市中级人民法院提起行政诉讼，请求确认《会议纪要》违法，责令四平市政府赔偿经济损失 3090 万元及利息，九洲公司承担连带赔偿责任。

**一审裁定认为：** 海丰园公司与九洲公司签订的《协议书》证明，《会议纪要》没有对海丰园公司的权利义务产生直接影响，系内部行政行为，不属于行政诉讼受案范围。依照《中华人民共和国行政诉讼法》第四十九条第（四）项、第五十一条第二款的规定，裁定对海丰园公司的起诉不予立案。

**二审裁定认为：**《会议纪要》系内部行政行为，未通过送达等途径外化，对海丰园公司的权利义务不产生实际影响。影响海丰园公司权利义务的是该公司与九洲公司签订的《协议书》，故本案不属于行政案件受案范围。且海丰园公司自述于 2008 年知悉四平市政府作出的《会议纪要》内容，其于 2015 年向人民法院提起诉讼，超过法定起诉期限。依照《中华人民共和国行政诉讼法》第八十九条第一款第（一）项之规定，裁定驳回上诉，维持原裁定。

**海丰园公司申请再审称：**（1）《会议纪要》没有送达海丰园公司，剥夺了海丰园公司房地产项目的合法经营权，《会议纪要》与《协议书》存在客观上的因果关系，对海丰园公司的权利义务已经产生实质性的影响，是可诉的具体行政行为。（2）诉讼时效是法律赋予被告的法定抗辩理由，人民法院不能依职权代被告行使这样的抗辩权。二审没有法定授权即代被告抗辩，程序违法。（3）《会议纪要》属于违法的行政行为。《协议书》系四平市公安局经侦支队负责人以"签协议换自由"为名胁迫海丰园公司负责人签署的，严重损害公司合法权益。请求：撤销一、二审裁定，依法改判或发回重审。

**最高人民法院经审查认为**：海丰园公司2004年签订协议时已经知道《会议纪要》的主要内容，2015年提起本案诉讼，超过法定起诉期限。一、二审裁定对海丰园公司的起诉不予立案，结果并无不当。海丰园公司申请再审的请求，最高人民法院不予支持。

一、关于《会议纪要》的对外效力问题

《最高人民法院关于执行〈中华人民共和国行政诉讼法〉若干问题的解释》（以下简称《若干解释》）第一条第二款第（六）项规定："公民、法人或者其他组织不服对其权利义务不产生实际影响的行为提起行政诉讼的，不属于人民法院行政诉讼的受案范围。"一般情况下，行政机关作出的会议纪要是行政机关的内部行政行为，不对外发生法律效力，对当事人的权利义务不产生实际影响，不属于行政诉讼的受案范围。但本案被诉的《会议纪要》系四平市政府针对海丰园小区历史遗留问题所进行的专门会议上形成的会议纪要，其就海丰园公司的经营管理问题、海丰园小区B、C、D区的开发权的归属问题以及相应的措施等进行了详细的阐述，实际上已经将海丰园公司的开发权交给九洲公司。九洲公司以该《会议纪要》为依据，与海丰园公司签订了《协议书》，致使海丰园公司丧失了开发权，已对海丰园公司的权利义务产生实际影响。一、二审裁定以《会议纪要》属于内部行政行为，没有对海丰园公司的权利义务产生影响为由不予立案，确属不当，最高人民法院予以纠正。

二、关于人民法院适用起诉期限的问题

在海丰园公司与九洲公司于2004年7月9日签订的《协议书》中已经明确提及《会议纪要》。据此可以认定，自协议签订之日起，海丰园公司就已经知道被诉《会议纪要》的内容。根据《若干解释》第四十一条第一款的规定，海丰园公司于2015年5月11日向吉林省四平市中级人民法院提起行政诉讼，明显超过了法定的起诉期限，一、二审对海丰园公司的起诉裁定不予立案并无不当。《若干解释》第四十四条规定，对超过法定期限起诉且无正当理由的，应当裁定不予受理；已经受理的，裁定驳回起诉。行政案件属于公法诉讼，涉及公共利益和社会管理秩序的稳定性。根据上述司法解释的规定，审查起诉是否符合法定条件时，人民法院对起诉是否在法定期限内提出这一法定条件当然要依职权进行审查。海丰园公司认为二审主动审查起诉期限，审判程序违法，是对法律的误读，其该项申请再审理由x不能成立。

## 三、关于其他诉讼请求问题

海丰园公司提出的其他再审理由均是被诉《会议纪要》、签订协议是否合法等问题。因本案已裁定不予立案,海丰园公司提出的上述理由均属实体问题,故不属于本案审查范围。

综上,四平市海丰园房屋开发有限公司的再审申请不符合《中华人民共和国行政诉讼法》第九十一条第(一)项规定的情形。依照《最高人民法院关于执行〈中华人民共和国行政诉讼法〉若干问题的解释》第七十四条的规定,裁定驳回海丰园公司的再审申请。

## 裁判解析

行政机关的会议纪要是否属于可诉的行政行为,判断可诉的标准是什么,长期以来,司法实践观点比较模糊。过去有一种意见认为,只要会议纪要内容外化,就属于可诉的行政行为。笔者认为,这种观点是值得商榷的。行政行为是否可诉,核心因素是对当事人的权利义务是否产生实际影响,即是否产生直接的执行效力,直接对当事人的权利义务发生减损或消灭等不利影响的效果。会议纪要内容是否外化,并不当然产生对当事人权利义务造成直接影响的法律后果。例如,会议纪要内容是对行政机关之间就某一特定事项的工作部署和安排,会议纪要要求相关职能部门根据会议纪要的精神,依职权进行调查处理。那么,即便是会议纪要的内容外化,该会议纪要仍然属于行政机关的内部工作安排部署行为,未对当事人的权利义务产生实际影响,属于不可诉的行政行为。对当事人权利义务产生实际影响的是相关职能部门最终作出的影响其权利义务的行政行为,该行政行为才是可诉的行政行为。本案中,《会议纪要》决定将海丰园公司的开发权交给九洲公司,并依据该《会议纪要》实际将海丰园公司的开发权交给九洲公司,《会议纪要》已经对外发生法律效力,对海丰园公司的权利义务产生实际影响,属于可诉的行政行为。

【合议庭成员:郭修江 苏 戈 董 华】

【主审法官:郭修江】

【执笔人:郭修江 陆 阳 熊俊勇】

## 7 省级人民政府征收土地决定不具有可诉性

【裁判要旨】根据《中华人民共和国行政复议法》第三十条第二款和《最高人民法院关于适用〈中华人民共和国行政复议法〉第三十条第二款有关问题的答复》(〔2005〕行他字第23号)的规定,国务院或者省级人民政府作出的征收土地决定及其行政复议决定,属于法律规定的终局裁决行为,不属于行政诉讼的受案范围。

人民法院审查申请再审案件,对《中华人民共和国行政诉讼法》第九十一条规定的进入再审的法定条件应当作严格解释,只有在生效裁判结果确有错误或者申请人的实体合法权益可能因生效判决受到不利影响或者损害时,才可以依法予以再审。

**最高人民法院案号:(2015)行监字第1844号**

再审申请人(一审原告、二审上诉人):张庆海。

张庆海诉辽宁省本溪市人民政府(以下简称本溪市政府)征收行为违法一案,本溪市中级人民法院于2013年4月24日作出(2013)本立行初字第00001号行政裁定,对张庆海的起诉不予受理。张庆海提起上诉。辽宁省高级人民法院于2013年11月25日作出(2013)辽立一行终字第1号行政裁定,驳回上诉,维持原裁定。张庆海申请再审。

**案件基本事实**:2008年4月22日,辽宁省人民政府作出辽政地字(2008)7号批复,同意将本溪市南芬区郭家街道办事处赵家村集体宅基地征收为国有。张庆海的房屋及其使用的土地在征收范围之内。2009年4月9日,本溪市恒力土石有限公司下属施工队经理陈宏和个体出租车司机刘积斌纠集多人，雇佣钩机强行将张庆海的房屋推倒，屋内物品被埋废墟中。张庆海不服征收土地行为，先后以《责令交付土地通知书》《关于南芬区郭家堡子改造新建阳光家园工程项目核准通知书》《建设用地规划许可证》《建设用地批准书》《房屋拆迁许可证》为被诉行政行为，分别向辽宁省本溪市南芬区人民法院提起行政诉讼。终审裁判结果除责令交付土地决定案的行政行为被确认违法之外，其余案件均裁定驳回张庆海的起诉。其中，张庆海与赵文和诉辽宁省本溪市国土资源局给本溪市阳光房屋开发有限公司（以下简称阳光公司）颁发《建设用地批准书》一案，本溪市中级人民法院于2010年3月30日作出（2010）本行终字第10号行政裁定，以《建设用地批准书》未对二人权利义务产生实际影响为由，裁定驳回张庆海与赵文和的起诉。张庆海提起本案诉讼，一审时的诉讼请求为"依法确认被告对原告合法享有的土地使用权征收行为违法。"一审组织询问时，张庆海不能明确具体请求确认本溪市政府的哪个行政行为违法。一审询问中，张庆海认可被诉行政行为是由本溪市国土资源局核发《建设用地批准书》的行为。另查，本溪市南芬区人民法院作出的（2011）南刑初字第1号刑事附带民事判决，认定被告人陈宏、刘积斌犯故意毁坏财物罪，分别判处二人有期徒刑一年缓刑一年和有期徒刑六个月缓刑一年的刑罚。同时，上述刑事附带民事判决还认为，张庆海的附带民事诉讼因证据不足不予支持，因调解中陈宏、刘积斌二人自愿赔偿张庆海15000元，遂判决：准许陈宏、刘积斌赔偿张庆海经济损失15000元。没有证据证明张庆海至今已获得安置补偿。

**一审裁定认为**：张庆海要求确认本溪市政府土地征收行为违法，但是该征收行为并非本溪市政府批准，张庆海错列被告。张庆海在起诉时还递交了一份本溪市国土资源局颁发的《建设用地批准书》，但颁发《建设用地批准书》行为并非本溪市政府作出，且张庆海已在2010年以本溪市国土资源局为被告提起过行政诉讼，现以此为由提起诉讼属于重复起诉。依照《最高人民法院关于执行〈中华人民共和国行政诉讼法〉若干问题的解释》第四十四条第（三）、（八）项的规定，裁定对张庆海的起诉不予受理。

**二审裁定认为**：《建设用地批准书》是向建设单位或者个人颁发的准予使用建设用地的证件，与张庆海房屋被拆迁之间无直接的因果关联，未侵犯张庆海的合法权益。张庆海拆迁补偿安置问题，业经本溪市南芬区人民法院于2009年6月29日作出的（2009）本南行初字第2号行政判决，要求本溪市国土资源局于判决发生法律效力后30日内作出征地拆迁补偿安置，该判决业已发生法律效力。故本溪市中级人民法院作出的不予受理裁定，符合法律规定。依照修改前的《中华人民共和国行政诉讼法》第六十一条第（一）项之规定，裁定驳回上诉，维持原裁定。

**张庆海申请再审称**：（1）起诉没有错列被告，没有拒绝变更被告，一、二审法院对征收土地行为裁定不予受理不当。（2）不存在重复诉讼问题，《责令交付土地通知书》案件胜诉后，张庆海没有与有关单位达成补偿协议，也未经行政裁决、司法执行等，在没有完成土地征收补偿的情况下，本溪市政府批准第三人用地，损害张庆海的合法权益。请求：撤销一、二审裁定，判令依法受理本案。

**最高人民法院经审查认为**：张庆海起诉状中列明的诉讼请求为"依法确认被告对原告合法享有的土地使用权征收行为违法"，一、二审法院及最高人民法院询问过程中，张庆海又表示，对涉案《建设用地批准书》亦请求确认违法。最高人民法院认为，征地行为系辽宁省人民政府作出的征收土地的决定，不属于人民法院受案范围，核发《建设用地批准书》的行为张庆海已经提起过相关诉讼，受生效裁判的拘束。一、二审法院裁定对张庆海的起诉不予受理并无不当。本溪市政府应当依法督促相关部门和单位，及时对张庆海予以安置补偿。

一、关于征地行为的可诉性问题

《中华人民共和国行政复议法》第三十条第二款规定："根据国务院或者省、自治区、直辖市人民政府对行政区划的勘定、调整或者征用土地的决定，省、自治区、直辖市人民政府确认土地、矿藏、水流、森林、山岭、草原、荒地、滩涂、海域等自然资源的所有权或者使用权的行政复议决定为最终裁决。"《最高人民法院关于适用〈中华人民共和国行政复议法〉第三十条第二款有关问题的答复》(〔2005〕行他字第23号)规定:"《中华人民共和国行政复议法》第三十条第二款规定的最终裁决应当包括两种情形:一是国务院或者省级人民政府对行政区划的勘定、调整或者征收土地决定;二是省级人民政府据此确认自然资源的所有权或者使用权的行政复议决定。"根据上述规定,省级人民政府作出的征收土地的决定,属于最终裁决,不属于人民法院行政诉讼的受案范围。本案中,张庆海所诉征收土地行为,是辽宁省人民政府作出的辽政地字(2008)7号批复,系省级人民政府作出的征收土地决定,属于《中华人民共和国行政复议法》第三十条第二款规定的最终裁决,依照修改前的《中华人民共和国行政诉讼法》第十二条第(四)项规定,不属于人民法院行政诉讼受案范围。一、二审法院裁定不予受理,结果并无不当。根据《最高人民法院关于执行〈中华人民共和国行政诉讼法〉若干问题的解释》第四十四条第一款第(三)项规定,起诉人错列被告且拒绝变更的,人民法院应当裁定不予受理;已经受理的,裁定驳回起诉。本案一、二审法院裁定以错列被告为由不予受理张庆海对征地行为的起诉,但是,裁定书中没有明确是否向起诉人张庆海释明错列被告并要求其变更、是否存在张庆海拒绝变更被告的事实,裁定理由不充分,应予纠正。

二、关于《建设用地批准书》的可诉性问题

《最高人民法院关于执行〈中华人民共和国行政诉讼法〉若干问题的解释》第四十四条第一款第(三)、(八)项规定,起诉人错列被告且拒绝变更,或者重复起诉的,人民法院应当裁定不予受理;已经受理的,裁定驳回起诉。涉案《建设用地批准书》是本溪市国土资源局向阳光公司核发的,并非本溪市政府作出的行政行为。修改前的《中华人民共和国行政诉讼法》第二十五条第一款规定:"公民、法人或者其他组织直接向人民法院提起诉讼的,作出具体行政行为的行政机关是被告",本溪市国土资源局才是涉案《建设用地批准书》行为的适格被告。而针对本溪市国土资源局核发《建设用地批准书》的行为,张庆海已经以本溪市国土资源局为被告提起过行政诉讼,生效裁定以发证行为对张庆海的权利义务未产生实际影响为由,裁定驳回张庆海的起诉。在此情形下，一审法院向张庆海释明被告不适格，并要求其变更被告，已经没有实际意义，直接裁定不予受理合法有据。张庆海主张不属于重复起诉，理由不能成立。

三、关于本案实质争议的解决问题

张庆海的宅基地及房屋已经被征收。但是，至今没有证据证明相关行政机关或者单位对张庆海作出安置补偿。安置补偿问题是本案的实质争议，作为一级人民政府，本溪市政府应当督促有关部门依照法定程序及时对张庆海作出合理、合法的安置补偿，彻底化解本案行政争议。

综上，张庆海的再审申请不符合《中华人民共和国行政诉讼法》第九十一条第（一）、（三）项规定的情形。依照《最高人民法院关于执行〈中华人民共和国行政诉讼法〉若干问题的解释》第七十四条的规定，裁定驳回张庆海的再审申请。

### 裁判解析

《中华人民共和国行政复议法》第三十条第二款规定："根据国务院或者省、自治区、直辖市人民政府对行政区划的勘定、调整或者征用土地的决定，省、自治区、直辖市人民政府确认土地、矿藏、水流、森林、山岭、草原、荒地、滩涂、海域等自然资源的所有权或者使用权的行政复议决定为最终裁决。"《最高人民法院关于适用〈中华人民共和国行政复议法〉第三十条第二款有关问题的答复》（〔2005〕行他字第23号）规定："《中华人民共和国行政复议法》第三十条第二款规定的最终裁决应当包括两种情形：一是国务院或者省级人民政府对行政区划的勘定、调整或者征用土地的决定；二是省级人民政府据此确认自然资源的所有权或者使用权的行政复议决定。"根据上述规定，省级人民政府征用土地的决定及其行政复议决定，属于法律规定的最终裁决行为。依照《中华人民共和国行政诉讼法》第十三条第（四）项规定，法律规定由行政机关最终裁决的行政行为不可诉，省级人民政府征用土地的决定及其行政复议决定均属于不可诉的行政行为，不属于行政诉讼的受案范围。根据修改后的《中华人民共和国行政诉讼法》

第十二条第一款第（五）项规定，公民、法人或者其他组织"对征收、征用决定及其补偿决定不服的"，属于行政诉讼的受案范围。据此，有人认为，所有的土地征收决定均属于可诉的行政行为，〔2005〕行他字第23号答复已经失效。笔者认为，这是对修改后的《中华人民共和国行政诉讼法》第十二条第一款第（五）项与第十三条第（四）项关系的误读。第十二条列举行政征收决定可诉，只是一般性规定，通常情况下行政机关作出的征收决定是可诉的；第十三条第（四）项规定属于特别规定，即排除法律规定的终局裁决行为的可诉性。而《中华人民共和国行政复议法》第三十条第二款恰恰规定，省级人民政府的土地征收决定及其行政复议决定属于最终裁决行为。因此，修改后的《中华人民共和国行政诉讼法》第十二条第一款第（五）项的规定，根据第十三条第（四）项及《中华人民共和国行政复议法》第三十条第二款的规定，不包含省级人民政府的征收决定及其行政复议决定。

《中华人民共和国行政诉讼法》第九十一条规定："当事人的申请符合下列情形之一的，人民法院应当再审：（一）不予立案或者驳回起诉确有错误的；（二）有新的证据，足以推翻原判决、裁定的；（三）原判决、裁定认定事实的主要证据不足、未经质证或者系伪造的；（四）原判决、裁定适用法律、法规确有错误的；（五）违反法律规定的诉讼程序，可能影响公正审判的；（六）原判决、裁定遗漏诉讼请求的；（七）据以作出原判决、裁定的法律文书被撤销或者变更的；（八）审判人员在审理该案件时有贪污受贿、徇私舞弊、枉法裁判行为的。"就字面理解，只要符合该条规定所列情形之一的，人民法院对申请人的再审申请就应当裁定进入再审程序。但是，实质上，再审程序不应当是纠正生效裁判一般性错误的程序，而是裁判结果"确有错误"，可能对再审申请人合法权益造成损害或者不利影响。也就是说，如果一个生效裁判存在《中华人民共和国行政诉讼法》第九十一条规定的情形之一，但是，裁判结果正确或者未侵犯申请人实体合法权益的，不符合再审的法定条件，不应当进入再审。之所以对第九十一条作严格解释，是为维护生效裁判的既判力，节约司法成本；同时，也是贯彻十八届四中全会决议关于"完善审级制度,一审重在解决事实认定和法律适用,二审重在解决事实法律争议、实现二审终审,再审重在解决依法纠错、维护裁判权威"的司法改革目标的需要。再审程序既要依法纠错,又要维护司法的权威,二者不可偏废。要实现依法纠错和维护司法权威的有机统一,必须对申请再审案件进行实质性审查,只有同时存在裁判结果确有错误和申请人实体合法权益可能受到生效裁判的不利影响或侵害的情形时,人民法院才可以裁定进入再审。本案中,尽管一、二审法院的裁判理由都存在一定程度的问题,但是,张庆海的起诉不符合法定起诉条件,人民法院裁定不予立案的结果不存在问题。鉴于此,撤销一、二审裁定,进入再审程序,撤销一、二审裁定,重新作出不予立案裁定,没有实际意义,浪费司法资源。

【合议庭成员:郭修江　汪国献　高　珂】

【主审法官:郭修江】

【执笔人:郭修江　陆　阳　熊俊勇】

# 8 请求确认被诉行政行为合法，不属于行政诉讼的受案范围

【裁判要旨】根据《中华人民共和国行政诉讼法》第二条规定，公民、法人或者其他组织认为被诉行政行为侵犯其合法权益的，可以依照该法规定提起行政诉讼。请求确认被诉行政行为合法不属于行政诉讼的受案范围。

在原告一并对多个行政行为提起诉讼且被诉行政行为不明确的情况下，法官应当针对每一个被诉行政行为分别进行审查和释明，未经释明自行选择一个行政行为进行立案审理和裁判的，审判程序违法。

最高人民法院案号：（2015）行提字第34号

再审申请人（一审原告、二审上诉人）：孙世武。

委托代理人：吕玉华。

被申请人（一审被告、二审被上诉人）：辽宁省沈阳市浑南区人民政府。

住所地：辽宁省沈阳市浑南新区世纪路13号。

法定代表人：吕凡，区长。

委托代理人：杭太林，辽宁省沈阳市浑南区政府法制办工作人员。

委托代理人：唐宁，辽宁申扬律师事务所律师。

孙世武诉沈阳市浑南区人民政府（以下简称浑南区政府）颁发宅基地使用证一案，辽宁省沈阳市中级人民法院于2014年11月17日作出（2014）沈中行初字第185号行政裁定，驳回孙世武的起诉。孙世武提起上诉。辽宁省高级人民法院于2015年3月23日作出（2015）辽行终字第00037号行政裁定，驳回上诉，维持一审裁定。孙世武申请再审。最高人民法院于2015年12月

11日作出（2015）行监字第1914号行政裁定，决定提审本案。

**案件基本事实**：孙世武的父亲孙福、母亲韫雅芳生前有一处房屋，坐落于沈阳市东陵区凌云街67-×号×门，面积为51平方米，宅基地使用权面积为171.1平方米。孙世武主张，2013年5月6日，在其父母死亡后，上述房屋由其继承并进行公证，在其到土地部门办理宅基地使用权变更登记时发现，没有其父亲孙福的土地档案，且涉案土地已经分别给孙世昌、温秀云颁发了土地使用证。为此，孙世武不能依据继承办理土地房产变更登记手续。2014年3月4日，孙世武不服原东陵区人民政府给孙世昌颁发宅基地使用证行为，向沈阳市人民政府申请行政复议。行政复议期间，东陵区人民政府经查档核实，提供了孙世昌土地证号分别为宅（01）0641××、宅（01）0640××号的两套档案材料。为此，沈阳市人民政府于2014年4月18日向孙世武作出《补正行政复议申请通知书》[沈政复字（2014）33号]，认为孙世武请求撤销两个土地证中的哪一个不明确，要求其在接到通知后7日内予以明确，并提交补正申请材料。同年5月14日，沈阳市人民政府作出《行政复议告知书》，送达各方当事人：如果没有异议，将拟对给孙世昌颁发宅（01）0641××号宅基地使用证行为进行审查。孙世武没有提交意见。2014年8月9日，沈阳市人民政府作出沈政复字（2014）33号行政复议决定，确认给孙世昌颁发宅基地使用证的行政行为违法。行政复议期间，孙世武于2014年6月17日向沈阳市中级人民法院提起行政诉讼，请求：（1）确认为孙福颁发宅基地使用证行为合法有效；（2）撤销浑南区政府为孙世昌、温秀云颁发宅基地使用证。另查明，2010年2月27日，中共沈阳市委、沈阳市人民政府下发《关于我市行政区划局部调整的决定》（沈委发〔2010〕4号）将沈阳市浑南新区管理委员会并入沈阳市东陵区。2014年6月17日，民政部下发《关于辽宁省沈阳市东陵区更名为浑南区的批复》（民函〔2014〕171号），同意将沈阳市东陵区更名为浑南区。

**一审裁定认为**：根据《最高人民法院关于执行〈中华人民共和国行政诉讼法〉若干问题的解释》（以下简称《若干解释》）第一条规定，公民、法人或者其他组织对具有国家行政职权的机关和组织及其工作人员的行政行为不服，依法提起诉讼的，属于人民法院行政诉讼的受案范围。经有权机关登记颁发的法律文书，未经撤销或确认违法，该法律文书当然具有法律效力，故无须请求确认其效力。孙世武请求确认为孙福颁发宅基地使用证行为合法有效的诉讼请求，不属于人民法院行政诉讼的受案范围。根据《若干解释》第三十四条规定，公民、法人或者其他组织已经申请行政复议，在法定复议期间内又向人民法院提起诉讼，人民法院不予受理。孙世武主张确认为孙世昌颁发宅基地使用权证的行为违法，该项诉请已在沈阳市人民政府的复议过程中。依据上述司法解释规定，人民法院不予受理。孙世武请求确认为温秀云颁发宅基地使用权证的行为违法，孙世武的财产权是基于继承民事法律关系而引起的，与被诉行政行为不存在直接利害关系，故孙世武不具备起诉的原告主体资格，该项起诉应予驳回。依照《若干解释》第四十四条第一款第（一）、（二）项和第三十四条的规定，裁定驳回孙世武的起诉。

**二审裁定认为**：根据《中华人民共和国行政复议法》第三十一条第一款规定，行政复议机关应当自受理申请之日起60日内作出行政复议决定；但是法律规定的行政复议期限少于60日的除外。情况复杂，不能在规定期限内作出行政复议决定的，经行政复议机关的负责人批准，可以适当延长，并告知申请人和被申请人；但是延长期限最多不超过30日。本案中，因孙世武申请复议的具体请求不明确，复议机关于2014年5月14日作出《行政复议告知书》，至2014年8月9日作出《行政复议决定书》[沈政复字（2014）33号]，没有超出法定行政复议期限。一审裁定认为该诉请已经在沈阳市人民政府的复议过程中，依法不予受理正确。孙世武认为浑南区政府将宅基地登记给孙世昌和温秀云，侵害了其合法权益，其与被诉的发证行为具有利害关系。但是，孙世武于2013年始继承案涉房屋，其不能证明浑南区政府将宅基地登记给孙世昌和温秀云侵害了其合法权益，一审法院认为孙世武不具备原告主体资格并无不当。依照《中华人民共和国行政诉讼法》第六十一条第（一）项的规定，裁定驳回上诉，维持一审裁定。

**孙世武申请再审称：**（1）孙世武申请行政复议，复议机关在法定期限内未作出行政复议决定；孙世武提起行政诉讼，人民法院应当予以立案审理。（2）孙世武所执证件在先，孙世昌所执证件在后，重复颁发给孙世昌的证件明显违法。（3）沈阳市中级人民法院一审开庭审理时，已经知道沈阳市人民政府行政复议决定书已下达，本应提取该证据，并提醒孙世武明确或变更诉讼请求，法官没有这样做属于违法。（4）孙世武是合法的被征迁人，理应得到征迁补偿。根据《若干解释》第十条规定，人民法院对原行政行为作出判决的同时，应当对复议决定一并作出相应判决，给原告造成损失的，应当判决行政机关承担赔偿责任。综上，一、二审裁定适用法律法规错误。请求：（1）撤销一、二审裁定；（2）责令下级法院再审；（3）判令沈阳市人民政府对房屋损失予以补偿并赔偿。

**最高人民法院经审理认为：**孙世武在本案一审时的诉讼请求有三个：一是请求确认给孙福颁发宅基地使用证的行为合法有效；二是撤销给孙世昌颁发宅基地使用证的行为；三是撤销给温秀云颁发宅基地使用证的行为。对孙世昌的三项诉讼请求是否符合法定立案条件，应当分不同情况予以审查处理。

一、关于确认给孙福颁发宅基地使用证行为合法的诉讼请求

《中华人民共和国行政诉讼法》第二条第一款规定："公民、法人或者其他组织认为行政机关和行政机关工作人员的行政行为侵犯其合法权益，有权依照本法向人民法院提起诉讼。"也就是说，只有认为被诉行政行为侵犯其合法权益，公民、法人或者其他组织才有权依法提起行政诉讼；如果认为行政行为合法，则不能提起行政诉讼。行政行为一经作出即发生法律效力，未经法定程序予以撤销，其法律效力无须人民法院的行政判决予以确认。无争议即无诉讼。国家设立行政诉讼制度的目的在于化解行政争议，维护公民、法人和其他组织的合法权益，监督行政机关依法行政。如果认为被诉行政行为合法，未侵犯其合法权益，不存在行政争议，则无须启动行政诉讼程序。本案中，给孙福颁发的宅基地使用证并未经过法定程序予以撤销，其在法律上的合法有效性无须经过诉讼程序予以确认，孙世武请求确认给孙福颁证的行政行为合法，不属于行政诉讼的受案范围，一、二审法院据此裁定驳回孙世

武的起诉符合《中华人民共和国行政诉讼法》的规定，依法应予支持。

二、关于撤销给孙世昌颁发宅基地使用证行为的诉讼请求

《若干解释》第三十四条规定："公民、法人或者其他组织已经申请行政复议，在法定复议期间内又向人民法院提起诉讼的，人民法院不予受理。"本案中，孙世武对给孙世昌颁发宅基地使用证的行为申请行政复议，因诉讼请求不明确，经书面要求孙世武予以明确，在孙世武未予明确的情况下，行政复议程序确定仅对给孙世昌颁发的宅（01）0641××号宅基地使用证进行审查并作出确认违法的行政复议决定。在复议过程中，孙世武又对宅（01）0641××号颁证行为提起行政诉讼。根据上述规定，一、二审法院裁定驳回孙世昌该项诉讼请求的起诉并无不当，最高人民法院予以支持。根据《若干解释》第三十二条第四款规定，因起诉状内容欠缺而责令原告补正的，从人民法院收到补正材料之日起计算。《中华人民共和国行政诉讼法》第五十一条第三款规定："起诉状内容欠缺或者有其他错误的，应当给予指导和释明，并一次性告知当事人需要补正的内容。不得未经指导和释明即以起诉不符合条件为由不接收起诉状。"《最高人民法院关于适用〈中华人民共和国行政诉讼法〉若干问题的解释》第二条第二款规定："当事人未能正确表达诉讼请求的，人民法院应当予以释明。"尽管本案一审时，修改后的《中华人民共和国行政诉讼法》和司法解释尚未生效，但是结合《若干解释》第三十二条第四款规定，指导和释明在修改后的《中华人民共和国行政诉讼法》实施之前，也应当是人民法院的法定程序义务，未履行相应的指导和释明义务的，属于审判程序违法。在起诉状内容欠缺或者未正确表达诉讼请求的情况下，人民法院应当进行指导和释明，要求当事人完善起诉状内容、明确诉讼请求，尤其是要明确被诉行政行为。行政诉讼是对被诉行政行为的合法性进行审查，当事人所诉行政行为不明确，人民法院将无法进行案件的审理和裁判。本案中，孙世武起诉时除对给孙世昌颁发的宅（01）0641××号宅基地使用证请求撤销之外，是否还包括对给孙世昌颁发的其他宅基地使用证一并提起了诉讼，从孙世武提交的起诉状来看并不明确。在此情形下，一审本应通过指导和释明方式，要求孙世武明确被诉行政行为包括哪些，但是，一审未进行指导和释明，而是仅就颁发宅（01）0641××号宅基地使用证行为进行审查，显然存在审判程序违

法问题，并可能剥夺当事人的正当的起诉权利，依法应予纠正。在本案指令继续审理后，一审法院应当履行指导和释明义务，要求孙世武明确对给孙世昌颁发的哪些宅基地使用证行为不服提起行政诉讼。

三、关于撤销给温秀云颁发宅基地使用证行为的诉讼请求

《中华人民共和国行政诉讼法》第二十五条第二款规定："有权提起诉讼的公民死亡，其近亲属可以提起诉讼。"也就是说，公民死亡后，基于继承权受到损害的事实，死亡公民的近亲属有权以原告身份提起行政诉讼。根据《若干解释》第十一条规定，《中华人民共和国行政诉讼法》规定的"近亲属"，包括配偶、父母、子女、兄弟姐妹、祖父母、外祖父母、孙子女、外孙子女和其他具有扶养、赡养关系的亲属。本案中，孙世武的父亲孙福认为给孙世昌颁发宅基地使用证侵犯其宅基地使用权的，有权依法提起行政诉讼，具有适格原告资格。孙福去世后，作为孙福的儿子、法定继承人，孙世武具有对给孙世昌颁发宅基地使用证行为提起行政诉讼的原告资格。据此，一、二审裁定以孙世武不具有原告资格为由，驳回孙世武的起诉，属于适用法律错误，依法应予以纠正。

综上，一、二审裁定驳回孙世武关于确认给孙福颁发宅基地使用证行为合法有效以及撤销给孙世昌颁发宅（01）0641××号宅基地使用证行为的起诉，合法有据，应予支持。一、二审裁定驳回孙世武关于给孙世昌颁发宅（01）0641××号以外的其他宅基地使用证行为的起诉，未尽释明义务，审判程序违法并剥夺了孙世武合法的起诉权，依法应予以纠正；驳回给温秀云颁发宅基地使用证行为的起诉，适用法律错误，依法亦应予以纠正。依照《中华人民共和国行政诉讼法》第八十九条第（一）、（二）项，《最高人民法院关于执行〈中华人民共和国行政诉讼法〉若干问题的解释》第七十六条第一款的规定，裁定如下：一、维持一、二审裁定中驳回孙世武关于确认给孙福颁发宅基地使用证行为合法有效以及撤销给孙世昌颁发宅（01）0641××号宅基地使用证行为的起诉部分的内容。二、撤销一、二审裁定驳回孙世武关于要求确认给孙世昌颁发宅（01）0641××号以外的宅基地使用证行为违法的起诉部分的内容，指令沈阳市中级人民法院在一审过程中向孙世武进行指导和释明，要求孙世武明确其所诉给孙世昌颁发宅基地使用证行为究竟包括哪些，并审查是否符

合立案法定条件，对符合立案法定条件的起诉，予以立案审理；不符合立案法定条件的起诉，裁定不予立案。三、撤销一、二审裁定驳回孙世武关于给温秀云颁发宅基地使用证行为的起诉部分的内容，指令沈阳市中级人民法院对孙世武的该项诉讼请求继续审理。

### 裁判解析

《中华人民共和国行政诉讼法》第二条规定："公民、法人或者其他组织认为行政机关和行政机关工作人员的行政行为侵犯其合法权益，有权依照本法向人民法院提起诉讼。"换句话说，只有起诉人认为被诉行政行为侵犯其合法权益时，才有权提起行政诉讼；如果认为被诉行政行为合法、没有侵犯其合法权益，无权依照《中华人民共和国行政诉讼法》规定提起行政诉讼。起诉人请求确认被诉行政行为合法，不属于行政诉讼的受案范围。主要理由是：行政行为不同于民事行为，行政机关代表国家行使行政职权，行政行为一经作出即发生法律效力。行政行为效力先定，是行政行为的基本特征之一。民事行为属于私人行为，在相关公权力部门确认之前，是否合法有效不确定。因此，当事人请求确认民事行为合法有效的，属于民事诉讼的受案范围。这是民事行为与行政行为不同性质所决定的。本案中，孙世武请求确认为其父亲颁发宅基地使用权证的行为合法，孙世武并不认为给其父亲颁证的行为侵犯其合法权益，因此，其该项诉讼请求不属于行政诉讼的受案范围。

审判实践是复杂多样的。在一些案件中，原告一并对多个被诉行政行为提起诉讼，其实每一个被诉行政行为都构成一个独立的诉。因此，法官对原告起诉的每一个被诉行政行为都要分别进行单独的审查、分析、认定是否符合法定起诉条件。对于被诉行政行为不明确的，法官应当根据修改后的《中华人民共和国行政诉讼法》第五十一条第三款规定，对原告进行释明，要求其明确被诉行政行为，并尽可能引导原告对最能够有效解决其实质诉求的行政行为依法提起行政诉讼。在原告明确被诉行政行为后，法官才能够针对原告确定的被诉行政行为继续进行审查。法官主观臆断、未经释明擅自确定被诉行政行为进行审查立案、审理裁判的，审判程序违法并可能影响案件裁判结果的公正性，可能损害原告实体合法权益，构成二审改判以及再审的正当理由。本案中，孙世武的诉讼请求之一是撤销给孙世昌颁发宅基地使用证的行为。结合案情，本案被告给孙世昌核发多份宅基地使用证，孙世武起诉时请求撤销的是哪一个或者哪几个颁证行为不明确，需要法官予以释明，由孙世武确认。但是，本案一审法官未进行释明，自行确定颁发（01）0641××号宅基地使用证行为为被诉行政行为，审判程序显然违法，并可能遗漏诉讼请求，损害原告孙世武的合法权益。在此情形下，必须再审并发回重审，由一审法官在重审时向孙世武释明，要求孙世武确定被诉行政行为。

【合议庭成员：郭修江　汪国献　李明义】

【主审法官：郭修江】

【执笔人：郭修江　陆　阳　熊俊勇】

## 9 行政机关不履行上级交办事项的行为具有可诉性

**【裁判要旨】** 行政机关接受上级机关的指令，履行特定职责义务的行为，属于行使职权的行政行为。公民、法人或者其他组织对行政机关不履行上级机关交办事项的行为提起行政诉讼的，属于行政诉讼的受案范围。

最高人民法院案号：（2015）行提字第38号

再审申请人（一审原告、二审上诉人）：杨启鹏。

委托代理人：夏立东，辽宁东鸣律师事务所律师。

被申请人（一审被告、二审被上诉人）：辽宁省绥中县人民政府。住所地：辽宁省绥中县中央路一段十二号。

法定代表人：李树存，县长。

委托代理人：赵会，辽宁省绥中县人民政府法制办公室复议应诉科科长。

被申请人（一审被告、二审被上诉人）：辽宁省绥中县海洋与渔业局。住所地：辽宁省绥中县和平街西段八号。

法定代表人：薛庆丰，局长。

行政负责人：李文凯，副局长。

委托代理人：杨芳，辽宁省绥中县海洋与渔业局综合法规科工作人员。

杨启鹏诉辽宁省绥中县人民政府（以下简称绥中县政府）、绥中县海洋与渔业局（以下简称绥中县渔业局）不履行发放污染补偿款法定职责一案，大连海事法院于2015年5月25日作出（2015）大海行初字第11-1号行政裁定。杨启鹏提起上诉。辽宁省高级人民法院于2015年9月23日作出（2015）

辽行终字第 00195 号行政裁定。杨启鹏申请再审，最高人民法院于 2015 年 12 月 11 日作出（2015）行监字第 1986 号行政裁定，提审本案。

**案件基本事实**：2011 年 6 月，康菲石油公司蓬莱 19-3 油田溢油事故污染到中国海域，绥中县海水养殖区域也在受污染范围内。事故发生后，农业部代表受损失的渔业养殖户与康菲石油公司进行谈判，达成赔偿协议，康菲公司将赔偿款缴付给中国政府，由中国政府负责赔偿款的发放工作。有关绥中县渔业养殖户的损失赔偿款发放工作，辽宁省海洋与渔业厅交由绥中县政府负责。2012 年 6 月 26 日，绥中县政府作出《关于印发绥中县蓬莱 19-3 溢油事故赔偿补偿工作实施方案的通知》（绥政发〔2012〕67 号），指定绥中县渔业局具体负责养殖户损失申报审查和赔偿款发放工作。杨启鹏作为受损养殖户，申报了损失赔偿，并通过初审。在领取赔偿款之前，杨启鹏将海域使用证转让给案外人徐明琨，并将海域使用证原件交给了徐明琨，但未办理海域使用证过户登记手续。在领取赔偿款时，因未能出具海域使用证原件，绥中县渔业局拒绝向杨启鹏支付赔偿款。杨启鹏遂以绥中县渔业局为被告，提起民事诉讼，请求判令绥中县渔业局发放赔偿款。案件审理中，绥中县人民法院依职权追加徐明琨为第三人，并于 2013 年 11 月 20 日作出（2013）绥民前卫初字第 00046 号民事判决，责令绥中县渔业局将康菲石油公司支付的赔偿款 714775 元发放给杨启鹏。徐明琨上诉，葫芦岛市中级人民法院于 2014 年 5 月 22 日作出（2014）葫民一终字第 00023 号民事裁定，以该案不属于民事诉讼受理范围为由，裁定撤销一审民事判决，驳回杨启鹏的起诉。杨启鹏申请再审，辽宁省高级人民法院以相同理由驳回其再审申请。杨启鹏提起本案诉讼，请求责令绥中县政府、绥中县渔业局履行发放污染赔偿款的法定职责。

**一审裁定认为**：依据《中华人民共和国行政诉讼法》第二条及第六条的规定，公民、法人或者其他组织认为行政机关和行政机关工作人员或法律、法规、规章授权的组织作出的行政行为侵犯其合法权益，有权向人民法院提起诉讼。绥中县政府与辽宁省海洋与渔业厅约定，由绥中县政府负责污染赔偿款的发放、绥中县渔业局具体实施发放的行为，均不属于行政机关在行政管理活动中行使行政职权作出的行政行为。本案不属于行政诉讼受案范围。依据《中华人民共和国行政诉讼法》第四十九条第（四）项及《最高人民法院关于适用〈中华人民共和国行政诉讼法〉若干问题的解释》第三条第一款第（一）项的规定，裁定驳回杨启鹏的起诉。

**二审裁定认为**：绥中县政府负责发放污染赔偿款、绥中县渔业局具体实施发放的行为，并非法律、法规赋予行政机关的行政管理职责，杨启鹏的诉讼请求不属于行政诉讼受案范围，一审裁定驳回其起诉并无不当。依照《中华人民共和国行政诉讼法》第八十九条第一款第（一）项的规定，裁定驳回上诉，维持一审裁定。

**杨启鹏申请再审称**：（1）本案属于行政诉讼受案范围。绥中县政府制定并实施海域污染赔偿款发放标准和范围的行为，是对杨启鹏增设权利义务的行政行为；绥中县渔业局履行发放赔偿款的行为是一种既有民事又有行政的受托行为，是可诉的行政行为。（2）一、二审认定事实不清。杨启鹏在康菲溢油污染期间，既实际养殖又合法持证，符合取得污染赔偿款的条件，绥中县渔业局拒绝将赔偿款发放给杨启鹏错误。（3）本案已经生效民事裁定认定为行政案件，二审裁定驳回起诉错误。请求：撤销一、二审裁定，指令大连海事法院继续审理。

**绥中县政府答辩称**：（1）杨启鹏不符合康菲溢油事故赔偿款发放的条件，无权请求发放赔偿款。（2）本案不属于行政诉讼的受案范围。绥中县渔业局是受绥中县政府的委托代为发放赔偿款，不属于在行政管理活动中行使行政职权的行政行为。

绥中县渔业局答辩意见与绥中县政府一致。

**最高人民法院经审理认为**：本案焦点问题有二项：（1）绥中县政府、绥中县渔业局发放赔偿款的行为是否是行政行为，是否属于行政诉讼受案范围；（2）一、二审行政裁定与生效民事裁定相抵触是否应予以纠正。

一、关于发放赔偿款的行为性质问题

根据《中华人民共和国行政诉讼法》第二条第一款规定，公民、法人或者其他组织认为行政机关和行政机关工作人员的行政行为侵犯其合法权益，有权依法向人民法院提起诉讼。也就是说，公民、法人或者其他组织认为侵犯其人身权、财产权等合法权益的行政行为，属于人民法院行政诉讼的受案范围。本案中，因康菲公司漏油事故造成海面污染，给中国渔业养殖户造成巨大损害。为充分保障受损渔业养殖户的合法权益，简化赔偿程序，提高赔偿效率，中国政府代表受损失渔业养殖户与康菲石油公司就污染损失赔偿问题进行谈判。中国政府的受托谈判行为是行使平等民事主体之间民事权利的行为。达成赔偿协议后，康菲公司将赔偿款缴付中国政府，有关绥中县渔业养殖户的赔偿款发放工作，辽宁省海洋与渔业厅交绥中县政府办理，并由绥中县渔业局具体负责实施。绥中县政府制定赔偿款发放规则，绥中县渔业局确定受污染养殖户及其赔偿款数额、实施发放赔偿款的行为，是接受上级行政机关的指令，根据行政管理职权，履行交办事项的行为，属于依职权行使行政权的行政行为。绥中县政府和绥中县渔业局拒绝向杨启鹏发放赔偿款，直接影响其财产权益，属于行政诉讼的受案范围。一、二审法院以"不属于行政诉讼的受案范围"为由，裁定不予受理，适用法律错误，依法应予以纠正。

二、本案一、二审行政裁定与生效民事裁定相抵触的问题

《最高人民法院关于行政诉讼证据若干问题的规定》第七十条规定："生效的人民法院裁判文书或者仲裁机构裁决文书确认的事实，可以作为定案依据。但是如果发现裁判文书或者裁决文书认定的事实有重大问题的，应当中止诉讼，通过法定程序予以纠正后恢复诉讼。"本案中，（2014）葫民一终字第00023号生效民事裁定认为，绥中县政府制定赔偿款发放标准、绥中县渔业局发放赔偿款的行为，是依附在行政权力之下的职权行为，与赔偿请求人之间的主体地位不平等，不属于民事案件受案范围，据此驳回杨启鹏提起的民事诉讼。杨启鹏根据生效民事裁定，提起本案行政诉讼。在生效民事裁定已经将绥中县政府、绥中县渔业局的行为定性为行政行为，驳回杨启鹏的民事诉讼起诉，生效民事裁定尚未被依法撤销的情况下，一、二审又以本案"不属于行政诉讼的受案范围"为由，裁定驳回杨启鹏的起诉，与生效的民事裁

定相抵触。即便本案一、二审认为杨启鹏请求绥中县政府、绥中县渔业局发放赔偿款的诉讼应当属于民事诉讼理由成立,也应当中止本案审理,通过审判监督程序,撤销生效民事裁定后,才能裁定驳回杨启鹏的起诉。一、二审裁定违反司法解释规定,审判程序违法,依法应予以纠正。

综上,绥中县政府和绥中县渔业局接受上级政府的指令发放赔偿款的行为,属于行使职权的行政行为,一、二审行政裁定认为该行为不是行政行为,不属于行政诉讼受案范围,驳回杨启鹏的起诉不当,且与生效民事裁定直接相抵触,适用法律错误,依法应予以纠正。杨启鹏的起诉符合法定起诉条件,依法应当予以受理。依照《中华人民共和国行政诉讼法》第八十九条第(二)项和《最高人民法院关于执行〈中华人民共和国行政诉讼法〉若干问题的解释》第七十六条第一款的规定,裁定如下:一、撤销辽宁省高级人民法院(2015)辽行终字第00195号行政裁定、撤销大连海事法院(2015)大海行初字第11-1号行政裁定;二、指令大连海事法院继续审理。

## 裁判解析

根据《中华人民共和国行政诉讼法》第十二条第一款第(六)项规定,行政机关不履行保护公民、法人或者其他组织人身权、财产权等合法权益的法定职责的,属于行政诉讼受案范围。这里的法定职责应当包括以下几种情形:一是法律、法规、规章或者其他规范性文件为行政机关设定的职责义务。例如,《中华人民共和国土地管理法》第十六条授予县级以上人民政府对土地所有权和使用权争议的行政裁决权。二是上级行政机关交办事项所形成的职责义务。例如,上级人民政府根据举报人的检举控告,指令下级政府对相关事项组成调查组进行调查处理。三是行政机关与行政相对人达成协议约定的行政法上的职责义务。例如,土地管理部门与土地受让人签订土地出让合同,约定合同签订后3个月内交付土地。四是因行政机关的先前行为而形成的职责义务。例如,公安机关将醉酒的人约束至酒醒,醉酒人被限制人身自由期间的人身安全,属于公安机关因约束行为产生的随附义务。行政机关不履行法定义务、指令义务、约定义务、随附义务的,均属于不履行法定职责的行为,属于行政诉讼的受案范围。本案中,绥中县政府和绥中县渔业局受辽宁省政府的指令,按照行政职责分工,对康菲公司漏油事件赔偿款进行调查核实和分配,属于受上级指令履行行政职责义务的行为,对绥中县政府和绥中县渔业局不履行发放赔偿款义务的行为提起诉讼,属于行政诉讼的受案范围。

【合议庭成员:郭修江　汪国献　高　珂】

【主审法官:郭修江】

【执笔人:郭修江　陆　阳　熊俊勇】

## ⑩ 息诉罢访协议具有可诉性

> **【裁判要旨】** 行政机关与上访人签订的息诉罢访协议,实质上是行政机关为了维护社会和谐稳定、公共利益和实现行政管理职能的需要,根据属地主义原则在其职责权限范围内,与上访人达成的有关政府出钱或者是给予其他好处、上访人息诉罢访等具有行政法上权利义务内容的协议,属于可诉的行政协议范畴。人民法院受理息诉罢访协议案件,应当依法对协议内容的合法性进行审查。

**最高人民法院案号:(2016)最高法行申 45 号**

再审申请人(一审原告、二审上诉人):韩甲文。

被申请人(一审被告、二审被上诉人):黑龙江省肇源县人民政府。住所地:肇源县政府大街1号。

法定代表人:孙达,县长。

委托代理人:韩超,肇源县人民政府法制办科员。

再审申请人韩甲文因诉被申请人黑龙江省肇源县人民政府(以下简称肇源县政府)行政协议一案,不服黑龙江省高级人民法院于2015年11月19日作出的(2015)黑行终字第14号行政裁定,向最高人民法院申请再审。

**案件基本事实**:2001年4月15日,民意乡建国村将"马场地"约600亩土地发包给韩甲文,承包期为15年(2001~2015年)。2002年,茂兴湖养殖场将乌拉哈达境内一块土地发包给建国村村民刘春等人,承包期为2年(2002~2003年)。民意乡发包给韩甲文的土地,与茂兴湖养殖场发包给刘春等人的土地，实际上为同一块土地，由此引发两方承包人的纠纷。2003年3月28日，刘春等人起诉韩甲文侵权，请求确认韩甲文与民意乡建国村签订的承包合同无效，并赔偿经济损失、归还土地。案件历时6年，先后经黑龙江省肇源县人民法院一审、黑龙江省大庆市中级人民法院二审、黑龙江省高级人民法院指令再审，2009年4月15日，大庆市中级人民法院作出（2009）庆民再字第15号民事裁定，以涉案土地权属不清，应当依法先行解决土地权属纠纷为由，撤销一、二审判决，驳回刘春等人的起诉。为此，韩甲文多次到市、省、国家等有关部门上访。肇源县政府对此高度重视，组成工作组对韩甲文上访诉求进行调查，确定韩甲文承包土地为600亩，并以此作为依据进行测算，给予韩甲文补偿。经双方共同协商，2011年4月7日，韩甲文与肇源县政府签订《协议书》，达成如下补偿协议：（1）经肇源县政府测算，决定给韩甲文补偿人民币158.4万元；（2）韩甲文收到158.4万元补偿款后，自愿放弃2001年4月15日与民意乡建国村签订的"马场地"合同，不再经营使用；对处理"马场地"引发的矛盾纠纷过程中，各级政府机关、公安机关、审判机关及部门所做的一切公务行为，不再上访诉求，息诉罢访；（3）肇源县派民意乡维稳工作组协调资金158.4万元支付给韩甲文，作为韩甲文2001年4月15日与建国村承包"马场地"未履行11年经营使用权及发生纠纷等所有费用一次性补偿；（4）韩甲文必须将民意乡颁发的土地经营权证书交给肇源县政府，不再主张土地经营权证书中600亩土地的经营权，放弃主张承包合同签订后未经营承包合同标的亩数造成损失的权利；（5）韩甲文必须与民意乡建国村签订解除2001年4月5日签订的"马场地"承包合同的协议；（6）肇源县派民意乡维稳工作组于2001年4月15日前一次性支付给韩甲文158.4万元补偿款。如韩甲文不履行协议，必须退还该补偿款，否则，甲方有权通过法律途径索要此款。2011年4月13日，韩甲文收到了肇源县政府给付的158.4万元。同日，韩甲文在《撤回信访诉求申请书》中写明"同意处理意见"并签字。2015年，韩甲文以《协议书》是在受胁迫情况下签订的为由，提起本案诉讼，请求撤销《协议书》，确认韩甲文对"马场地"土地享有合法经营权，赔偿经济损失248.4万元。另查，韩甲文诉请撤销的《协议书》中涉及的"马场地"土地，肇源县政府于1984年12月28日为民意乡颁发了临时土地使用证，黑龙江省人民政府 1997 年 8 月为茂兴湖养殖场颁发了国有土地使用证。

**一审裁定认为**：根据《最高人民法院关于执行〈中华人民共和国行政诉讼法〉若干问题的解释》（以下简称《执行解释》）第四十一条第一款规定，行政机关未告知诉权和起诉期限的，当事人应当自知道或者应当知道具体行政行为内容之日起 2 年内提起行政诉讼。韩甲文于 2011 年 4 月 7 日与肇源县政府签订《协议书》，至 2013 年 4 月 7 日，其起诉期限已经届满，2015 年起诉超过法定起诉期限，且无正当理由。依照《最高人民法院关于适用〈中华人民共和国行政诉讼法〉若干问题的解释》（以下简称《适用解释》）第三条第一款第（二）项之规定，裁定驳回韩甲文的起诉。韩甲文不服，向黑龙江省高级人民法院提出上诉。

**二审裁定认为**：2011 年 4 月 7 日韩甲文与肇源县政府签订协议时，就已经知道被诉《协议书》的主要内容，2015 年提起行政诉讼，已经超过 2 年的起诉期限，且提供的证据不能证明逾期起诉是由于不属于其自身原因而耽误起诉期限的情形。依照《中华人民共和国行政诉讼法》第八十九条第一款第（一）项之规定，裁定驳回上诉，维持一审裁定。

**韩甲文申请再审称**：（1）一、二审裁定认定事实错误。韩甲文实际承包 1000 多亩土地，协议仅补偿 600 亩，《协议书》补偿内容显失公平。《协议书》签订后不久，韩甲文不服即到肇源县人民法院、大庆市中级人民法院要求行政诉讼立案，但两级法院均未予立案。2014 年，韩甲文还因申请行政诉讼立案被拘留。一、二审对上述证据不予采纳错误。（2）一、二审裁定适用法律错误。根据《适用解释》第三条第一款第（二）项规定，原告无正当理由超过起诉期限的，才可以驳回起诉。而本案中，韩甲文在法定的起诉期限内已多次要求法院立案受理，导致起诉超期的原因是法院违法不予立案，并不是韩甲文个人原因造成的。根据《执行解释》第四十三条规定，由于不属于起诉人自身的原因超过起诉期限的，被耽误的时间不计算在起诉期间内。请求撤销一、二审裁定，依法提审或指令黑龙江省高级人民法院再审，指令大庆市中级人民法院对本案继续审理。

**肇源县政府答辩称：**（1）双方签订的是息诉罢访补偿协议，不是行政协议。《协议书》经多次协商确定，是双方真实意思表示，不存在胁迫。（2）韩甲文起诉超过法定起诉期限，且没有证据证明有正当理由或不可抗力。一、二审裁定认定事实清楚，适用法律正确，请求驳回韩甲文的再审申请。

**最高人民法院经审查认为：**韩甲文与肇源县政府签订的息诉罢访协议是行政协议，属于人民法院行政诉讼的受案范围。但是，韩甲文起诉超过法定起诉期限，且没有充分证据证明存在因不可抗力或者其他不属于其自身的原因耽误起诉期限应予扣除的情形。一、二审裁定驳回其起诉并无不当，韩甲文申请再审的理由不能成立。

一、关于息诉罢访协议的可诉性问题

根据《中华人民共和国行政诉讼法》第十二条第一款第（十一）项规定，认为行政机关不依法履行、未按照约定履行或者违法变更、解除政府特许经营协议、土地房屋征收补偿协议等协议的，属于行政诉讼受案范围。《适用解释》第十一条规定："行政机关为实现公共利益或者行政管理目标，在法定职责范围内，与公民、法人或者其他组织协商订立的具有行政法上权利义务内容的协议，属于行政诉讼法第十二条第一款第十一项规定的行政协议。公民、法人或者其他组织就下列行政协议提起行政诉讼的，人民法院应当依法受理：（一）政府特许经营协议；（二）土地、房屋等征收征用补偿协议；（三）其他行政协议。"根据上述规定，行政协议纠纷属于行政诉讼的受案范围。行政协议必须具备以下几个法定条件：一是协议一方恒定是行政机关，包括法律、法规、规章授权的组织；二是签订协议的目的是为实现公共利益或者行政管理目标；三是协议事项必须符合行政机关的法定职责权限；四是协议内容必须具有行政法上的权利义务；五是协议履行过程中行政机关享有单方解除、变更协议的行政职权。行政机关与上访人签订的息诉罢访协议，实质上是行政机关为了维护社会和谐稳定、公共利益和实现行政管理职能的需要，根据属地主义原则在其职责权限范围内，与上访人达成的有关政府出钱或者是给予其他好处、上访人息诉罢访等具有行政法上权利义务内容的协议，属于可诉的行政协议范畴。本案被诉的《协议书》，就是一份典型的息诉罢访协议。该协议主体一方是一级人民政府——肇源县政府；协议的目的是终结韩甲文上访行为，实现社会和谐稳定，既包含公共利益，也是为了履行肇源县政府的法定职责；协议事项是解决韩甲文上访问题，属于肇源县政府的法定职责范围；协议内容包含了肇源县政府出钱、韩甲文息诉罢访等内容，属于非平等主体之间的行政法上的权利义务；协议履行过程中，肇源县政府可以依法行使解除、变更协议的行政职权，只是本案中肇源县政府已经履行完支付补偿款的义务，没有机会单方行使上述行政权力。综合以上分析，本案被诉《协议书》符合行政协议的法定要件，属于行政协议，协议为韩甲文确立了新的权利义务关系，对其权利义务产生了新的实际影响，属于可诉的行政行为。肇源县政府认为该协议不属于行政协议的主张，最高人民法院不予支持。

二、关于事实认定和法律适用问题

《执行解释》第四十一条规定："行政机关作出具体行政行为时，未告知公民、法人或者其他组织诉权或者起诉期限的，起诉期限从公民、法人或者其他组织知道或者应当知道诉权或者起诉期限之日起计算，但从知道或者应当知道具体行政行为内容之日起最长不得超过2年。"第四十三条规定："由于不属于起诉人自身的原因超过起诉期限的，被耽误的时间不计算在起诉期间内。因人身自由受到限制而不能提起诉讼的，被限制人身自由的时间不计算在起诉期间内。"本案中，2011年4月7日，韩甲文与肇源县政府签订协议时，就已经知道被诉《协议书》的主要内容。根据当时有效的《执行解释》第四十一条规定，至2013年4月7日，韩甲文2年的起诉期限已经届满，2015年提起行政诉讼显然已经超过法定起诉期限。韩甲文认为本案存在《执行解释》第四十三条规定的情形，应当扣除因法院不立案耽误的期限，但其所举黑龙江省人大常委会信访办公室2011年6月20日给大庆市中级人民法院、2013年8月5日给大庆市人大常委会、2013年10月9日给肇源县人民法院的《介绍信》以及2013年9月17日黑龙江省高级人民法院驻京办给大庆市中级人民法院的《约期接谈单》等证据，关于法院不立案案件的性质表述不清。有的表述为"对肇源县行政行为违法要求法院立案处理一案"，有的表述为"其与肇源县民意乡建国村民委员会自然资源使用权纠纷一案,认为肇源县人民法院违法行政确认,要求法院立案解决",还有的表述为"其与肇源县民意乡建国村的土地资源使用权纠纷一案""土地使用权纠纷一案"等。根据上述证据,不能证明韩甲文以肇源县政府为被告,对《协议书》曾提起行政诉讼,人民法院不予受理的事实。一、二审裁定以超过法定起诉期限为由,裁定驳回起诉,主要事实清楚,适用法律正确,韩甲文申请再审的理由不能成立,最高人民法院不予支持。

三、关于韩甲文的其他诉讼请求问题

根据《中华人民共和国行政诉讼法》第四十九条第(四)项规定,提起行政诉讼,所诉事项应当属于人民法院行政诉讼的受案范围。一审诉讼中,韩甲文提出请求撤销《协议书》之外,还请求确认其对涉案土地享有合法经营权,并赔偿经济损失248.4万元。最高人民法院认为,韩甲文主张对涉案土地的经营权系通过承包合同取得,所诉损失也是因其承包土地权属不清、发包人多方发包引发纠纷造成的,并非肇源县政府行政协议行为造成,相关诉求属于民事争议范畴,不属于行政诉讼的受案范围。大庆市中级人民法院作出的(2009)庆民再字第15号民事裁定也已经给相关民事争议的解决指明了救济路径,民事纠纷的当事人应当通过协商或者申请土地确权行政裁决程序,先行确定土地权属,然后再通过和解或者民事诉讼等途径,解决土地承包人之间的经营权纠纷以及因此而产生的财产损失问题。韩甲文在诉行政协议案中请求确认其承包经营权,并要求肇源县政府赔偿损失,缺乏事实根据和法律依据。一、二审裁定驳回其相关诉求的起诉亦无不当。

综上,韩甲文的再审申请不符合《中华人民共和国行政诉讼法》第九十一条第(一)、(二)、(三)项规定的情形。依照《最高人民法院关于执行〈中华人民共和国行政诉讼法〉若干问题的解释》第七十四条的规定,裁定驳回韩甲文的再审申请。

### 裁判解析

根据《最高人民法院关于执行〈中华人民共和国行政诉讼法〉若干问题的解释》第一条第二款第(五)项规定,驳回当事人对行政行为提起申诉的重复处理行为，不属于行政诉讼的受案范围。那么，行政机关处理当事人上访事项，与上访人达成的息诉罢访协议是否可诉，审判实践中存在异议。笔者认为，根据《中华人民共和国行政诉讼法》第二条规定，行政行为是否可诉，核心是行政行为是否可能对起诉人的权利义务造成侵害或者形成不利影响。息诉罢访协议是通过协商方式解决上访人信访事项的一种有效方式，应当纳入法治的渠道。息诉罢访协议的内容对当事人信访事项作出新的处理，对当事人的权利义务已经作出新的处理，属于行政机关重新作出的新的行政行为；同时，根据修改后的《中华人民共和国行政诉讼法》第十二条第一款第（十一）项规定，息诉罢访协议属于行政机关与信访人之间达成的行政协议。因此，息诉罢访协议属于可诉的行政行为。将息诉罢访协议纳入行政诉讼范畴，有利于对该类协议的监督和制约，促进信访事项的依法理性解决。

【合议庭成员：郭修江　高　珂　苏　戈】

【主审法官：郭修江】

【执笔人：郭修江　陆　阳　熊俊勇】

## ⑪ 破产清算组依据法院裁定对破产企业财产的处置行为不具有可诉性

**【裁判要旨】** 破产申请人申请人民法院宣告破产，人民法院作出准予进入破产程序的裁定后，依法指定破产清算组组成人员，清算组成员作出的对于破产财产的保管、清理、估价、处理及分配等一系列活动，均属于人民法院的司法行为，不是行政行为，不属于行政诉讼的受案范围。

**最高人民法院案号：（2016）最高法行申 575 号**

再审申请人（一审原告、二审上诉人）：芦玉昌。

再审申请人（一审原告、二审上诉人）：侯惠娟。

再审申请人（一审原告、二审上诉人）：曲亚珍。

芦玉昌、侯惠娟、曲亚珍（以下简称芦玉昌等3人）诉辽宁省鞍山市铁东区人民政府（以下简称铁东区政府）不履行法定职责一案，鞍山市中级人民法院于2015年7月20日作出（2015）鞍行初字第37号行政裁定，驳回芦玉昌等3人的起诉。芦玉昌等3人不服提起上诉，辽宁省高级人民法院于2015年9月23日作出（2015）辽行终字第279号行政裁定，驳回上诉，维持一审裁定。芦玉昌等3人申请再审。

**案件基本事实：** 鞍山市新华印刷厂因经营不善、长期亏损，不能清偿到期债务，于2004年7月28日向鞍山市中级人民法院依法申请破产。鞍山市中级人民法院于当日作出（2004）鞍民三破字第6-1号民事裁定，宣告鞍山市新华印刷厂破产还债，并依法组成清算组，接管鞍山市新华印刷厂。2006

年6月21日，鞍山市中级人民法院作出（2004）鞍民三破字第6-12号民事裁定，终结破产程序。芦玉昌等3人起诉称：鞍山市新华印刷厂从1998年11月起至2003年，拖欠职工工资、生活费。企业申请破产后，清算组因破产资金未到位，一直未发放。清算组撤销后，将结尾工作转交铁东区政府处理。卢玉昌等3人多次要求支付拖欠的款项，铁东区政府未履行付款义务。请求：责令铁东区政府依法履行支付鞍山市新华印刷厂在破产清算中遗留的拖欠职工各项安置费用的法定职责。

**一审裁定认为**：芦玉昌等3人要求解决的是企业破产案件中产生的纠纷，应当依照破产法的有关规定主张权利，起诉事项不属于行政诉讼的受案范围。依照《中华人民共和国行政诉讼法》第四十九条第（四）项、《最高人民法院关于适用〈中华人民共和国行政诉讼法〉若干问题的解释》第三条第一款第（一）项的规定，裁定驳回芦玉昌等3人的起诉。芦玉昌等3人不服，提起上诉。

**二审裁定认为**：芦玉昌等3人要求解决的是企业破产案件中产生的纠纷，不属于行政诉讼受案范围。依据《中华人民共和国行政诉讼法》第八十九条第一款第（一）项之规定，裁定驳回上诉，维持一审裁定。

**芦玉昌等3人申请再审称**：本案属于行政诉讼受案范围。鞍山市新华印刷厂破产属于政策性破产，安置破产企业职工的费用应当从破产企业土地使用权转让所得中拨付。清算组撤销后，结尾工作转由铁东区政府处理，所做决定属于行政行为。请求撤销一、二审裁定。

**最高人民法院经审查认为**：根据《中华人民共和国行政诉讼法》第二条第一款规定，公民、法人或者其他组织认为行政机关和行政机关工作人员的行政行为侵犯其合法权益，有权依法向人民法院提起行政诉讼。也就是说，可以提起行政诉讼的行为应当是行政机关或行政机关的工作人员所作出的行政行为，司法行为不属于行政诉讼的受案范围。本案纠纷发生时有效的1988年10月1日施行的《中华人民共和国企业破产法（试行）》第二十四条规定：

"人民法院应当自宣告企业破产之日起十五日内成立清算组,接管破产企业。清算组负责破产财产的保管、清理、估价、处理和分配。清算组可以依法进行必要民事活动。清算组成员由人民法院从企业上级主管部门、政府财政部门等有关部门和专业人员中指定。清算组可以聘任必要的工作人员。清算组对人民法院负责并且报告工作。"也就是说,破产申请人申请人民法院宣告破产,人民法院作出准予进入破产程序的裁定后,依法指定破产清算组组成人员,清算组成员作出的对于破产财产的保管、清理、估价、处理及分配等一系列活动,均属于人民法院的司法行为,不是行政行为,不属于行政诉讼的受案范围。本案中,芦玉昌等3人所诉企业破产清算中遗留的拖欠职工各项安置费用问题,实质是对在鞍山市中级人民法院主持下,清算组依法对破产企业财产进行分配的司法行为不服提起的诉讼,并非铁东区政府作出的行政行为。故,不属于行政诉讼的受案范围。一、二审裁定驳回芦玉昌等3人的起诉,并无不当。

综上,芦玉昌等3人的再审申请不符合《中华人民共和国行政诉讼法》第九十一条第(一)、(四)项规定的情形。依照《最高人民法院关于执行〈中华人民共和国行政诉讼法〉若干问题的解释》第七十四条的规定,裁定驳回芦玉昌等3人的再审申请。

### 裁判解析

如何区分行政行为和司法行为,是判断被诉行为是否可诉的核心标准之一。被诉行为是司法行为,当然不属于行政诉讼的受案范围。行政机关会经常性地参与司法活动,行政机关按照司法机关的指令实施的行为,是司法行为的组成部分,不属于行政行为,不可诉。《最高人民法院关于审理企业破产案件若干问题的规定》(法释〔2002〕23号)第十八条规定:"人民法院受理企业破产案件后,除可以随即进行破产宣告成立清算组的外,在企业原管理组织不能正常履行管理职责的情况下,可以成立企业监管组。企业监管组成员从企业上级主管部门或者股东会议代表、企业原管理人员、主要债权人中产生,也可以聘请会计师、律师等中介机构参加。企业监管组主要负责处理以下事务：（一）清点、保管企业财产；（二）核查企业债权；（三）为企业利益而进行的必要的经营活动；（四）支付人民法院许可的必要支出；（五）人民法院许可的其他工作。企业监管组向人民法院负责，接受人民法院的指导、监督。"在审理涉及具有国有资产的企业破产案件时，无论是成立清算组，还是设立企业监管组，其成员中均会有政府工作人员的参与，代表政府行使监管职权。但是，无论作为破产清算组成员还是企业监管组成员，政府工作人员只能在破产清算组或者企业监管组内部发挥作用，对外只能以破产清算组或者企业监管组的名义行使职权、履行义务。而破产清算组或者企业监管组必须接受人民法院的指导、监督，对人民法院负责，其行为性质实质是司法行为的组成部分，不是行政行为，也不同于一般的普通民事行为。正因为如此，司法破产程序中，破产清算组或者企业监管组实施的行为不属于行政诉讼的受案范围，不可诉。本案中，芦玉昌等3人所诉企业破产清算中遗留的拖欠职工各项安置费用问题，实质是对司法破产程序中清算组根据人民法院的指令对破产财产的处置行为不服提起的诉讼，当然不属于行政诉讼的受案范围。

【合议庭成员：郭修江　高　珂　董　华】
【主审法官：郭修江】
【执笔人：郭修江　陆　阳　熊俊勇】

## 12 土地储备中心签订的土地使用权收购合同属于民事合同的性质

【裁判要旨】土地储备中心根据《土地储备管理办法》第十三条的规定,与土地使用权人签订的土地使用权收购合同,属于平等主体之间签订的土地使用权转让民事合同,不属于行政诉讼的受案范围。

经仲裁裁决或者民事判决解除土地出让合同后,原土地受让人与涉案土地不再具有利害关系,对行政机关就涉案土地作出的相关行政行为不具有原告主体资格。原土地受让人不执行生效仲裁裁决或者民事判决,继续占用涉案土地的,不能以土地使用人的身份取得对行政机关就涉案土地作出的相关行政行为的原告资格。

**最高人民法院案号:(2015)行监字第1731号**

再审申请人(一审原告、二审上诉人):大连保税区德珑房地产开发有限公司。住所地:辽宁省大连市保税区仓储加工区IC-61。

法定代表人:吕文学,董事长。

被申请人(一审被告、二审被上诉人):大连保税区管理委员会。住所地:辽宁省大连市保税区西关门。

法定代表人:毛岩亮,主任。

委托代理人:刘聪,辽宁锦连律师事务所律师。

大连保税区德珑房地产开发有限公司(以下简称德珑公司)诉大连保税区管理委员会(以下简称保税区管委会)、大连保税区规划和土地房屋局(以下简称保税区规划房屋局)一案,辽宁省大连市中级人民法院于2015年4月

3日作出（2015）大行初字第4号行政裁定，驳回德珑公司的起诉。德珑公司提起上诉，辽宁省高级人民法院于2015年7月1日作出（2015）辽行终字第174号行政裁定，驳回上诉，维持原裁定。德珑公司申请再审。

**案件基本事实**：2001年7月30日，大连保税区土地管理局与德珑公司（原名为大连保税区德珑外商俱乐部有限公司）签订《国有土地使用权出让合同》，约定将位于大连保税区仓储加工小区内42190.83平方米的国有土地使用权出让给德珑公司。2002年11月19日，德珑公司与大连保税区土地管理局签订《补充合同》，约定将出让土地面积变更为41803.53平方米。2003年9月8日，大连保税区土地管理局向大连市仲裁委员会申请仲裁，请求解除其与德珑公司签订的《国有土地使用权出让合同》，收回向德珑公司出让的41803.53平方米国有土地使用权。2004年1月6日，大连市仲裁委员会作出（2003）大仲字第0178号仲裁裁决：一、解除大连保税区土地管理局与德珑公司签订的《国有土地使用权出让合同》及《补充合同》；二、德珑公司在收到本裁决书之日起15日内将大连保税区仓储加工区IC-61号的41803.53平方米国有土地交还大连保税区土地管理局。2009年10月18日，德珑公司与大连唐银房地产开发有限公司（以下简称唐银公司）签订《项目转让合同书》，约定德珑公司将位于大连保税区仓储加工区IC-61号地块上德珑工业园的项目整体转让给唐银公司。2011年5月3日，德珑公司和唐银公司签订交接清单。截至2011年5月3日，德珑公司和唐银公司签订的项目转让合同已实际履行完毕。2011年12月5日至12月16日，在大连市国有土地使用权交易中心举办的国有建设用地使用权网上挂牌出让活动中，唐银公司竞得大连保税区IC-61号土地，并签订《成交确认书》[大国房挂字（2011）122号]。2012年，大连市保税区土地储备交易中心（以下简称储备中心）与唐银公司签订《收回国有土地及地上附着物协议书》（以下简称《收地协议》），收回位于大连保税区IC-61号土地地上物及配套设施。德珑公司不服，提起民事诉讼，请求确认储备中心与唐银公司签订的《收地协议》无效。大连市中级人民法院于2014年10月13日作出（2014）大民三终字第712号民事判决，驳回德珑公司的诉讼请求。另查明，根据《大连保税区机构编制委员会关于印发〈大连保税区规划和土地房屋局（大连市国土资源和房屋局保税区国土资源分局）主要职责内设机构和人员编制规定〉的通知》，设立大连保税区土地房屋局，承接大连保税区土地管理局的管理职责。

**一审裁定认为**：生效的（2003）大仲字第0178号仲裁裁决，已经解除大连保税区土地管理局与德珑公司签订的《国有土地使用权出让合同》及《补充合同》，自仲裁裁决生效之日起，德珑公司即已丧失案涉国有土地使用权。根据生效的（2014）大民三终字第712号民事判决确认的事实，德珑公司与唐银公司签订的《项目转让合同书》也已于2011年5月3日实际履行完毕。至此，德珑公司对案涉土地上的构筑物及配套设施亦不再享有任何权益。因此，德珑公司与2012年针对案外人唐银公司作出的案涉土地收回行为没有利害关系，故其不具有对该行为提起行政诉讼的原告资格。依照《最高人民法院关于执行〈中华人民共和国行政诉讼法〉若干问题的解释》第十二条和第四十四条第一款第（二）项规定，裁定驳回德珑公司的起诉。德珑公司不服提起上诉。

**二审裁定认为**：德珑公司自仲裁裁决生效之日起即丧失案涉土地的使用权，德珑公司主张仲裁裁决生效之后并没有实际交还案涉土地、未丧失案涉土地使用权的理由不能成立。生效民事判决已认定德珑公司与唐银公司签订的《项目转让合同书》有效，且已实际履行完毕，德珑公司对案涉土地及全部地上建筑物已不再享有任何权益。德珑公司不享有本案行政诉讼原告主体资格，依照《中华人民共和国行政诉讼法》第八十九条第一款第（一）项的规定，裁定驳回上诉，维持原裁定。

**德珑公司申请再审称**：德珑公司已经取得涉案土地的使用权，仲裁裁决就国有土地出让合同作出裁决后，保税区管委会并未收回土地、注销土地登记，德珑公司并没有丧失对涉案土地的使用权。德珑公司与被诉行政行为具有法律上的利害关系，依据《最高人民法院关于执行〈中华人民共和国行政诉讼法〉若干问题的解释》第九十一条第（一）项的规定申请再审，请求：撤销一、二审裁定，确认保税区管委会收回德珑公司土地行为违法，赔偿损失。

**保税区管委会答辩称：**（1）保税区规划房屋局与德珑公司签订的《国有土地使用权出让合同》及《补充合同》，经仲裁裁决解除，德珑公司在仲裁裁决生效之日起即对涉案土地不享有任何权利。（2）2009年，德珑公司将涉案土地上的构筑物整体转让给唐银公司，地上构筑物及附属设施的权属归唐银公司。德珑公司与被诉行政行为不具有法律上的利害关系，不具有适格原告主体资格。请求：维持一、二审裁定，驳回德珑公司的再审申请。

保税区规划房屋局答辩意见与保税区管委会一致。

**最高人民法院经审查认为：**德珑公司在本案一审起诉时的诉讼请求是确认被告于2012年10月作出的土地收回的具体行政行为违法。因该诉讼请求所指向的行政行为并不明确，最高人民法院组织询问过程中，要求德珑公司进一步明确被诉行政行为。德珑公司在询问中最终明确，其所诉行政行为是储备中心与唐银公司签订《收地协议》的行为。最高人民法院认为，德珑公司在已经丧失涉案土地使用权及地上构筑物和附属设施所有权的情形下，对储备中心与唐银公司签订《收地协议》先行提起民事诉讼，请求确认《收地协议》无效，经终审判决驳回其诉讼请求后，德珑公司再次以保税区管委会和保税区规划房屋局为被告，请求确认储备中心与唐银公司签订《收地协议》的行为违法，德珑公司没有原告主体资格，系重复起诉，一、二审裁定驳回起诉并无不当。

一、关于德珑公司的原告主体资格的问题

《最高人民法院关于执行〈中华人民共和国行政诉讼法〉若干问题的解释》第十二条规定："与具体行政行为有法律上利害关系的公民、法人或者其他组织对该行为不服的，可以依法提起行政诉讼。"也就是说，与被诉行政行为有法律上利害关系的公民、法人或者其他组织，才具有提起行政诉讼的原告资格。本案中，（2003）大仲字第0178号仲裁裁决解除了大连保税区土地管理局与德珑公司签订的《国有土地使用权出让合同》及《补充合同》，并判令德珑公司将涉案土地交还大连保税区土地管理局，根据《中华人民共和国物权法》

第二十八条规定，涉案国有土地使用权自仲裁裁决作出之日起已经转移给大连保税区土地管理局，德珑公司至此已经丧失涉案国有土地使用权。德珑公司主张保税区管委会未实施收回土地、注销土地登记行为，因此并没有丧失对涉案土地的使用权，与《中华人民共和国物权法》第二十八条的规定不相符。最高人民法院认为，收回土地仅仅是物权转移后的具体实施行为，注销土地登记起到的也只是物权转移的对外公示作用，仲裁裁决生效后，即使有权的国家机关没有及时履行收回涉案土地、注销相关土地登记的法定义务，也并不影响仲裁裁决生效导致涉案土地物权转移的法律效果。因此，德珑公司的该项主张，最高人民法院不予支持。(2014)大民三终字第712号民事判决确认，德珑公司已将地上构筑物及附属设施一并转让给唐银公司且已实际履行完毕，据此，德珑公司对涉案土地上的构筑物及附属设施亦不再享有权益。在德珑公司对涉案土地、地上构筑物及附属设施均不享有任何权利的情况下，其与储备中心和唐银公司签订《收地协议》的行为，也就不再具有法律上的利害关系。一、二审法院以德珑公司不具有原告资格为由，裁定驳回其起诉，符合案件事实，于法有据。

二、关于《收地协议》行为性质的问题

本案一审发生在2015年5月1日第十二届全国人民代表大会常务委员会第十一次会议讨论通过的《关于修改〈中华人民共和国行政诉讼法〉的决定》实施之前，关于是否符合立案条件问题，应当适用当时有效的修改前的《中华人民共和国行政诉讼法》。根据修改前的《中华人民共和国行政诉讼法》第十一条规定，公民、法人或者其他组织认为具体行政行为侵犯其人身权、财产权的，属于人民法院行政诉讼受案范围。也就是说，只有行政机关行使行政职权的行为，才属于行政诉讼的受案范围，非行政机关实施的平等主体之间的民事行为，不属于行政诉讼的受案范围。本案中，德珑公司诉保税区管委会、保税区规划房屋局收回土地使用权，而实际上，两行政机关并未作出任何有关收回涉案土地使用权的行政行为。签订《收地协议》的行为，实质是储备中心与唐银公司进行土地和地上构筑物及附属设施转让的民事行为，储备中心并非行政机关，不行使行政职权，转让土地使用权及地上附着物属于平等主体之间的民事交易行为，亦不存在受委托或者经授权行使行政职权的情形,与保税区管委会、保税区规划房屋局的行政职权没有关联性,不能视为两行政机关的行为。因此,德珑公司诉储备中心与唐银公司签订《收地协议》的行为并非行政行为,不属于行政诉讼的受案范围。一、二审法院裁定驳回德珑公司起诉,并无不当。

综上,德珑公司的再审申请不符合《中华人民共和国行政诉讼法》第九十一条第(一)、(四)项规定的情形。依照《最高人民法院关于执行〈中华人民共和国行政诉讼法〉若干问题的解释》第七十四条的规定,裁定驳回德珑公司的再审申请。

## 裁判解析

国务院 2001 年 4 月 30 日发布的《关于加强国有土地资产管理的通知》规定:"为增强政府对土地市场的调控能力,有条件的地方政府要对建设用地试行收购储备制度。市、县人民政府可划出部分土地收益用于收购土地,金融机构要依法提供信贷支持。"国土资源部、财政部、中国人民银行 2007 年 11 月 19 日联合发布的《土地储备管理办法》(国土资发〔2007〕277 号)第十三条规定:"根据土地储备计划收购国有土地使用权的,土地储备机构应与土地使用权人签订土地使用权收购合同。收购土地的补偿标准,由土地储备机构与土地使用权人根据土地评估结果协商,经国土资源管理、财政部门或地方法规规定的机构批准确认。"完成收购程序后的土地,由土地登记机关办理注销土地登记手续后纳入土地储备。该办法第十四条规定:"政府行使优先购买权取得的土地,由土地登记机关办理注销土地登记手续后纳入土地储备。"根据上述规定,市、县人民政府有权收购土地,收购过程中,由土地储备机构与国有土地使用权人签订收储协议,土地储备机构支付价款,土地使用权人放弃使用权。收储协议属于行政协议还是民事合同,决定收储协议纠纷是否属于行政诉讼的受案范围。笔者认为,收储协议属于民事合同,不属于行政诉讼的受案范围。主要理由是:第一,国有土地转让协议属于民事合同,不属于行政协议。依法取得国有土地使用权的人,依法可以转让其土地使用权,转让行为没有行政管理职权发挥作用，转让人和受让人之间只是将已经出让的土地使用权剩余年限有偿出售给受让人，不改变土地的使用性质和年限。第二，各级人民政府不仅是行政机关，同时也是国有土地所有权人的代表。它不仅可以行使土地管理行政职权，也可以作为土地所有权和使用权的民事主体进行民事交易活动。第三，受政府指令，土地储备机构与国有土地使用权人通过协议方式受让国有土地使用权，并没有行政管理职权的因素，完全属于平等主体之间的土地使用权转让行为，不是行政协议。本案中，储备中心与唐银公司进行土地和地上构筑物及附属设施转让，实质就是政府以协议方式回收土地使用权，不属于土地征收中的征收补偿协议，而是土地使用权转让协议，只是受让主体不是普通的公民、法人或者其他组织，而是政府所属的土地储备机构而已。因此，该收地协议不是行政协议，不属于行政诉讼的受案范围。

【合议庭成员：郭修江　范向阳　董　华】

【主审法官：郭修江】

【执笔人：郭修江　陆　阳　熊俊勇】

## ⑬ 获得补偿后的被征收人诉补偿前的行政行为不具有原告资格

【裁判要旨】房屋征收案件中,被征收人在达成房屋征收协议或者征收补偿决定作出后,超过法定起诉期限未起诉,或者起诉后人民法院生效判决驳回原告诉讼请求,被征收人又对征收决定(包括征收补偿方案)或者之前的用地批复等征收决定前置行为提起行政诉讼的,因被征收人已经丧失对被征收土地及房屋的权利,其与行政机关针对涉案土地、房屋作出的征收决定及其相关前置行为不具有利害关系,失去了原告资格,人民法院对其起诉,应当裁定不予立案或者驳回起诉。

最高人民法院案号:(2015)行监字第74号

再审申请人(一审原告、二审上诉人):胡艳玲。

被申请人(一审被告、二审被上诉人):辽宁省抚顺市人民政府。住所地:辽宁省抚顺市顺城区临江路东段21号。

法定代表人:栾庆伟,市长。

原审第三人:辽宁省抚顺市九三房地产开发有限公司。住所地:辽宁省抚顺市顺城区临江路西段53号。

法定代表人:梁文彬,董事长。

胡艳玲诉辽宁省抚顺市人民政府(以下简称抚顺市政府)及第三人抚顺市九三房地产开发有限公司(以下简称九三房地产公司)出让国有土地使用权批复一案,辽宁省抚顺市中级人民法院于2014年7月10日作出(2014)抚中行初字第7号行政裁定,驳回起诉。胡艳玲提起上诉,辽宁省高级人民法院于 2014 年 10 月 17 日作出（2014）辽行终字第 259 号行政裁定，驳回上诉，维持一审裁定。胡艳玲申请再审。

**案件基本事实：** 1989 年，胡艳玲取得位于抚顺市新抚区将军街 ×× 委 × 组房屋产权一处，并于 1993 年在该地址取得占地 73 平方米集体土地的宅基地使用证。2003 年 5 月 10 日，九三房地产公司与原抚顺市规划和国土资源局签订《国有土地使用权出让合同》，取得位于顺城区将军河东的 21426 平方米的土地使用权。2004 年 9 月 6 日，抚顺市政府作出的《关于出让国有土地使用权的批复》（抚政地字〔2004〕188 号，以下简称 188 号批复），批准九三房地产公司出让取得顺城区将军街 21426 平方米的土地使用权。九三房地产公司取得土地使用权后，对该范围内的房屋进行拆迁，胡艳玲的房屋被强制拆迁。因该房屋拆迁侵权赔偿案，抚顺市顺城区人民法院于 2011 年 12 月 6 日作出（2011）顺民一初字 227 号民事判决，判决九三房地产公司赔偿原告 45 平方米门市房一处及搬迁补助费、临时安置补助费、设备拆装、重置费和停业损失。双方上诉后，该院 2012 年 3 月 31 日作出（2012）抚中民一终字第 55 号民事判决，驳回上诉，维持原判。辽宁省高级人民法院于 2013 年 12 月 18 日作出（2013）辽审四民申字第 1074 号民事裁定，驳回胡艳玲的再审申请。在该案的执行过程中，胡艳玲于 2012 年 10 月 17 日与九三房地产公司达成和解协议，2013 年 3 月 14 日，抚顺市顺城区人民法院执行局收到九三房地产公司交付的房屋和车库钥匙。庭审时，胡艳玲称其在 2011 年诉九三房地产公司房屋拆迁侵权赔偿案中才知道抚顺市政府作出了 188 号批复。胡艳玲因不服 188 号批复，向辽宁省政府申请行政复议，省政府 2014 年 4 月 14 日作出辽政行复字（2014）22-23 号行政复议决定，维持 188 号批复。胡艳玲遂起诉。

**一审裁定认为：** 根据《最高人民法院关于执行〈中华人民共和国行政诉讼法〉若干问题的解释》第四十二条及第四十一条的规定，胡艳玲在 2011 年已经知道抚顺市政府作出 188 号批复的内容，但不知道诉权或者起诉期限，其起诉期限应从知道或应当知道诉权或者起诉期限之日起计算，但从知道或者应当知道具体行政行为内容之日起最长不得超过 2 年。胡艳玲于 2014 年提起行政诉讼,已经超过2年起诉期限,且未对此提出正当的理由。依照《最高人民法院关于执行〈中华人民共和国行政诉讼法〉若干问题的解释》第四十四条第一款第(六)项规定,裁定驳回胡艳玲的起诉。

**二审裁定认为:** 抚顺市政府于2004年9月6日作出188号批复后,九三房地产公司对胡艳玲的房屋实施了强制拆迁。胡艳玲于2009年向抚顺市顺城区人民法院提起民事诉讼,该院于2011年判决九三房地产公司赔偿胡艳玲45平方米门市房一处及搬迁补助费、临时安置补助费、设备拆装、重置费和停业损失。抚顺市中级人民法院于2012年作出终审判决,驳回上诉,维持原判。胡艳玲房屋拆迁补偿问题已经在民事诉讼中得到全部解决,并于2012年10月与九三房地产公司在执行程序中达成和解协议。民事判决的作出建立在九三房地产公司已经取得涉案房屋所在的国有土地使用权的基础之上,胡艳玲不能在取得民事侵权赔偿后又起诉抚顺市政府作出的国有土地使用权批复。胡艳玲与该批复已不具有法律上的利害关系,不具备本案原告主体资格。依照《中华人民共和国行政诉讼法》第六十一条第(一)项的规定,裁定驳回上诉,维持一审裁定。

**胡艳玲申请再审称:**(1)抚顺市政府在未征地的情况下,将胡艳玲的宅基地批给九三房地产公司,该行政行为违法。(2)在相关民事诉讼中,九三房地产公司串通抚顺市政府、抚顺市顺城区人民法院,不执行民事终审判决,致使胡艳玲得不到应有的赔偿。(3)抚顺市中级人民法院在本案一审裁定中认定胡艳玲超过法定起诉期限从而驳回胡艳玲的起诉,是故意枉法裁判剥夺胡艳玲的诉权。请求:撤销(2014)辽行终字第259号行政裁定;判决确认抚顺市政府作出的188号批复将胡艳玲宅基地批给九三房地产公司的行政行为违法;判决抚顺市政府赔偿因其违法行为给胡艳玲造成的财产损失。

**最高人民法院经审查认为:** 根据《最高人民法院关于执行〈中华人民共和国行政诉讼法〉若干问题的解释》第十二条规定,与被诉行政行为有法律上利害关系的公民、法人或者其他组织,是行政诉讼的适格原告。行政机关作出同意出让国有土地使用权给第三人的批复，直接影响出让土地范围内原土地使用权人的合法权益。因此，通常情况下，原土地使用权人与政府出让土地批复行为具有法律上的利害关系，属于适格原告。本案中，胡艳玲作为出让土地范围内的宅基地使用权人，出让土地批复将直接影响胡艳玲的宅基地使用权，胡艳玲与被诉188号批复具有法律上的利害关系，原本依法属于本案适格原告。但是，在本案起诉之前，胡艳玲以九三房地产公司为被告提起民事侵权赔偿之诉，抚顺市中级人民法院于2012年3月31日作出（2012）抚中民一终字第55号民事判决，九三房地产公司赔偿胡艳玲45平方米门市房一处及拆迁补助费、临时安置费、设备拆装重置费和停业损失。在该案执行过程中，胡艳玲与九三房地产公司于2012年10月17日达成执行和解协议。2013年3月14日，抚顺市顺城区人民法院执行局收到九三房地产公司交付的房屋和车库钥匙。上述事实证明，胡艳玲已经接受了九三房地产公司的拆迁安置补偿，同时丧失了对原宅基地的使用权，至2014年4月提起本案行政诉讼时，胡艳玲与被诉188号批复已不再具有法律上的利害关系。故一、二审生效裁定以胡艳玲不具有本案原告主体资格为由驳回其起诉并无不当。胡艳玲申请再审时主张，抚顺市政府在未征地的情况下，将其宅基地批复给九三房地产公司的行为违法。但是，本案终审裁定是驳回胡艳玲的起诉，再审申请的审查只围绕胡艳玲起诉是否符合法定条件进行，至于被诉188号批复是否违法，属于案件实体审理问题，并非胡艳玲是否享有诉权的法定条件。因此，该项主张不属于本案审查范围，最高人民法院不予支持。胡艳玲还主张，在相关民事诉讼程序中，九三房地产公司不执行民事终审判决，致使其得不到应有的赔偿。根据一、二审法院查明的事实可以证明，在相关民事判决的执行过程中，胡艳玲与九三房地产公司达成执行和解协议，协议已经实际履行。因此，胡艳玲的此项主张不符合本案事实，最高人民法院亦不予支持。至于胡艳玲提出的一审裁定认定其超过法定起诉期限剥夺其诉权的问题，因二审裁定已经更正了一审裁定的理由，故胡艳玲的该项主张不能作为支持其对生效的二审裁定申请再审的理由。

综上，胡艳玲的再审申请不符合《中华人民共和国行政诉讼法》第九十一条第（一）项规定的情形。依照《最高人民法院关于执行〈中华人民共和国行政诉讼法〉若干问题的解释》第七十四条的规定，裁定驳回胡艳玲的再审申请。

## 裁判解析

根据《最高人民法院关于执行〈中华人民共和国行政诉讼法〉若干问题的解释》第十二条规定，与被诉行政行为有法律上利害关系的公民、法人或者其他组织，具有行政诉讼的原告资格。根据《中华人民共和国行政诉讼法》第二十五条第一款规定，行政行为的相对人以及其他与行政行为有利害关系的公民、法人或者其他组织，有权提起诉讼。行政诉讼原告资格的法定条件是"与行政行为有利害关系"。根据《中华人民共和国行政诉讼法》第四十九条第（一）项规定，提起诉讼的原告应当符合"本法第二十五条规定的公民、法人或者其他组织"的法定条件。在集体土地征收和国有土地上房屋征收案件中，被征收人已经获得征收补偿或征收补偿费用已经提存，丧失对征收补偿决定或者征收补偿协议的起诉权，或者起诉后被判决驳回原告诉讼请求的，被征收人因获得征收补偿安置而丧失了对被征收土地、房屋的权利，因此，其与行政机关就涉案土地、房屋作出的任何行政行为不再具有利害关系，不具有原告资格。本案中，胡艳玲与拆迁人达成执行和解，已经获得拆迁补偿，胡艳玲在涉案房屋、土地上已经不再具有任何合法权利。因此，在获得征收补偿后，胡艳玲又对之前的用地批复及颁证行为提起行政诉讼，不具有原告资格。

【合议庭成员：郭修江　范向阳　苏　戈】

【主审法官：郭修江】

【执笔人：郭修江　陆　阳　熊俊勇】

## 14 与被诉不作为行为之间不存在利害关系的起诉人不具有原告资格

■ **【裁判要旨】** 起诉人起诉行政机关不作为行为并请求行政赔偿的，行政机关的不作为行为必须基于具体的事由、针对特定的行政相对人承担的具体的作为义务，不是抽象、普遍意义上的法定职责义务。否则，起诉人与所诉行政机关不作为之间不具有利害关系，不具有原告资格。

**最高人民法院案号：（2015）行监字第81号**

申诉人（一审原告、二审上诉人）：王展鹏。
法定代理人：王文超。
被申诉人（一审被告、二审被上诉人）：辽宁省阜新市公安局新邱公安分局。
住所地：辽宁省阜新市新邱区兴隆街3号。
法定代表人：李东光，局长。

王展鹏诉辽宁省阜新市公安局新邱公安分局（以下简称新邱公安分局）行政赔偿一案，辽宁省阜新市新邱区人民法院于2012年5月28日作出（2012）新行初字第1号行政判决，驳回王展鹏的诉讼请求。王展鹏提起上诉，辽宁省阜新市中级人民法院于2012年9月19日作出（2012）阜行终字第19号行政裁定，撤销一审判决，发回新邱区人民法院重审。新邱区人民法院于2013年2月19日作出（2012）新行初字第9号行政裁定，驳回王展鹏的起诉。王展鹏上诉，阜新市中级人民法院于2013年3月8日作出（2013）阜行终字第14号行政裁定，驳回上诉，维持原裁定。王展鹏申请再审，阜新市中级人民法院于2013年10月14日作出（2013）阜审行监字第7号通知，对王展鹏的再审申请予以驳回。王展鹏申诉，辽宁省高级人民法院于2014年2月14日作出（2014）辽行监字第16号通知，对王展鹏的再审申请予以驳回。王展鹏继续向最高人民法院申诉。

**案件基本事实**：2009年10月23日6时许，被告新邱公安分局接到白凤英的报案，称自己在家睡觉时被人叫醒，得知其丈夫杨吴金宝与别人打架，便跑到屋外见其丈夫正与一名20多岁的小伙抢斧头，便上前帮丈夫夺斧头，被该人用斧头抡到后脑勺。新邱公安分局接到报警后，立即出警赶到现场，将加害人刘越超（该人已被阜新市中级人民法院判处无期徒刑）带回派出所。在询问刘越超时，该人语无伦次，便将其父刘俊秀找到派出所。刘俊秀称刘越超受过刺激，精神不太好。被告遂分别对受害人白凤英、加害人刘越超及白凤英的丈夫杨吴金宝、女儿杨丽影进行了询问。询问过程中得知被害人白凤英右脸被划出血、右腰蹭破皮、后脑勺被打出包的伤情后，对双方进行了调解。经调解，加害人刘越超同意赔偿白凤英医疗费及其他损失费500元，并将该赔偿款当即给付被害人白凤英。同时制作了阜新市公安局新邱区公安分局治安调解协议书，并于当日11时许由刘越超的父亲将刘越超带回。2009年10月24日零时，新邱公安分局又接到他人报案称有人被打伤，并且描述可能是刘越超所为，新邱公安分局开始对刘越超进行抓捕。在抓捕过程中，被告又连续作案，同日7时30分许，刘越超在新邱区西部派出所附近使用铁锤连续击打王展鹏头部，致使王展鹏外伤致脑颅损伤构成七级伤残，外伤致面部瘢痕构成十级伤残，外伤致低视力构成十级伤残。当日8时30分许，新邱公安分局将刘越超抓获。

**新邱区人民法院（2012）新行初字第1号行政判决认为**：国家机关和国家机关工作人员违法行使职权侵犯公民、法人和其他组织的合法权益造成损害的，受害人有申请国家赔偿的权利。行政损害赔偿须由行政机关的违法行为及该行为侵犯相对人的合法权益并造成损害事实方能构成。且请求赔偿人在申请赔偿诉讼中，应对自己的主张承担举证责任。本案中，王展鹏对自己的诉讼请求未能提出相应的事实依据及法律依据，不能证明新邱公安分局在履行职务过程中有违法行为的存在及新邱区公安分局的行政行为与王展鹏的伤害后果有直接因果关系。依据《中华人民共和国国家赔偿法》第二条、《最高人民法院关于执行〈中华人民共和国行政诉讼法〉若干问题的解释》第五十六条及《最高人民法院关于审理行政赔偿案件若干问题的规定》第三十二条、第三十三条之规定，判决驳回王展鹏的行政赔偿诉讼请求。

**一审裁定认为：** 王展鹏提起本案行政诉讼的理由为刘越超对被害人白凤英进行伤害后，公安机关未依职权对白凤英的伤情进行伤害程度的鉴定，亦未依职权对刘越超进行精神病鉴定，新邱公安分局属于未按法定程序办案，故新邱公安分局的行为属于不作为。而本案原告王展鹏不是白凤英案的当事人，无原告诉讼主体资格。依据《最高人民法院关于执行〈中华人民共和国行政诉讼法〉若干问题的解释》第四十四条第一款第（二）项的规定，裁定驳回王展鹏的起诉。

**二审裁定认为：** 王展鹏对新邱公安分局处理王展鹏刑事案没有意见，其认为新邱公安分局对白凤英案的处理违反法定程序。但白凤英案与王展鹏没有法律上利害关系，故王展鹏请求确认新邱公安分局在白凤英案的处理过程中违法并行政赔偿，不具有诉讼主体资格。依照《中华人民共和国行政诉讼法》第六十一条第（一）项的规定，裁定驳回上诉，维持原裁定。

**发回重审裁定认为：** 新邱公安分局对白凤英案的处理，与王展鹏的伤害结果之间，不存在必然的因果关系。一、二审裁定认为王展鹏对白凤英案没有法律上的利害关系，不具有诉讼主体资格，并无不当。依照《最高人民法院关于执行〈中华人民共和国行政诉讼法〉若干问题的解释》第七十四条的规定，裁定驳回王展鹏的申诉。

**王展鹏申诉称：** 因新邱公安分局西部派出所民警不履行法定职责和纵容刘越超犯罪，才造成王展鹏现在生活不能自理、终身残疾的后果，侵害了王展鹏的合法权益。新邱公安分局不履行法定职责行为与王展鹏受到伤害之间具有切身的、现实的、直接的行政法律上的利害关系，一、二审裁定错误。依据《最高人民法院关于公安机关不履行法定行政职责是否承担行政赔偿责任问题的批复》以及《中华人民共和国行政诉讼法》的相关规定，请求：（1）撤销阜新市新邱区人民法院（2012）新行初字第9号行政裁定、阜新市中级人民法院（2013）阜行终字第14号行政裁定、辽宁省高级人民法院（2014）辽行监字第16号驳回申请再审通知；（2）判令新邱公安分局赔偿王展鹏先期医疗费40万元，今后的医疗费、手术费、康复费、生活费300万元，并负责安排工作，赔偿其父母四年间的误工费、精神抚慰金50万元。

**最高人民法院经审查认为：**《最高人民法院关于执行〈中华人民共和国行政诉讼法〉若干问题的解释》第十二条规定："与具体行政行为有法律上利害关系的公民、法人或者其他组织对该行为不服的，可以依法提起行政诉讼。"公民、法人或者其他组织提起行政诉讼，应当初步证明其与被诉的行政行为具有法律上的利害关系。本案中，王展鹏受到伤害系刘越超违法侵权行为所致。新邱公安分局"失职和纵容"不履行法定职责行为发生在刘越超伤害白凤英案件中，与刘越超伤害王展鹏的事件之间虽具有时间上的先后关系，但并不具有法律上的利害关系。因此，王展鹏以新邱公安分局不履行法定职责为由提起本案行政诉讼，不具有适格的原告主体资格，一审裁定驳回原告起诉，并无不当。王展鹏主张因新邱公安分局西部派出所民警不履行法定职责和纵容刘越超犯罪，造成王展鹏终身残疾，侵害了王展鹏的合法权益，两者之间具有法律上的利害关系，缺乏事实和法律根据，最高人民法院不予支持。

《最高人民法院关于公安机关不履行法定行政职责是否承担行政赔偿责任问题的批复》（法释〔2001〕23号，以下简称《批复》）规定："由于公安机关不履行法定行政职责，致使公民、法人和其他组织的合法权益遭受损害的，应当承担行政赔偿责任。"这里的不履行法定职责"致使"公民、法人和其他组织的合法权益遭受损害，应当是指基于具体的事由，公安机关对特定的行政相对人承担的具体的作为义务，公安机关没有履行相关义务，从而造成该行政相对人人身、财产损害的情形。《批复》中所称"法定职责"，不是抽象、普遍意义上的法定职责、义务。否则，公安机关负有保障全社会每一个公民人身、财产安全的法定职责,每一个受到违法犯罪行为侵害的公民,均可以以公安机关没有维护好社会治安、违法犯罪频发,系不履行法定职责为由,要求公安机关承担行政赔偿责任。本案中,即便如王展鹏所述,新邱公安分局存在"失职和纵容"刘越超犯罪的不履行法定职责行为,王展鹏受到刘越超伤害与新邱公安分局不履行法定职责行为之间,也未形成特定的职责义务对应关系。因此,本案并不符合《批复》的适用条件。王展鹏主张依据《批复》新邱公安分局应当承担行政赔偿责任的理由不能成立。

综上,王展鹏的申诉不符合《中华人民共和国行政诉讼法》第九十一条第(一)项规定的情形。依照《最高人民法院关于执行〈中华人民共和国行政诉讼法〉若干问题的解释》第七十四条的规定,裁定驳回王展鹏的申诉。

### 裁判解析

行政机关不履行抽象的法定职责义务,该不作为行为的对象是不特定多数人,属于行政法理论上的"反射利益"。"反射利益"不属于我国行政诉讼法的保护范围。公民、法人或者其他组织因"反射利益"受到损害提起行政诉讼的,由于不具有与其他普通民众不同的特别利益,其与该抽象的不作为行为没有利害关系,不具有原告资格。本案中,新邱公安分局将加害人刘越超带回派出所询问并进行调解后,交由其父亲带回的行为,由此带来的危险,并非针对王展鹏这一特定主体,而是对社会上的不特定多数人带来人身伤害的危险。新邱公安分局对刘越超的社会危害性认识不足,将其放归社会,未尽法定职责,可能造成的是不特定多数人的损害。正因如此,王展鹏与被诉行政行为之间不具有利害关系,不具有原告资格。如果换一种情形,刘越超被释放由其父亲带回后,又对王展鹏施暴,路人发现向公安机关报警,公安机关因主观原因迟迟不出警,或者警察发现施暴行为不作为扬长而去,不履行保护公民人身安全的法定职责,由此造成王展鹏伤害,王展鹏与公安机关不履行对其人身权保护的法定职责行为,具有法律上的利害关系,对该不作为行为提起行政诉讼,具有原告资格。

应当说明的是,本案存在缺陷。王展鹏一审诉讼请求是针对新邱公安分局作出的行政赔偿决定。对行政赔偿决定不服，当事人具有提起行政诉讼的权利。因此，原本第一次的一审判决是正确的，二审裁定发回重审是错误的。并由此导致了第二次一审错误解读王展鹏起诉的被诉行政行为，将其理解为对不作为行为的起诉一并行政赔偿，并沿这一错误理解，作出了错误的本案一、二审裁定。申诉案件中，如果最高人民法院撤销本案一、二审裁定，只能导致诉讼程序更加复杂，对当事人而言，无任何实体合法权益可以得到维护，徒增息诉服判的难度。所以，无奈，只得驳回申诉，维持错误裁定。但是，就错误的裁定而言，关于不作为案件的原告资格确定规则，还是有一定的价值和意义。

【合议庭成员：郭修江 范向阳 高 珂】
【主审法官：郭修江】
【执笔人：郭修江 陆 阳 熊俊勇】

## 15 开发区管委会是否属于适格被告

【裁判要旨】经国务院或者省级人民政府批准成立的开发区管委会，具有行政主体资格，能够独立承担法律责任。但是，行政主体确系受其他行政机关委托行使职权的，应当以委托的行政机关为被告。

在原告请求行政赔偿，损失确实存在，但是原、被告双方均不能就具体损失数额进行举证证明的情况下，人民法院可以结合案件具体情况酌情确定损失数额，判决行政机关予以赔偿。

最高人民法院案号：（2015）行监字第 96 号

申诉人（一审原告、二审上诉人、再审申请人）：唐祯兴。

委托代理人：赵卫星，辽宁元盛律师事务所律师。

委托代理人：姜连荣。

被申诉人（一审被告、二审被上诉人、再审被申请人）：辽宁省葫芦岛市绥中县人民政府。住所地：辽宁省葫芦岛市绥中县绥中镇中央路1段12号。

法定代表人：李树存，县长。

委托代理人：周志义，辽宁省葫芦岛市绥中县政府法制办副主任。

被申诉人（一审被告、二审被上诉人）：辽宁省东戴河新区管理委员会。住所地：辽宁省葫芦岛市绥中县前所镇洪家村。

法定代表人：张庆民，主任。

委托代理人：庞博，辽宁省葫芦岛市绥中县政府法制办副科长。

申诉人唐祯兴诉被申诉人绥中县人民政府（以下简称绥中县政府）、辽宁省东戴河新区管理委员会（以下简称东戴河管委会）行政强制措施并赔偿一案，向葫芦岛市中级人民法院提起行政诉讼，该院于2013年10月23日作出（2013）葫行初字第00019号行政判决，唐祯兴不服该判决提起上诉。辽宁省高级人民法院于2014年5月14日作出（2014）辽行终字第78号行政判决，当事人不服二审判决。向辽宁省高级人民法院申请再审。辽宁省高级人民法院于2014年8月21日作出（2014）辽审一行监字第49号驳回申请再审通知。唐祯兴不服，继续向最高人民法院提起申诉。

**案件基本事实**：东戴河管委会前身是绥中滨海经济区管理委员会，原为葫芦岛市政府的派出机构。2010年底，辽宁省人民政府（以下简称辽宁省政府）将绥中县实行省管县体制。2011年3月29日，经辽宁省政府批准，定名为绥中高新技术产业开发区，由绥中县政府管理，2012年更名为东戴河新区。2010年5月27日，唐祯兴从杨兆复手中转让取得绥中县万家镇国海证062×××274号海域使用权证，该证批准使用终止日期为2011年10月8日；从杨会伍手中转让取得绥中县万家镇国海证092×××870号海域使用权证，该证终止日期为2010年7月23日；从赵凤海手中转让取得绥中县万家镇国海证092×××874号海域使用权证，该证终止日期为2010年7月23日。2011年3月25日，唐祯兴从唐第兴手中转让取得绥中县万家镇082×××097号和西甸子镇国海证082×××493号、082×××490号、082×××488号海域使用权证，其中082×××097号海域使用权证终止日期为2010年4月14日；082×××493号、082×××490号和082×××488号海域使用权证终止日期均为2009年9月25日。2012年11月23日，绥中县政府作出关于调整海洋区划的通告，将电厂至辽翼分界线岸段规划调整为旅游娱乐岸段，取缔所有近海岸水域可能带来污染的渔业生产活动。2013年5月26日上午，东戴河管委会委托万家镇人民政府会同东戴河新区综合执法局、公安局的工作人员出动铲车，将唐祯兴岸边位于万家新民港内库区存放的浮力球等迁移，致使部分浮力球损坏。为此，唐祯兴不服，提起行政诉讼，请求确认行政强制行为违法并行政赔偿。

**一审判决认为**：东戴河管委会尽管名称、体制几经变化，但其独立行政主体身份难以确定，东戴河管委会由绥中县政府管理，绥中县政府对此行为应予负责，是本案适格被告；绥中县政府作出被诉行政强制行为违反法定程序，应确认违法；唐祯兴从他人手中转让取得的七个海域使用权均已超过批准有效期限，但其在港区内物资应属合法，绥中县政府行政行为违法，侵犯唐祯兴的合法权益，应予赔偿，但是，唐祯兴却不能提供购买浮力球原始相关证据，诉讼中法庭建议双方到场对现有浮力球清点，唐祯兴明确表示不参加，故不予赔偿；唐祯兴请求赔偿梗绳、木橛、海虹绳、海蛎绳，未提供相关证据，对此诉讼请求依法不能支持；唐祯兴请求赔偿车船、简易房及海域养殖中的种苗、海产品及设施，因绥中县政府未对唐祯兴的海域采取行政强制措施，相关损害后果与绥中县政府行政强制行为不存在因果关系，故不予支持。依照《中华人民共和国行政强制法》第八条、第十八条，《最高人民法院关于执行〈中华人民共和国行政诉讼法〉若干问题的解释》第五十七条第二款第（二）项的规定，判决：一、确认被告绥中县政府2013年5月26日对唐祯兴堆放在海滩上的浮力球等物品搬移行政强制措施行为违法；二、驳回唐祯兴的行政赔偿诉讼请求。

**二审判决认为**：东戴河管委会系受绥中县政府委托实施被诉的强制措施，绥中县政府认可由其承担法律后果，应为适格被告；由于绥中县政府在实施强制措施时没有对强制搬移现场进行证据保全，亦没有依照《中华人民共和国行政强制法》规定的催告程序及强制执行程序作出任何书面决定，故一审判决认定被诉的行政强制措施行为程序违法正确。由于唐祯兴受让的七个海域使用权证在强制措施实施之前均已到期，其主张转让海域费赔偿请求没有事实和法律依据；因绥中县政府未对唐祯兴的养殖海域采取强制措施，唐祯兴主张海域养殖损失与被诉的行政强制措施行为没有因果关系，一审判决不予支持正确。但绥中县政府实施强制搬移浮力球行为，确已造成浮力球损失，虽然唐祯兴无法举证证明具体损失数额，但亦应行使裁量权对该项损失进行确认，一审判决以唐祯兴举证不能为由，判决驳回其该项赔偿请求不当。唐祯兴主张浮力球损失为153万元，综合考虑本案的各种因素，酌定绥中县政府赔偿唐祯兴浮力球损失3万元。依照《中华人民共和国行政诉讼法》第六十一条第（二）项、《中华人民共和国国家赔偿法》第三十六条第（八）项的规定，判决：一、维持一审判决第一项，确认被诉行政行为违法；二、撤销第二项中驳回原告请求赔偿浮力球损失部分内容；三、绥中县政府赔偿浮力球损失3万元，维持驳回其他诉讼请求内容。

**唐祯兴申诉称：**（1）二审判决遗漏责任主体。东戴河管委会是独立的行政机关，在本案执法中有该区综合执法局和公安局人员参与，侵权行为发生在其管辖区域，二审判决遗漏东戴河管委会，有悖于事实和法律。（2）二审对被申诉人行政违法范围的认定无事实和法律依据。申请人请求认定的行政违法行为包括对海域养殖和港内库区物资、设备及设施实施的违法强制措施。二审认定未对养殖海域采取强制措施，无证据支持。被申诉人对申请人设在新民港内库区存放的养殖物资、设备及设施违法实施强制措施，是为禁止申诉人进行海域养殖而采取的辅助措施。（3）二审认定的赔偿范围和数额无事实和法律依据。申请人提出赔偿5000万元主张，主要分为投资和养殖两大类损失：投资损失包括转让海域、养殖物资、养殖用船、养殖用车及机器、燃油费、简易房及库房、养殖种苗等；养殖损失包括海参、海蛎、海虹等。二审在认定行政行为违法应当承担赔偿责任的前提下，仅对申请人的浮力球作出3万元赔偿无根据。请求：撤销二审判决，判令绥中县政府、东戴河管委会赔偿申诉人5000万元。

**最高人民法院经审查认为：**根据《中华人民共和国行政强制法》第八条、第三十四条、第三十五条规定，公民、法人或者其他组织对行政机关实施行政强制，享有陈述权、申辩权；公民、法人和其他组织在行政机关决定的期限内不履行义务的，具有行政强制执行权的行政机关可以依法自行强制执行，没有强制执行权的行政机关应当申请人民法院强制执行；行政机关实施强制执行，应当事先书面催告当事人履行义务。本案中，无论是绥中县政府还是东戴河管委会，均没有提供证明其有权在港口库区内实施行政强制行为的有效法律依据，超越法定职权。《中华人民共和国海域使用管理法》第四十七条关于"违反本法第二十九条第二款规定""由县级以上人民政府海洋行政主管部门委托有关单位代为拆除"的规定，适用于"海域使用权终止，原海域使用权人不按规定拆除用海设施和构筑物"的情形，无论是行政主体还是适用范围，均与本案不同，不能作为本案绥中县政府或者东戴河管委会对港口库区内堆放物品享有强制搬移行政强制职权的法律根据。同时,在实施强制搬移行为前,绥中县政府或者东戴河管委会及其综合执法局、公安局也未向唐祯兴发送限期履行的书面催告通知书;在实施强制搬移行为过程中,亦未给予唐祯兴陈述、申辩的权利,强制搬移行为违反法定程序。因此,原一、二审判决确认被诉行政强制搬移行为违法并无不当。针对唐祯兴的申诉理由,分述如下:

一、关于二审判决是否遗漏责任主体问题

东戴河管委会的前身是绥中滨海经济区管理委员会,原为葫芦岛市人民政府的派出机构。2010年底,辽宁省政府决定绥中县实行省管县体制,并于2011年3月29日批准成立绥中高新技术产业开发区,由绥中县政府管理。2012年更名为"东戴河新区管理委员会"。参照《中华人民共和国地方各级人民代表大会和地方各级人民政府组织法》第六十八条第二款规定,省级人民政府批准成立的区公所、开发区管委会等县级人民政府的派出机关,具有独立的行政主体资格。东戴河管委会是经辽宁省政府批准成立的、隶属于绥中县政府的派出机关,依法应当具有独立的行政主体资格,对其以自身名义作出的行政行为,应当依法独立承担法律责任。但是,本案中,绥中县政府认可东戴河管委会及其综合执法局、公安局的强制搬移行为是受其委托所为。根据修改前的《中华人民共和国行政诉讼法》第二十五条第四款规定,行政机关委托的组织所作的行政行为,委托的行政机关是被告。绥中县政府委托东戴河管委会实施强制搬移,东戴河管委会不是本案适格被告,委托的绥中县政府是本案适格被告。因此,二审判决绥中县政府承担行政赔偿责任并无不当,唐祯兴主张二审遗漏责任主体,没有事实和法律根据,最高人民法院不予支持。

二、关于二审判决对行政违法行为范围的认定问题

唐祯兴于2013年8月5日向葫芦岛市中级人民法院提起本案诉讼,诉讼请求是确认2013年5月26日上午绥中县政府实施的强制搬移行为违法,并赔偿海域投资、养殖损失5000万元。从其一审诉讼请求可以看出,唐祯兴一审所诉行政行为就是2013年5月26日上午的强制搬移行为。原一、二审判决根据唐祯兴的一审诉讼请求,依法认定事实,作出确认该强制搬移行为违法的判决,并不存在唐祯兴申诉中主张的二审判决对行政违法行为范围认定无事实和法律根据的问题。唐祯兴申诉中主张绥中县政府禁止其在转让获取的海域养殖行为违法,还主张诉讼过

程中绥中县政府违法对其养殖物资实施了强迁造成其财产损失。因其在本案一审中未曾提出上述诉讼请求，不属于本案审查范围，应当依法另诉，予以解决。

三、关于造成损失范围的确定问题

《中华人民共和国国家赔偿法》第九条第二款规定："赔偿请求人要求赔偿，应当先向赔偿义务机关提出，也可以在申请行政复议或者提起行政诉讼时一并提出。"条文中所谓"一并提出"，应当是指因被诉行政行为造成的损失，可以请求人民法院一并审理、判决。本案中，唐祯兴所诉行政行为是绥中县政府的强制搬移行为，根据原审查明事实，绥中县政府主要是对堆放在库区的浮力球进行了强制搬移，并未对其他设施、构筑物等实施强制搬移。因此，二审判决在唐祯兴拒绝法院要求一起对强制搬移的浮力球进行清点的情况下，结合现场的实际情况，酌定赔偿强制搬移过程中造成浮力球损坏的损失3万元，不违反法律规定，最高人民法院予以支持。唐祯兴请求赔偿投资和养殖损失、受让海域使用权的损失、养殖用车船等设备损失，均不属于本案被诉行政行为造成的损失。唐祯兴在最高人民法院询问中亦自认，养殖用车船等设备损失是在2013年11月份又一次强制搬移中形成的。为此，唐祯兴提出的与本案被诉行政行为无关的其他损失，不属于本案审查范围，应当依法另行请求救济。

综上，唐祯兴的申诉理由不符合《中华人民共和国行政诉讼法》第九十一条第（三）、（六）项规定的再审情形。依照《最高人民法院关于执行〈中华人民共和国行政诉讼法〉若干问题的解释》第七十四条的规定，裁定驳回唐祯兴的再审申请。

### 裁判解析

在我国各地设立的各类开发区种类繁多。在行政法上，哪些开发区管委会具有行政机关的身份，属于独立的行政主体，可以成为行政诉讼中的适格被告，司法实践中认识比较混乱。《中华人民共和国地方各级人民代表大会和地方各级人民政府组织法》第六十八条规定："省、自治区的人民政府在必要的时候，经国务院批准，可以设立若干派出机关。县、自治县的人民政府在必要的时候，经省、自治区、直辖市的人民政府批准，可以设立若干区公所，作为它的派出机关。市辖区、不设区的市的人民政府，经上一级人民政府批准，可以设立若干街道办事处，作为它的派出机关。"

根据上述规定，派出机关的设立只能经过省级人民政府或者国务院批准成立，地级市人民政府只能批准成立街道办事处，不能批准成立开发区等派出机关。因此，只有经过国务院或者省级人民政府批准成立的开发区管委会才具有合法的行政主体资格，可以在开发区范围内行使同级政府的行政职权。应当注意的是，经国务院或者省级人民政府批准成立的开发区管委会是设立该管委会同级政府的派出机关；管委会下设的职能部门，与各级人民政府的职能部门一样，同样具有独立的行政主体资格。

本案另一裁判要旨是关于行政赔偿损失的认定问题。根据《中华人民共和国行政诉讼法》第三十八条第二款规定，在行政赔偿、补偿的案件中，原告应当对行政行为造成的损害提供证据。因被告的原因导致原告无法举证的，由被告承担举证责任。也就是说，原则上，行政赔偿案件中，原告应当对损失的大小承担举证责任。但是，如果因行政机关的违法行为造成原告举证不能的，被告应当承担举证责任。而审判实践中的情况多数是，由于行政机关的违法行为，不仅原告举证不能，被告同样举证不能。此时，应当如何认定原告的损失数额，《中华人民共和国行政诉讼法》及相关司法解释均未作出明确规定。我们认为，法官应当根据《最高人民法院关于行政诉讼证据若干问题的规定》第五十四条规定，遵循法官职业道德，运用逻辑推理和生活经验，全面、客观和公正地分析判断，确定证据材料与案件事实之间的证明关系，排除不具有关联性的证据材料，准确认定损失事实。这条规定实质是法官自由心证的规定。法官通过综合分析证据及案件相关事实，合理酌定当事人的损失数额。简单认可原告提出的损失数额和简单否定损失存在的做法，都是不符合法官自由心证规定的。通常情况下，对于原告提出的合理的损失项目和数额，法官可以予以认可，但是，原告提出了根据自由心证原则无法推导出的损失项目、数额的，在没有其他证据佐证的情况下，人民法院应当不予认可。

【合议庭成员：虞政平　郭修江　董　华】

【主审法官：虞政平】

【执笔人：郭修江　陆　阳　熊俊勇】

## 16 已获得征收补偿的被征收人不具有复议申请人的资格

**【裁判要旨】**征收集体土地的批复,直接影响征地范围内土地使用权人的合法权益。通常情况下,土地使用权人与征地批复行为具有利害关系,属于适格的行政复议申请人。但是,土地使用权人超过法定起诉期限未对征收补偿协议或补偿决定提起诉讼,或者起诉后被依法判决驳回原告诉讼请求,并已经获得征收补偿,或者征收补偿款已经依法提存的,原土地使用权人因失去了对被征收集体土地的使用权,与征地批复不再具有利害关系,没有行政复议的申请人资格。

**最高人民法院案号:(2015)行监字第1160号**

再审申请人(一审原告、二审上诉人):张德顺等45人。

诉讼代表人:张德顺、马林启,辽宁省盖州市九垄地满族镇镶红旗村村民。

45位再审申请人的共同委托代理人:董国女、邓红欣,北京楹庭律师事务所律师。

被申请人(一审被告、二审被上诉人):辽宁省人民政府。住所地:沈阳市皇姑区北陵大街45号。

法定代表人:陈求发,省长。

委托代理人:殷磐石、关雪刚,辽宁省人民政府法制办公室工作人员。

张德顺等45人诉辽宁省人民政府(以下简称辽宁省政府)驳回行政复议申请决定一案,辽宁省沈阳市中级人民法院于2014年1月21日作出(2013)沈中行初字第200号行政判决,驳回张德顺等45人的诉讼请求。张德顺等45

人提起上诉，辽宁省高级人民法院于2014年8月5日作出（2014）辽行终字第186号行政判决，驳回上诉，维持原判。张德顺等45人申请再审。

**案件基本事实**：张德顺等45人系辽宁省盖州市九垄地满族镇镶红旗村村民。2009年10月28日，辽宁省政府作出《关于盖州市实施乡级规划批次用地的批复》（辽政地字〔2009〕382号，以下简称382号《用地批复》），同意将盖州市九垄地满族镇镶红旗村林地0.1891公顷、园地16.5571公顷、宅基地1.1244公顷，合计17.8706公顷集体土地转为建设用地并征为国有，作为盖州市实施乡级规划建设用地。2008年，涉案土地开始征地事宜；2008年4月至2009年，张德顺等45人领取了征地补偿款；2010年4月，涉案土地开始施工建设。2013年6月7日，张德顺等45人不服382号《用地批复》，向辽宁省政府提出行政复议申请。辽宁省政府于2013年9月23日作出辽政行复驳字（2013）114号驳回行政复议申请决定（以下简称114号复议决定），张德顺等45人不服提起本案诉讼，请求撤销114号复议决定。

**一审判决认为**：张德顺等45人自2008年4月至2009年陆续领取征地补偿款，此时已经知道自己土地被征收的事实。辽宁省政府以2010年4月被征土地施工建设时开始计算复议期限，更延长了复议期限的起算点。辽宁省政府作出的114号复议决定认定事实清楚，适用法律正确，程序合法。依照《最高人民法院关于执行〈中华人民共和国行政诉讼法〉若干问题的解释》第五十六条第（四）项规定，判决驳回张德顺等45人的诉讼请求。

**二审判决认为**：张德顺等45人于2008年4月至2009年领取了征地补偿款。2009年10月28日，辽宁省政府作出382号《用地批复》；2010年4月，被征用土地开始施工建设。辽宁省政府以开始施工建设之日作为推定张德顺等45人应当知道征地批复内容的时点，并参照行政诉讼2年起诉期限作为申请行政复议的有效期限，认定张德顺等45人于2013年6月申请行政复议超过2年最长申请期限，驳回其行政复议申请决定，符合法律规定。依照《中华人民共和国行政诉讼法》第六十一条第（一）项的规定，判决驳回上诉，维持原判。

**张德顺等45人申请再审称**：（1）一、二审判决认定事实不清。一审法院认定申请人因"停耕"或"领取补偿款"而知道土地被征用，即知道用地批复存在逻辑上的错误，因为用地批复作出的时间在上述两个时间点之后。（2）申请人申请行政复议并未超期。施工建设与知悉用地批复没有必然联系，二审法院由施工建设推定申请人知悉用地批复不成立。申请人于2013年4月21日通过信息公开才知悉土地批复的具体内容，且在60日内申请行政复议，并不存在超期的情形。请求：撤销一、二审行政判决，依法改判或发回重审，撤销114号复议决定。

**辽宁省政府辩称**：（1）根据《中华人民共和国行政复议法》第十四条规定，辽宁省政府具有作出复议决定的法定职权。（2）辽宁省政府作出的复议决定认定事实清楚、证据确实充分。2009年10月28日，辽宁省政府作出382号《用地批复》；同日，盖州市人民政府将土地批复的内容予以公告。2010年4月至2011年10月，用地批复涉及的土地开始施工建设。据此可以认定，张德顺等45人最迟于2010年4月就已经知道其承包的集体土地被征为国有，2013年6月7日申请行政复议，已经超过复议申请期限。（3）被申请人作出复议决定程序合法。请求驳回张德顺等45人的再审申请。

**最高人民法院经审查认为**：根据《中华人民共和国行政复议法实施条例》（以下简称《复议法实施条例》）第二十八条、第四十八条第一款第（二）项规定，行政复议机关对当事人申请行政复议符合法定的申请行政复议条件的，应当依法予以受理；对于不符合法定申请条件的，依法决定不予受理；受理后，发现不符合法定受理条件的，应当决定驳回复议申请。张德顺等45人申请行政复议不符合法定受理条件，辽宁省政府依法驳回其复议申请并无不当。

一、关于超过申请行政复议的有效期限问题

《中华人民共和国行政复议法》第九条规定："公民、法人或者其他组织认为具体行政行为侵犯其合法权益的，可以自知道该具体行政行为之日起六十日内提出行政复议申请；但是法律规定的申请期限超过六十日的除外。"

《复议法实施条例》第十七条规定："行政机关作出的具体行政行为对公民、法人或者其他组织的权利、义务可能产生不利影响的，应当告知其申请行政复议的权利、行政复议机关和行政复议申请期限。"《最高人民法院关于执行〈中华人民共和国行政诉讼法〉若干问题的解释》（以下简称《若干解释》）第四十一条第一款规定："行政机关作出具体行政行为时，未告知公民、法人或者其他组织诉权或者起诉期限的，起诉期限从公民、法人或者其他组织知道或者应当知道诉权或者起诉期限之日起计算，但从知道或者应当知道具体行政行为内容之日起最长不得超过 2 年。"参照《若干解释》的上述规定，在行政机关未告知申请行政复议的权利和申请期限的情形下，当事人申请行政复议的有效期限为从知道或者应当知道行政行为内容之日起最长不得超过 2 年。本案中，没有证据证明辽宁省政府在作出 382 号《用地批复》时已告知张德顺等 45 人申请行政复议的权利和有效期限。据此，张德顺等 45 人对 382 号《用地批复》申请行政复议的有效期限应从其应当知道该《用地批复》内容之日起计算，最长不超过 2 年。382 号《用地批复》的主要内容是批准同意对包括张德顺等 45 人使用的土地在内的集体土地实施征收。张德顺等 45 人于 2008 年 4 月至 2009 年领取了征地补偿款，此时即已知道土地被征收的事实。2009 年 10 月 28 日，辽宁省政府作出 382 号《用地批复》，只是对前期征地补偿行为内容合法性的追认。因此，可以推定张德顺等 45 人至 2009 年年底应当知道 382 号《用地批复》的主要内容，114 号复议决定以 2010 年 4 月 382 号《用地批复》涉及征收的土地开始施工之日作为张德顺等 45 人应当知道 382 号《用地批复》主要内容的时间点，更有利于张德顺等 45 人申请行政复议权利的保护，最高人民法院予以认可。即便如此，张德顺等 45 人于 2013 年 6 月 7 日申请行政复议，亦已超过申请行政复议的 2 年有效期限，辽宁省政府据此驳回张德顺等 45 人的复议申请符合本案事实，于法有据。张德顺等 45 人主张 2013 年 4 月 21 日通过信息公开才知悉土地批复的具体内容，认为申请行政复议未超过有效期限，是对法律规定的错误理解。对其再审申请，最高人民法院不予支持。

二、关于行政复议申请人的资格问题

根据《复议法实施条例》第二十八条第（二）项规定，"申请人与具体行政行为有利害关系"是行政复议机关受理行政复议申请的法定条件之一。行政机关作出征收集体土地用地批复，直接影响征地范围内原土地使用权人的合法权益。因此，通常情况下，原土地使用权人与政府作出土地批复行为具有法律上的利害关系，属于适格的行政复议申请人。本案中，张德顺等45人是382号《用地批复》征地范围内的集体土地使用权人，征收土地的行政行为将直接影响张德顺等45人的土地使用权，张德顺等45人与382号《用地批复》具有法律上的利害关系，原本属于本案行政复议的适格申请人。但是，根据盖州市九垄地街道办事处、盖州市九垄地街道办事处镶红旗村民委员会联合出具的《证明》等证据材料可以证明，张德顺等45人从2008年4月开始至2009年均已陆续领取了征地补偿款，且就地上物补偿事宜与九垄地满族镇人民政府达成补偿协议。这说明，张德顺等45人至2009年已经接受了征地补偿。2009年10月28日，辽宁省政府作出382号《用地批复》，实质是对之前的征地补偿行为内容的追认。至此，征地补偿行为具有了合法根据。在领取征地补偿款、征地补偿行为内容的合法性得以追认之后，张德顺等45人同时丧失了对原集体土地的合法使用权，与被诉382号《用地批复》已不再具有法律上的利害关系。2013年6月7日，张德顺等45人不服382号《用地批复》向辽宁省政府申请行政复议，不再具有适格行政复议申请人资格。鉴于此，114号复议决定驳回张德顺等45人的复议申请亦无不当。

综上，张德顺等45人的再审申请不符合《中华人民共和国行政诉讼法》第九十一条第（三）、（四）项规定的情形。依照《最高人民法院关于执行〈中华人民共和国行政诉讼法〉若干问题的解释》第七十四条的规定，裁定驳回张德顺等45人的再审申请。

> **裁判解析**
>
> 《中华人民共和国行政复议法》第二条规定："公民、法人或者其他组织认为具体行政行为侵犯其合法权益，向行政机关提出行政复议申请，行政机关受理行政复议申请、作出行政复议决定，适用本法。"也就是说，公民、法人或者其他组织申请行政复议，只有在认为被申请行政复议的行政行为侵犯其合法权益的情形下，才有资格申请行政

复议。为此,《复议法实施条例》第二十八条第(二)项规定,申请人与被申请复议的行政行为有利害关系,是申请行政复议的法定条件之一。何谓"有利害关系"?笔者认为,应当是指被申请复议的行政行为存在侵犯申请人合法权益的可能性。包括以下几层含义:一是合法权益的存在。公民、法人或者其他组织申请行政复议,必须要有法律所保护的合法权益,没有合法权益,当然不存在侵权的可能性。二是行政行为的存在。只有在被申请复议的行政行为实际存在的情况下,才有可能发生行政侵权行为,没有行政行为也就谈不上行政侵权。三是存在侵权的可能性。行政复议申请人主张其合法权益受到被申请复议的行政行为的侵害,在普通人的正常思维下,其主张有可能是成立的。如果在一般人看来,没有侵权的可能性,即没有"利害关系"。同时还需要注意,只是存在侵权的可能性就构成"利害关系",无须达到证明实际侵权的程度。因为,复议申请人主张侵权是否真实成立,属于实体审理阶段需要解决的问题。如果起诉时就要求复议申请人必须证明侵权实际成立,那就是要求复议申请人在申请复议时就必须证明其具有胜诉的可能性,这与《中华人民共和国行政复议法》规定的"认为"行政行为侵犯其合法权益就具有申请行政复议权的规定不相符。本案中,张德顺等45人从2008年4月开始至2009年均已陆续领取了征地补偿款,且就地上物补偿事宜与九垄地满族镇人民政府达成补偿协议。在被征收人领取补偿款实际获得补偿安置后,土地、房屋及地上物的所有权已经转让给国家,被征收人已经丧失对涉案土地、房屋及地上物的全部权益。2013年6月7日起诉时,张德顺等45人在涉案土地上已经不具有任何的合法权益存在。此时,他们对用地批复申请行政复议,与该批复行为不具有利害关系,没有行政复议的申请人资格。

【合议庭成员:郭修江 汪国献 范向阳】

【主审法官:郭修江】

【执笔人:郭修江 陆 阳 熊俊勇】

## 17 规范性文件的认定标准

▍**【裁判要旨】** 行政机关就特定事项,针对不特定对象制定、发布可以反复适用的规范性文件的行为,属于行政机关制定、发布具有普遍约束力的决定、命令的行为,不属于行政诉讼的受案范围。

最高人民法院案号:(2015)行监字第960号

再审申请人(一审原告、二审上诉人):王秀云。

王秀云诉辽宁省阜新市太平区人民政府(以下简称太平区政府)给付取暖费一案,辽宁省阜新市中级人民法院于2014年8月15日作出(2014)阜立行初字第1号行政裁定,对王秀云的起诉不予受理。王秀云提起上诉,辽宁省高级人民法院于2015年2月4日作出(2015)辽立行终字第1号行政裁定,驳回上诉,维持原裁定。王秀云申请再审。

**案件基本事实**:2009年12月25日,太平区政府研究、规范太平区职工取暖报销事宜,形成会议纪要。2001年10月29日,太平区政府印发《关于机关和财政拨款事业单位取暖费补贴的实施意见的通知》(阜太政发〔2001〕10号)。王秀云认为,其是全额拨款事业单位的教师、房屋产权人,其丈夫无单位报销取暖费,太平区政府应为其支付取暖补贴,太平区政府不给其报销取暖费,无任何法律和政策依据。太平区政府的文件及会议纪要违反国家、省、市三级政府的取暖费政策,侵犯《中华人民共和国宪法》《中华人民共和国妇女权益保障法》及《中华人民共和国劳动法》赋予的劳动者权利平等、男女平等、男女同工同酬等合法权益。为此,王秀云提起本案诉讼,请求撤销太平区政府阜太政发（2010）10号文件及关于职工取暖费报销事宜的会议纪要；给付其取暖费17579.9元，以后按年报销。

**一审裁定认为**：王秀云所诉的太平区政府的文件及会议纪要，系属国家相关政策调整的范畴，属于内部行为，不属于《中华人民共和国行政诉讼法》第十一条规定的具体行政行为，不属于行政诉讼的受案范围。依照《中华人民共和国行政诉讼法》第二十四条、《最高人民法院关于执行〈中华人民共和国行政诉讼法〉若干问题的解释》第三十二条第一款之规定，裁定对王秀云的起诉不予受理。

**二审裁定认为**：王秀云起诉状中的诉讼请求是"请求人民法院依法撤销阜新市太平区人民政府作出的阜太政发（2001）10号文件及2009年12月29日的会议纪要；依法履行政府的行政职责，给付王秀云采暖费17579.9元，以后按年报销"。从其请求事项看，包括三项内容，即撤销阜太政（2001）10号文件、会议纪要及依法履行给付采暖费的行政职责。阜太政发（2001）10号文件是太平区政府针对各街道办事处、区政府各部门下发的关于机关和财政拨款事业单位取暖费补贴的实施意见的通知，该文件不属于行政诉讼受案范围。会议纪要是太平区召开区长办公会，专题研究太平区职工采暖费报销事宜，形成被诉会议纪要。从该纪要明确的问题看，并未给王秀云设定新的权利义务关系，对其权利义务也不产生实际影响。关于履行给付采暖费行政职责的诉讼请求，王秀云自认区财政局形成处理意见后，上级机关分别作出复查意见和复核意见，可视为对其所提问题已经作出相应答复。依照《中华人民共和国行政诉讼法》第六十一条第（一）项的规定，裁定驳回上诉，维持原裁定。

**王秀云申请再审称**：（1）一审裁定主观偏向太平区政府，歪曲案件性质，不予受理完全违背"以事实为依据，以法律为准绳"的审判原则。（2）一审裁定认为申请人所诉不是具体行政行为、不予受理是错误的，申请人的所诉符合人民法院受理法律法规规定的可以提起诉讼的其他行政案件。请求：撤销阜新市中级人民法院（2014）阜立行初字第1号行政裁定和辽宁省高级人民法院（2015）辽立行终字第1号行政裁定；给予立案受理，并给付取暖费21696.3元及因不作为导致的经济损失。

**最高人民法院经审查认为：**起诉人提起行政诉讼应当符合法定的起诉条件。本案中，王秀云一审中提出的诉讼请求有三项：一是请求撤销太平区政府阜太政发（2010）10号文件；二是请求撤销太平区政府关于取暖费报销事宜的会议纪要；三是请求给付取暖费17579.9元，今后取暖费按年度报销。最高人民法院认为，王秀云的上述三项诉讼请求均不符合法定的起诉条件。主要理由分述如下：

一、关于阜太政发（2001）10号文件

根据修改前的《中华人民共和国行政诉讼法》第十二条第（二）项规定，公民、法人或者其他组织对行政机关制定、发布行政法规、规章或者其他具有普遍约束力的决定、命令的行为提起行政诉讼的，人民法院不予受理。根据《最高人民法院关于执行〈中华人民共和国行政诉讼法〉若干问题的解释》第一条第二款第（一）项规定，公民、法人或者其他组织对《中华人民共和国行政诉讼法》第十二条规定的行为不服提起诉讼的，不属于人民法院行政诉讼的受案范围。根据上述规定，行政机关针对特定的人和特定事项作出的具有直接执行效力、不能反复适用的行政行为，属于人民法院行政诉讼的受案范围；行政机关制定、发布具有普遍约束力的决定、命令等行政规范性文件的行为，不属于人民法院行政诉讼的受案范围。阜太政发（2001）10号文件是太平区政府制定、发布的普遍适用于辖区内财政全额拨款的机关、团体和事业单位中有关人员取暖费补贴的实施意见，该文件的实施对象不特定，并可以反复适用，属于行政机关制定行政规范性文件的行为，不属于人民法院行政诉讼的受案范围。一、二审法院对王秀云的该项诉讼请求裁定不予立案受理，裁定结果并无不当。一审裁定理由认为阜太政发（2001）10号文件属于内部行政行为，确属不当。二审予以纠正，应予支持。

二、关于取暖费报销事宜的会议纪要

根据《最高人民法院关于执行〈中华人民共和国行政诉讼法〉若干问题的解释》第一条第二款第（六）项规定，公民、法人或者其他组织不服对其权利义务不产生实际影响的行为提起行政诉讼的，不属于人民法院行政诉讼的受案范围。太平区政府于2009年12月25日召开区长办公会议，对太平区机关和财政全额拨款事业单位取暖费补贴报销事宜进行了专题研究，并形成了被诉的关于取暖费报销事宜的会议纪要。该会议纪要是制定、发布有关取暖费报销事宜行政规范性文件的内部程序性文件，未对外发生法律效力，对王秀云的权利义务没有产生实际影响。据此，一、二审法院认为取暖费报销事宜的会议纪要属于行政机关的内部行政行为，不属于人民法院行政诉讼的受案范围，对王秀云的该项诉讼请求裁定不予立案受理，亦无不当。

三、关于给付取暖费及今后按年度报销

王秀云请求判令太平区政府给付取暖费及今后按年度报销取暖费，按照修改前的《中华人民共和国行政诉讼法》的规定，该项诉讼请求属于不履行法定职责之诉。根据《最高人民法院关于行政诉讼证据若干问题的规定》第四条第二款规定，公民、法人或者其他组织在起诉被告不作为的案件中，应当提供其在行政程序中曾经提出申请的证据材料。本案中，王秀云未提供曾向太平区政府提出报销取暖费申请的相关证据。同时，根据阜太政发（2001）10号文件的规定，太平区政府只是对取暖费补贴标准作出规定，并非取暖费报销的具体实施单位。取暖费报销的具体实施单位应当是太平区政府辖区内的各街道办事处、区政府各部门以及法律、法规授权的组织。因此，即便王秀云能够证明其向相关部门提出过报销取暖费的申请，其以太平区政府为被告，提起请求给付取暖费的行政诉讼，仍然属于被告不适格。鉴于此，一、二审法院对王秀云的该项诉讼请求裁定不予立案受理，裁判结果应予支持。

综上，王秀云的再审申请不符合《中华人民共和国行政诉讼法》第九十一条第（一）项规定的情形。依照《最高人民法院关于执行〈中华人民共和国行政诉讼法〉若干问题的解释》第七十四条的规定，裁定驳回王秀云的再审申请。

### 裁判解析

修改后的《中华人民共和国行政诉讼法》将该法所有条文中的"具体行政行为"一律修改为"行政行为"，对行政诉讼受案范围作出了更加清楚明确的界定。即，原则上所有的行政行为都是可诉的，只有对当事人权利义务不产生实际影响的行为和法律规定不可诉的行政行为除外。根据修改后的《中华人民共和国行政诉讼法》第十三条第（二）项规定，行政法规、规章或者行政机关制定、发布的具有普遍约束力的决定、命令的行政行为，不属于行政诉讼的受案范围。实际上，尽管修改后的《中华人民共和国行政诉讼法》规定原则上所有的行政行为都可诉，但是，由于该法同时规定，制定、发布行政法律规范的行为不属于行政诉讼的受案范围，抽象行政行为仍然属于不可诉的行政行为。所谓"抽象行政行为"是指行政机关针对不特定多数人作出的、具有普遍约束力的、能够反复适用的行政行为。抽象行政行为包括国务院制定、修改行政法规的行为，国务院各部委、直属机构制定、修改部门规章的行为，省级人民政府、较大市的人民政府制定、修改地方规章的行为以及乡、镇以上人民政府和县级以上人民政府职能部门制定、修改其他规范性文件的行为。具体行政行为和抽象行政行为都属于行政行为的范畴，两者的区别有以下几点：一是针对的对象是否特定。具体行政行为必须针对具体的行政相对人，作出行政行为时，行政行为针对的对象人数是确定的、可数的，是可以落实到具体人名的；而抽象行政行为则是针对不特定多数人的，行政行为作出时，所针对的对象是不特定的，不可数的，无法落实到具体的人名。二是是否具有普遍约束力。具体行政行为不具有普遍约束力，其效力主要是针对行政相对人；抽象行政行为则具有普遍约束力，效力及于所有的该规范适用范围内的人和事。三是是否可以反复适用。具体行政行为是针对过去发生的事，不具有反复适用的效力；抽象行政行为针对的是将来发生的事，在其有效期内可以反复、多次适用于不同的对象。四是是否对当事人的权利义务产生直接影响。可诉的具体行政行为将会对当事人的权利义务产生直接影响，而抽象行政行为不会对当事人的权利义务直接产生影响。只有通过具体行政行为，抽象行政行为才会对当事人的权利义务产生直接影响。本案中，阜太政发（2001）10号文件是太平区政府制定、发布的普遍适用于辖区内财政全额拨款的机关、团体和事业单位中有关人员取暖费补贴的实施意见,制定这个文件时,针对的对象不特定,不论是文件发布时还是文件发布后,符合文件规定条件的人员均可以依照该规定获得取暖费补贴,人数和名单都无法确定;该文件具有普遍约束力,凡是符合文件规定的人员均应当适用;该文件主要是针对将来,并可以反复适用于符合文件规定条件的所有行政相对人,不是一次性适用的文件;该文件制定和发布本身不会对特定当事人的权利义务产生实际影响,只有通过该文件的实施、落实,执行到每一位具体行政相对人时,才会对其权利义务产生实际影响。因此,阜太政发(2001)10号文件属于行政机关制定、发布具有普遍约束力的决定、命令的行政行为,是抽象行政行为,属于《中华人民共和国行政诉讼法》规定不可诉的行政行为。

【合议庭成员:郭修江　汪国献　董　华】

【主审法官:郭修江】

【执笔人:郭修江　陆　阳　熊俊勇】

## 18 以公告方式送达行为的起诉期限计算

> **【裁判要旨】** 行政机关依法以公告方式送达的,起诉人知道行政行为的时间应当以公告之日起计算。公告有期限的,从公告期结束之日的次日起计算。公告内容已经告知诉权和起诉期限的,应当视为已告知诉权和起诉期限。

**最高人民法院案号:(2015)行监字第957号**

再审申请人(一审原告、二审上诉人):马德有。

被申请人(一审被告、二审被上诉人):吉林省梅河口市人民政府。住所地:吉林省梅河口市人民大街2008号。

法定代表人:于翠利,市长。

再审申请人马德有诉被申请人吉林省梅河口市人民政府(以下简称梅河口市政府)房屋征收决定一案,辽宁省通化市中级人民法院于2014年7月17日作出(2014)通中行初字第35号行政裁定,驳回马德有起诉。马德有提起上诉,吉林省高级人民法院于2014年10月21日作出(2014)吉行终字第29号行政裁定,驳回上诉,维持一审裁定。马德有向最高人民法院申请再审。

**案件基本事实:** 马德有于2014年5月21日通过到通化市中级人民法院阅卷得知,梅河口市政府于2013年9月27日作出《梅河口市人民政府关于对爱民路东侧一期棚户区地块房屋征收的决定》(梅政房征〔2013〕第6号,以下简称《6号征收决定公告》)。马德有认为,征收决定不符合规划,房屋征收部门未组织登记,调查结果未向被征收人公布,作出征收决定前未依法拟定安置补偿方案，征收决定违法。2014年5月27日，马德有提起本案行政诉讼，请求撤销梅河口市政府作出的房屋征收决定。

**一审裁定认为**：梅河口市政府于2013年9月27日作出《6号征收决定公告》，并于同日在征收范围内向社会张贴发布，该公告符合法律的规定，公告已明确载明被征收人有依法申请复议、起诉的权利及申请复议和起诉的期限，马德有于2014年5月27日提起诉讼，已超过法律规定的起诉期限。经通化市中级人民法院审判委员会讨论，依照《最高人民法院关于执行〈中华人民共和国行政诉讼法〉若干问题的解释》第四十四条第（六）项的规定，裁定驳回马德有的起诉。

**二审裁定认为**：梅河口市政府一审提供的在被征收范围内张贴公告的照片，能够证明梅河口市政府按照《国有土地上房屋征收与补偿条例》的相关规定，在被征收范围内张贴房屋征收补偿方案征求公众意见的通告、评估机构选定公告、房屋征收决定公告的事实。2013年9月27日发布的《6号征收决定公告》明确载明征收补偿方案和行政复议、行政诉讼权利等事项。且在房屋征收过程中，梅河口市政府对马德有的房屋进行了征收调查登记、评估鉴定，亦同马德有多次协商房屋征收事宜，马德有还对征收补偿决定申请过行政复议。马德有对梅河口市政府作出的房屋征收决定不服，于2014年5月27日提起诉讼，已超过法定起诉期限。马德有主张其于2014年5月21日在起诉征收补偿决定一案查阅法院案卷时得知6号征收决定，未超过法定期限，理由不能成立。依照《中华人民共和国行政诉讼法》第六十一条第（一）项之规定裁定驳回上诉，维持一审裁定。

**申请再审理由**：（1）一、二审中，梅河口市政府一直未提供国民经济和社会发展规划、土地利用总体规划、城乡规划和专项规划等关键证据，仅仅提供市政府各职能部门出具的所谓证明文件，证明征收决定符合相关规划，法庭审判流于形式。（2）一、二审中，梅河口市政府未提供证据证明其作出征收决定前依法拟定了安置补偿方案，但是一审、二审法院对此视而不见。

(3)涉案地块所谓的"棚户区改造"项目,已经被吉林省发展和改革委员会确认违法,一、二审未严格审查梅河口市政府征收决定的合法性。请求撤销一、二审行政裁定,发回重审。

**最高人民法院经审查认为**:《国有土地上房屋征收与补偿条例》第十三条第一款规定:"市、县级人民政府作出房屋征收决定后应当及时公告。公告应当载明征收补偿方案和行政复议、行政诉讼权利等事项。"根据上述规定,房屋征收决定以公告方式送达,无须参照《中华人民共和国民事诉讼法》规定的送达程序,向每一户被征收人逐户送达。只要市、县人民政府依法进行公告,即视为征收决定已经送达每一户被征收人;征收决定公告中告知当事人诉权和起诉期限,即视为全体被征收人已经被告知诉权和起诉期限。本案中,梅河口市政府一审提供的在被征收范围内张贴公告的照片,能够证明梅河口市政府按照《国有土地上房屋征收与补偿条例》第十三条规定,于2013年9月27日发布《6号征收决定公告》,并于同日在被征收范围内依法张贴该公告。公告中明确告知了被征收人不服征收决定申请行政复议、提起行政诉讼的权利和复议、起诉的法定期限。自该公告发布之日起,即视为所有被征收人已经被告知征收决定的内容及诉权和起诉期限。马德有系该征收公告的被征收人之一,自2013年9月27日起已经知道梅河口市政府作出被诉征收决定的内容以及诉权和起诉期限,至2014年5月27日向通化市中级人民法院提起行政诉讼,显然已经超过修改前的《中华人民共和国行政诉讼法》第三十九条规定的3个月的法定起诉期限。原审裁定驳回马德有起诉并无不当。

马德有再审申请中提出的关于征收决定是否符合规划问题、作出征收决定前是否依法拟定了安置补偿方案问题、棚户区改造项目立项存在违法等问题,均属于案件进入实体审理后审查的问题。本案因马德有的起诉超过法定起诉期限,原审裁定驳回起诉,并未进入实体审理,故原审未对上述问题予以审查,并不违反法律规定。马德有以原审未审查案件实体问题为由否定原审驳回起诉裁定,其申请再审理由不能成立,最高人民法院不予支持。

综上,马德有的再审申请不符合《中华人民共和国行政诉讼法》第九十一条第(一)项规定的情形。依照《最高人民法院关于执行〈中华人民共和国行政诉讼法〉若干问题的解释》第七十四条的规定，裁定驳回马德有的再审申请。

### 裁判解析

公告送达方式通常是在其他送达方式不能送达的情况下，才能采用的一种送达方式。但是，在行政程序中，根据法律、法规及规章的特别规定，特殊情形下，行政机关可以直接采取公告送达的方式，向相关当事人送达行政决定。例如，《国有土地上房屋征收与补偿条例》第十三条第一款对市、县级人民政府作出的房屋征收决定的送达方式作出了不同于其他行政决定的特殊送达方式，即征收决定作出后，市、县级人民政府应当及时以公告方式向被征收人送达、告知。之所以作出这样的规定，主要是考虑征收决定的行政相对人通常人数太多，逐一送达每一户被征收人，一是严重影响行政效率，二是每户一份征收决定也浪费行政资源。以公告方式告知全体被征收人，公开透明，效率高。法律、法规及规章规定行政机关可以直接以公告方式送达的，行政相对人及利害关系人知道或者应当知道该行政行为的时间，从公告期限届满的第2天起计算。

【合议庭成员：郭修江 苏 戈 高 珂】

【主审法官：郭修江】

【执笔人：郭修江 陆 阳 熊俊勇】

## 19 立案登记制的理解适用

**【裁判要旨】** 实行立案登记制，并不否定《中华人民共和国行政诉讼法》规定的法定立案条件。实行立案登记制后，人民法院立案庭仍然应当按照《中华人民共和国行政诉讼法》的规定，严格审查起诉人的起诉是否符合法定立案条件，对于不符合法定条件的起诉，应当依法裁定不予立案。

最高人民法院案号：（2015）行监字第1273号

再审申请人（一审原告、二审上诉人）：纪长发。

纪长发诉黑龙江省肇州县人民政府（以下简称肇州县政府）恢复老干部待遇、为子女安排工作、赔偿精神损失费一案，黑龙江省大庆市中级人民法院于2015年5月25日作出（2015）庆行立初字第1号行政裁定，对纪长发的起诉不予立案。纪长发提起上诉，黑龙江省高级人民法院于2015年7月10日作出（2015）黑高立行终字第2号行政裁定，驳回上诉，维持原裁定。纪长发申请再审。

**案件基本事实**：2015年5月20日，纪长发提起本案诉讼称：其于1958年3月应征入伍，1960年11月19日提干任司务长，当军队党组织进行函调时，肇州县委办公室和丰乐乡党委会给军队党组织出具调查材料，说其家庭成分是富农，并举出很多事实，说其族兄纪长年勾结匪首，致其不能提干，并复员回乡。当年两级政府的材料毁了其一生。故请求：（1）恢复老干部待遇，也应给老伴退休待遇；（2）给五个子女安排工作，按同期入伍提干现已退休的郝佰栋同志的标准;(3)赔偿精神损失费等各项费用726万元。

**一审裁定认为**:纪长发提起的诉讼不属于人民法院受理行政案件范围,不符合起诉条件,依法不予立案。依照《中华人民共和国行政诉讼法》第四十九条第(四)项、第五十一条第二款之规定,裁定对纪长发的起诉不予立案。

**二审裁定认为**:纪长发一审起诉要求肇州县政府为其恢复老干部待遇,为其子女安排工作,赔偿各项损失共计726万元等,一审裁定以纪长发的诉讼请求不属于人民法院行政审判受案范围为由,依照《中华人民共和国行政诉讼法》第四十九条第(四)项、第五十一条第二款规定,裁定对纪长发的起诉不予立案正确。依照《中华人民共和国行政诉讼法》第八十九条第一款第(一)项的规定,裁定驳回上诉,维持原裁定。

**纪长发申请再审称**:(1)原审裁定不予立案不合法。根据最高人民法院关于登记立案的相关规定,人民法院应当有案必立,有诉必理。(2)由于肇州县委办公室和丰乐乡党委在1960年给军队党组织出具调查材料时,谎称申诉人家族成分是富农,导致申请人不能在部队继续任职,个人发展受限,子女读书受影响,家庭生活不幸福。请求:赔偿精神损失费、上访费和工资等共计726万元。

**最高人民法院经审查认为**:纪长发基于对1960年肇州县委办公室和丰乐乡党委向其所在部队发外调材料将其家庭成分认定为富农的行为不服,一审时提出了三项诉讼请求:(1)恢复老干部待遇,并给其老伴安排退休待遇;(2)给五个子女安排工作;(3)赔偿精神损失费等各项费用726万元。上述三项赔偿请求均不符合行政诉讼立案的法定条件,原审裁定不予立案并无不当,纪长发申请再审的理由不能成立。

一、关于立案登记制

最高人民法院发布的《关于人民法院推行立案登记制改革的意见》(法发〔2015〕6号)第一部分第(三)项规定:"坚持有案必立、有诉必理。对符合法律规定条件的案件，法院必须依法受理，任何单位和个人不得以任何借口阻挠法院受理案件。"也就是说，立案登记制并非是指对当事人的起诉人民法院就必须予以受理。只有符合法定立案条件的案件，人民法院才应当依法受理；不符合法定立案条件的案件，人民法院不应受理。根据《中华人民共和国行政诉讼法》第四十九条第（四）项规定，提起诉讼应当属于人民法院受案范围和受诉人民法院管辖。根据《最高人民法院关于执行〈中华人民共和国行政诉讼法〉若干问题的解释》第四十四条第（一）项、第（十一）项规定，请求事项不属于行政审判权限范围和起诉不具备其他法定要件的，人民法院应当裁定不予受理；已经受理的，裁定驳回起诉。本案中，纪长发所诉"侵权行为"——肇州县委办公室和丰乐乡党委向其所在部队出具外调材料的行为，不是行政行为，不属于人民法院行政诉讼的受案范围，且该项事实发生在1990年10月1日《中华人民共和国行政诉讼法》实施之前的1960年，即便属于可诉的行政行为，根据《最高人民法院关于〈行政诉讼法〉施行前法律未规定由法院受理的案件应如何处理的批复》规定，因当时的法律法规未规定法院受理此类案件，人民法院亦不应予以受理。鉴于此，原审对纪长发的起诉裁定不予立案并无不当。纪长发以人民法院实行立案登记制应当有案必立为由，主张人民法院应当受理其起诉，是对法律和司法政策有关立案登记制的错误理解，其该项申请再审理由不能成立。

二、关于三项赔偿请求

纪长发请求恢复老干部待遇、为其老伴落实退休待遇，为其子女安排工作，赔偿精神损失费、上访费和工资，三项赔偿请求均是基于其认为1960年肇州县委办公室和丰乐乡党委向其所在部队出具外调材料不实、行为违法造成其损失而提起的行政赔偿诉讼。本案中，纪长发所诉赔偿的侵权行为并非行政行为，不属于行政赔偿案件，不符合人民法院行政诉讼案件的受理条件。即便本案属于行政赔偿案件，根据《中华人民共和国国家赔偿法》第三条以及《最高人民法院关于审理行政赔偿案件若干问题的规定》第四条之规定，当事人提起行政赔偿之诉须以侵权的行政行为被确认违法为前提；当事人单独提起行政赔偿诉讼的，须赔偿义务机关先行处理。肇州县委办公室和丰乐乡党委提供外调材料的行为亦未被依法确认违法，纪长发更没有基于侵权的行政行为被确认违法后向赔偿义务机关申请行政赔偿。据此，纪长发直接向人民法院提起上述三项赔偿请求，不符合单独提起行政赔偿诉讼的法定立案条件，一、二审法院对其起诉裁定不予立案，并无不当。纪长发该项申请再审理由亦不能成立。

综上，纪长发的再审申请不符合《中华人民共和国行政诉讼法》第九十一条第（一）项规定的情形。依照《最高人民法院关于执行〈中华人民共和国行政诉讼法〉若干问题的解释》第七十四条的规定，裁定驳回纪长发的再审申请。

### 裁判解析

《中共中央关于全面推进依法治国若干重大问题的决定》（以下简称《决定》）明确提出："改革法院案件受理制度，变立案审查制为立案登记制，对人民法院依法应该受理的案件，做到有案必立、有诉必理，保障当事人的诉权。加大对虚假诉讼、恶意诉讼、无理缠诉行为的惩治力度。"为落实党的十八届四中全会关于实行立案登记制的决定精神，2015年5月1日起实施的《中华人民共和国行政诉讼法》第五十一条规定："人民法院在接到起诉状时对符合本法规定的起诉条件的，应当登记立案。""对当场不能判定是否符合本法规定的起诉条件的，应当接收起诉状，出具注明收到日期的书面凭证，并在七日内决定是否立案。不符合起诉条件的，作出不予立案的裁定。裁定书应当载明不予立案的理由。原告对裁定不服的，可以提起上诉。""起诉状内容欠缺或者有其他错误的，应当给予指导和释明，并一次性告知当事人需要补正的内容。不得未经指导和释明即以起诉不符合条件为由不接收起诉状。对于不接收起诉状、接收起诉状后不出具书面凭证，以及不一次性告知当事人需要补正的起诉状内容的，当事人可以向上级人民法院投诉，上级人民法院应当责令改正，并对直接负责的主管人员和其他直接责任人员依法给予处分。"《最高人民法院关于人民法院推行立案登记制改革的意见》（法发〔2015〕6号）第二条第一款第（二）项亦明确规定，"行政行为的相对人以及其他与行政行为有利害关系的公民、法人或者其他组织提起的行政诉讼,有明确的被告、具体的诉讼请求和事实根据,属于人民法院受案范围和受诉人民法院管辖"的案件,应当登记立案;同时,根据该条第二款第(一)项规定,"违法起诉或者不符合法定起诉条件"的案件,不予登记立案。从《决定》,到《中华人民共和国行政诉讼法》的规定,再到最高人民法院的司法政策规定,均可以看出,立案登记制绝对不是只要公民、法人或者其他组织提起诉讼,人民法院就必须予以登记立案。立案登记不是登记立案。人民法院对于符合法定起诉条件的案件,应当予以立案登记;对于不符合法定起诉条件的案件,仍然是要依法不予登记立案。在实行立案登记制的背景下,对起诉是否符合法定条件进行审查,仍然是人民法院的法定职责义务。实践中,一些媒体错误解读立案登记制,造成部分群众误以为只要起诉,人民法院就必须登记立案,由此把一些明显不符合起诉条件的陈年旧事起诉到人民法院,形成大量的滥诉现象,严重浪费司法资源。本案即属典型的滥诉案件。对于此类明显不符合法定起诉条件的案件,一审裁定作出后又进行二审,对二审不服还可以申请再审,三级法院为此费时费力,制作不予立案、驳回上诉、驳回再审申请的裁定书,最终结果是不予受理,没有任何价值。为贯彻十八届四中全会关于"加大对虚假诉讼、恶意诉讼、无理缠诉行为的惩治力度"的精神,建议对此类明显不符合法定起诉条件的案件,应当书面通知不予立案,不给此类案件当事人上诉和申请再审的权利。

【合议庭成员:郭修江 高 珂 董 华】

【主审法官:郭修江】

【执笔人:郭修江 陆 阳 熊俊勇】

## 20 新旧《中华人民共和国行政诉讼法》有关起诉期限规定的衔接

【裁判要旨】《最高人民法院关于适用〈中华人民共和国行政诉讼法〉若干问题的解释》第二十六条规定："2015年5月1日前起诉期限尚未届满的,适用修改后的行政诉讼法关于起诉期限的规定。"据此,2015年5月1日《中华人民共和国行政诉讼法》实施后,当事人对修改后的《中华人民共和国行政诉讼法》实施之前的行政行为提起行政诉讼的,人民法院应当审查,至2015年5月1日其起诉期限是否届满。超过法定起诉期限的,人民法院不再立案受理;未超过法定起诉期限的,按照修改后的《中华人民共和国行政诉讼法》规定的起诉期限计算。根据法不溯及既往原则,人民法院应当适用修改前的《中华人民共和国行政诉讼法》及其司法解释,对当事人的起诉期限至2015年5月1日是否届满进行审查。至2015年5月1日,当事人起诉期限尚未届满,剩余起诉期限超过修改后的《中华人民共和国行政诉讼法》规定的6个月的,以6个月为限;剩余期限不足6个月的,以剩余起诉期限为限。但是,如果当事人至2015年5月1日起诉期限是否届满是按照修改前的《中华人民共和国行政诉讼法》规定的3个月起诉期限计算的,从保护当事人诉权的角度考虑,其起诉期限应当按照修改后的《中华人民共和国行政诉讼法》的规定,自知道或者应当知道行政行为之日起6个月计算。

最高人民法院案号:(2016)最高法行再63号

再审申请人(一审原告、二审上诉人):王政。

委托代理人：谭洪志，吉林明达伟业律师事务所律师。

王政诉吉林市昌邑区人民政府（以下简称昌邑区政府）、第三人吉林市昌邑区桦皮厂镇人民政府（以下简称桦皮厂镇政府）强制摧毁鱼塘和林木、强占承包地行为及行政赔偿一案，向吉林省吉林市中级人民法院提起行政诉讼。吉林市中级人民法院于2015年8月6日作出（2015）吉中行立初字第27号行政裁定，不予立案。王政提起上诉，吉林省高级人民法院于2015年11月30日作出（2015）吉行立终字第150号行政裁定，驳回上诉，维持一审裁定。王政申请再审，2016年4月7日，最高人民法院作出（2016）最高法行申52号行政裁定，提审本案。

**案件基本事实**：王政有鱼塘一处，位于昌邑区桦皮厂镇董屯村。2012年4月，吉林市人民政府办公厅印发《长春至吉林（北线）二级公路改建一级公路建设项目征地补偿政策标准及征地拆迁补偿实施办法》，开展征地拆迁工作，王政的鱼塘在征地范围内。2012年6月17日，吉林市企达价格评估有限公司受桦皮厂镇政府委托，出具《吉林市昌邑区桦皮厂镇董屯村王政养鱼塘价格评估报告》[吉企达价估字第（2012013）号]，对王政养鱼塘工程造价和产值总价值评估为87358.04元。王政与吉林市昌邑区长吉北线改造项目征收拆迁指挥部办公室未达成征收补偿协议。2013年8月28日，王政的鱼塘被强制拆除。2015年7月23日，王政向吉林市中级人民法院提起行政诉讼，请求确认昌邑区政府及第三人桦皮厂镇政府的行政行为违法，赔偿损失237358.04元，赔偿拆迁补偿款、安置补助费、土地补偿费、被拆除鱼塘3年的利润损失等1412795.48元。

**一审裁定认为**：法院在审查起诉时对王政所作的询问笔录中，王政自认于2012年4月已经知道其土地被占的事实。王政于2015年7月23日提起本案行政诉讼，超过法定期限。依照《中华人民共和国行政诉讼法》第五十一条第二款、《最高人民法院关于执行〈中华人民共和国行政诉讼法〉若干问题的解释》第四十一条第一款之规定，裁定对王政的起诉不予立案。王政不服一审裁定，提起上诉。

**二审裁定认为**：王政在吉林市中级人民法院对其所作的询问笔录中自认，2012年4月知道土地被占的事实，2015年7月提起诉讼，超过2年法定起诉期限。即使按照王政上诉状中所述，知道被诉行政行为内容的时间为2013年8月28日，根据《中华人民共和国行政诉讼法》第四十六第一款规定，王政的起诉也已超过法定起诉期限。一审裁定不予立案并无不当。依照《中华人民共和国行政诉讼法》第八十九条第一款第（一）项之规定，裁定驳回上诉，维持一审裁定。

**王政申请再审称**：（1）起诉没有超过法定期限。2013年8月28日，行政机关摧毁王政承包地上的鱼塘、林木，强占其承包土地。2015年7月23日，王政对上述行为提起诉讼，没有超过2年的法定起诉期限。（2）一、二审裁定适用法律错误。本案系因不动产提起的诉讼，应当适用20年的起诉期限。请求：撤销一、二审裁定，指令吉林市中级人民法院立案审理。

**最高人民法院经审查认为**：结合一、二审裁定及王政申请再审理由，本案争议焦点主要有以下三个：一是修改后的《中华人民共和国行政诉讼法》与修改前的《中华人民共和国行政诉讼法》及其司法解释在起诉期限问题上如何衔接适用问题；二是当事人起诉期限的起算点应当如何确定问题；三是最长20年起诉期限的法定适用条件问题。

一、关于新、旧法适用的衔接问题

《最高人民法院关于适用〈中华人民共和国行政诉讼法〉若干问题的解释》第二十六条规定："2015年5月1日前起诉期限尚未届满的，适用修改后的行政诉讼法关于起诉期限的规定。"也就是说，2015年5月1日《中华人民共和国行政诉讼法》实施之后，当事人对修改后的《中华人民共和国行政诉讼法》实施之前的行政行为提起行政诉讼的，人民法院首先要审查，至2015年5月1日其起诉期限是否届满。超过法定起诉期限的，人民法院不再立案受理；未超过法定起诉期限的，按照修改后的《中华人民共和国行政诉讼法》规定的起诉期限计算。根据法不溯及既往原则，人民法院应当适用修改前的《中华人民共和国行政诉讼法》及其司法解释，对当事人的起诉期限至2015年5月1日是否届满进行审查。至2015年5月1日，当事人起诉期限尚未届满，剩余起诉期限超过修改后的《中华人民共和国行政诉讼法》规定的6个月期限的，以6个月为限；剩余期限不足6个月的，原则上以剩余起诉期限为限。但是，如果当事人至2015年5月1日起诉期限是否届满以及剩余期限是按照修改前的《中华人民共和国行政诉讼法》规定的3个月起诉期限计算的，从保护当事人诉权的角度考虑，其起诉期限应当按照修改后的《中华人民共和国行政诉讼法》规定，自知道或者应当知道行政行为之日起6个月计算。本案中，王政所诉强制拆除鱼塘的行政行为发生于2013年8月28日，行政机关未告知王政诉权和起诉期限，应当适用《最高人民法院关于执行〈中华人民共和国行政诉讼法〉若干问题的解释》第四十一条第一款规定的2年起诉期限。至2015年5月1日，2年起诉期限尚未届满。因剩余起诉期限亦不足6个月，王政的法定起诉期限应当至2015年8月28日结束。王政于2015年7月23日提起本案诉讼，未超过法定起诉期限。二审裁定适用修改后的《中华人民共和国行政诉讼法》，认为王政起诉超过6个月的法定起诉期限，属于适用法律错误，依法应予纠正。

二、关于起诉期限的起算点问题

根据《最高人民法院关于执行〈中华人民共和国行政诉讼法〉若干问题的解释》第四十一条第一款规定，行政机关作出具体行政行为时，未告知公民、法人或者其他组织诉权或者起诉期限的，起诉期限从公民、法人或者其他组织知道或者应当知道诉权或者起诉期限之日起计算，但从知道或者应当知道具体行政行为内容之日起最长不得超过2年。根据上述规定，当事人起诉期限的起算点从知道或者应当知道行政行为之日起计算。本案中，王政所诉强制摧毁鱼塘、林木并占用土地的行政行为发生于2013年8月28日，王政最早知道该行政行为的时间也只能是被诉行政行为发生之日。但是，一、二审裁定却以王政在一审时的询问笔录为据，认定王政自认于2012年4月即已知道土地被占事实，并以此为其起诉期限的起算点，认为王政至2015年7月起诉，超过2年的法定起诉期限。上述事实认定系对王政询问笔录内容的误读，主要证据不足，最高人民法院予以纠正。

### 三、关于20年最长起诉期限的适用问题

《最高人民法院关于执行〈中华人民共和国行政诉讼法〉若干问题的解释》第四十二条规定:"公民、法人或者其他组织不知道行政机关作出的具体行政行为内容的,其起诉期限从知道或者应当知道该具体行政行为内容之日起计算。对涉及不动产的具体行政行为从作出之日起超过20年、其他具体行政行为从作出之日起超过5年提起诉讼的,人民法院不予受理。"修改后的《中华人民共和国行政诉讼法》第四十六条第二款规定:"因不动产提起诉讼的案件自行政行为作出之日起超过二十年,其他案件自行政行为作出之日起超过五年提起诉讼的,人民法院不予受理。"司法解释和法律对于涉及不动产的行政行为,都规定了最长20年起诉期限。结合法律、司法解释的上下文,20年的最长起诉期限的法定适用条件是:当事人既不知道诉权和起诉期限,又不知道行政行为的主要内容。如果在20年内,当事人已经知道行政行为的内容,其起诉期限应当适用其他相关条款的规定,不适用20年最长起诉期限条款。本案中,王政于被诉行政行为作出之日即已知道被诉行政行为的主要内容,不符合适用20年起诉期限的法定条件。因此,王政主张未超过20年起诉期限,是对法律、司法解释的错误理解,其该项申请再审理由不能成立。

综上,王政的起诉并未超过法定的起诉期限,一、二审法院以王政超过法定起诉期限为由裁定不予立案,主要证据不足,适用法律错误,依法应予以纠正。王政的起诉符合法定起诉条件,依法应当予以受理。依照《中华人民共和国行政诉讼法》第八十九条第(二)项、《最高人民法院关于执行〈中华人民共和国行政诉讼法〉若干问题的解释》第七十六条第一款的规定,裁定如下:一、撤销吉林省高级人民法院(2015)吉行立终字第150号和吉林市中级人民法院(2015)吉中行立初字第27号行政裁定;二、指令吉林市中级人民法院受理本案。

### 裁判解析

2015年5月1日,修改后的《中华人民共和国行政诉讼法》实施。由于新旧《中华人民共和国行政诉讼法》及相关司法解释关于行政诉讼起诉期限的规定不一致,如何做好新旧法实施过程中的衔接工作,

是一段时间内人民法院行政审判工作的重要内容，需要最高人民法院予以明确。修改前的《中华人民共和国行政诉讼法》第三十九条规定："公民、法人或者其他组织直接向人民法院提起诉讼的，应当在知道作出具体行政行为之日起三个月内提出。法律另有规定的除外。"《最高人民法院关于执行〈中华人民共和国行政诉讼法〉若干问题的解释》第四十一条规定："行政机关作出具体行政行为时，未告知公民、法人或者其他组织诉权或者起诉期限的，起诉期限从公民、法人或者其他组织知道或者应当知道诉权或者起诉期限之日起计算，但从知道或者应当知道具体行政行为内容之日起最长不得超过2年。复议决定未告知公民、法人或者其他组织诉权或者法定起诉期限的，适用前款规定。"第四十二条规定："公民、法人或者其他织不知道行政机关作出的具体行政行为内容的，其起诉期限从知道或者应当知道该具体行政行为内容之日起计算。对涉及不动产的具体行政行为从作出之日起超过20年、其他具体行政行为从作出之日起超过5年提起诉讼的，人民法院不予受理。"而修改后的《中华人民共和国行政诉讼法》第四十六条规定："公民、法人或者其他组织直接向人民法院提起诉讼的，应当自知道或者应当知道作出行政行为之日起六个月内提出。法律另有规定的除外。因不动产提起诉讼的案件自行政行为作出之日起超过二十年，其他案件自行政行为作出之日起超过五年提起诉讼的，人民法院不予受理。"新旧法衔接问题主要涉及以下几方面的问题：

一是关于新法实施前的行政行为起诉期限的计算依据问题。根据法不溯及既往的原则，即便是在修改后的《中华人民共和国行政诉讼法》实施之后提起行政诉讼的，也应当适用行政行为作出时有效的法律和司法解释的规定，计算当事人的起诉期限。根据当时有效的司法解释，已告知诉权和起诉期限，当事人直接起诉的，起诉期限是知道作出行政行为之日起3个月；未告知诉权和起诉期限的，从知道或者应当知道行政行为内容之日起最长不超过2年。起诉期限至2015年5月1日前已经届满的，之后提起行政诉讼，超过法定起诉期限。

二是关于有效起诉期限跨越2015年5月1日的计算问题。至

2015年5月1日，根据被诉行政行为作出时有效的法律和司法解释规定计算当事人的起诉期限，其起诉期限尚未届满，有效起诉期限跨越了新旧法实施的两段，应当如何适用法律计算当事人的起诉期限，《最高人民法院关于适用〈中华人民共和国行政诉讼法〉若干问题的解释》第二十六条作出明确规定："2015年5月1日前起诉期限尚未届满的，适用修改后的行政诉讼法关于起诉期限的规定。"也就是说，跨越2015年5月1日后，当事人剩余起诉期限的计算要适用修改后的《中华人民共和国行政诉讼法》关于起诉期限的规定。根据修改后的《中华人民共和国行政诉讼法》第四十六条规定，原则上直接起诉的，起诉期限从知道或者应当知道行政行为之日起6个月。当事人起诉期限至2015年5月1日超过6个月的，以6个月为限；未超过6个月的，以剩余期限为限。但是，根据从旧兼从轻的法律适用原则，以行政行为作出时有效的法律按3个月计算当事人起诉期限的，适用修改后的《中华人民共和国行政诉讼法》对当事人更为有利的，可以适用修改后的《中华人民共和国行政诉讼法》规定，从知道或者应当知道行政行为之日起6个月。

三是关于2年起诉期限是否继续适用问题。这是实践中争议最大的问题。笔者认为，对2015年5月1日之后的行政行为提起行政诉讼，不再适用2年起诉期限。主要理由是，司法解释关于2年起诉期限的规定，与修改后的《中华人民共和国行政诉讼法》第四十六条6个月起诉期限的规定相冲突，参照《最高人民法院关于审理行政案件适用法律规范问题的座谈会纪要》关于法律、法规修改后其实施性规定如何适用的相关规定，在《中华人民共和国行政诉讼法》修改后，相关司法解释规定未被明文废止的情况下，人民法院对司法解释中与修改后的《中华人民共和国行政诉讼法》相抵触的规定，应当不予适用。

【合议庭成员：郭修江　高　珂　张志弘】

【主审法官：郭修江】

【执笔人：郭修江　陆　阳　熊俊勇】

## 21 2年起诉期限的规定是否继续适用

【裁判要旨】《最高人民法院关于执行〈中华人民共和国行政诉讼法〉若干问题的解释》第四十一条第一款关于2年起诉期限的规定,与修改后的《中华人民共和国行政诉讼法》第四十六条第一款规定相抵触,当事人对2015年5月1日后作出的行政行为提起诉讼的,应当适用6个月的起诉期限,不再适用2年起诉期限的规定。

**最高人民法院案号:(2016)最高法行申63号**

再审申请人(一审原告、二审上诉人):辽宁省沈阳市博鑫木制品厂。住所地:辽宁省沈阳市浑南区东陵西路五组二十三号。

法定代表人:金丽萍,该厂负责人。

被申请人(一审被告、二审被上诉人):辽宁省沈阳市沈河区人民政府。住所地:辽宁省沈阳市沈河区盛京路25号。

法定代表人:曾波,区长。

委托代理人:闫建伟,辽宁省沈河区征收办副主任。

委托代理人:温澄,辽宁鑫成律师事务所律师。

辽宁省沈阳市博鑫木制品厂(以下简称博鑫厂)诉辽宁省沈阳市沈河区人民政府(以下简称沈河区政府)、辽宁省沈阳市沈河区国有土地房屋征收管理办公室(以下简称沈河区征收办)确认强拆行为违法一案,沈阳市中级人民法院于2015年10月16日作出(2015)沈中行初字第181号行政裁定,驳回博鑫厂起诉。博鑫厂不服上诉,辽宁省高级人民法院于2015年12月9日作出(2015)辽行终字第286号行政裁定,驳回上诉,维持原裁定。博鑫厂申请再审。

**案件基本事实**：博鑫厂原坐落于沈阳市沈河区东陵路154巷5组12-3号，该厂由11处有产权产籍房屋扩建而成。2011年3月24日，为建设第十二届全运会综合体育馆及多功能体育场项目，沈河区政府作出《房屋征收决定》[沈河政征决字（2011）第1号]，博鑫厂所在的房屋位于征收范围内。沈河区征收办与博鑫厂经协商，未达成征收补偿协议。2011年5月20日，涉案房屋被强制拆除。博鑫厂当日向公安机关报案，公安机关经调查后于第二天口头告知博鑫厂，系政府征收强拆行为。博鑫厂负责人金丽萍上访，请求对其被强制拆除的房屋予以补偿。2014年9月26日，沈河区征收办出具《信访事项处理意见书》，认为其诉求过高，缺乏政策依据，不予支持。2015年2月1日，博鑫厂向沈阳市中级人民法院提起行政诉讼，请求确认强制拆除房屋行为违法，并赔偿损失1000万元。

**一审裁定认为**：博鑫厂称其房屋于2011年5月20日被拆除，4年之后才诉至法院。根据《中华人民共和国行政诉讼法》第四十六条规定，博鑫厂起诉已经超过6个月法定期限。依照《最高人民法院关于适用〈中华人民共和国行政诉讼法〉若干问题的解释》第三条第一款（二）项之规定，裁定驳回博鑫厂的起诉。博鑫厂不服，向辽宁省高级人民法院提起上诉。

**二审裁定认为**：根据《最高人民法院关于执行〈中华人民共和国行政诉讼法〉若干问题的解释》第四十一条第一款规定，本案博鑫厂房屋于2011年5月20日被拆除，4年后提起本案诉讼，起诉超过2年法定起诉期限，一审裁定驳回起诉并无不当。依照《中华人民共和国行政诉讼法》第八十九条第一款第（一）项的规定，裁定驳回上诉，维持一审裁定。

**博鑫厂申请再审称**：2011年5月20日，沈河区政府在未事先告知、未评估、未做补偿决定、未经法院核准执行的情况下，强制拆除博鑫厂厂房。从2011年5月20日至2014年11月3日，博鑫厂未见到或收到任何行政机关或法院对房屋征收的相关文书，一直不知道谁是强制拆除博鑫厂厂房的实施主体。2014年11月4日，收到沈河区征收办送达的《信访事件处理意见书》，博鑫厂才知道是沈河区政府实施的强制拆除行为。博鑫厂于2015年2月1日提起本案诉讼，未超过法定起诉期限。请求依法再审，确认沈河区政府和沈河区征收办强制拆除行为违法并赔偿损失。

**沈河区政府答辩称：**（1）沈河区政府不是本案适格被告。沈河区征收办负责组织实施强制拆除工作，沈河区政府未实施强制拆除行为。（2）博鑫厂起诉超过法定起诉期限。根据《中华人民共和国和行政诉讼法》第四十六条规定，当事人应当在知道或者应当知道行政行为之日起6个月内提起诉讼，2011年5月20日实施强制拆除，博鑫厂于2015年提起行政诉讼，超过法定起诉期限。

**沈河区征收办答辩称：**沈河区政府作出征收决定，在征收范围内予以公告，并履行入户调查、公示征收补偿方案、对博鑫厂机器设备进行清查等程序，本案诉争房屋被鉴定为危房，由沈河区征收办整体拆除。上述事实博鑫厂是明知的。依据《中华人民共和国行政诉讼法》第四十六条规定，博鑫厂超过六个月的法定起诉期限提起诉讼，一、二审裁定驳回其起诉并无不当。

**最高人民法院经审查认为：**博鑫厂在厂房被强制拆除后即应当知道被诉强制拆除行为的主要内容，至2015年提起诉讼，超过2年法定起诉期限。一、二审裁定驳回博鑫厂起诉并无不当。

一、关于起诉期限的起算点问题

《最高人民法院关于执行〈中华人民共和国行政诉讼法〉若干问题的解释》第四十一条规定："行政机关作出具体行政行为时，未告知公民、法人或者其他组织诉权或者起诉期限的，起诉期限从公民、法人或者其他组织知道或者应当知道诉权或者起诉期限之日起计算，但从知道或者应当知道具体行政行为内容之日起最长不得超过2年。"上述规定中"应当知道具体行政行为内容"，是指知道行政行为的主要内容，并非必须知道行政行为的全部细节。本案中，博鑫厂厂房于2011年5月20日被强制拆除,强制拆除前沈河区征收办与之协商补偿事宜,强制拆除后,公安机关明确告知其系政府强制拆除行为,作为一个正常的理智的人,至迟在房屋被强制拆除的第二天应当知道其房屋系被相关征收部门予以强制拆除。博鑫厂至2015年2月1日提起本案诉讼,显然已经超过2年的法定起诉期限。博鑫厂主张,至2014年11月4日收到沈河区征收办送达的《信访事件处理意见书》才知道强制拆除行为的实施主体,起诉期限应当从该日起算,理由不能成立。在公安机关已经明确告知其系房屋征收强拆时,博鑫厂就应当知道强制拆除行为系房屋征收相关行政机关实施的行政行为,完全有条件对沈河区政府、沈河区征收办提起本案行政诉讼。但是,博鑫厂不依法及时行使诉权,而是通过上访解决相关争议,属于自我放弃诉权的行为。博鑫厂该项申请再审理由不能成立。

二、关于6个月起诉期限的适用问题

2014年11月1日第十二届全国人民代表大会常务委员会第十一次会议通过的《全国人民代表大会常务委员会关于修改〈中华人民共和国行政诉讼法〉的决定》自2015年5月1日起施行。《最高人民法院关于执行〈中华人民共和国行政诉讼法〉若干问题的解释》第四十一条第一款规定:"行政机关作出具体行政行为时,未告知公民、法人或者其他组织诉权或者起诉期限的,起诉期限从公民、法人或者其他组织知道或者应当知道诉权或者起诉期限之日起计算,但从知道或者应当知道具体行政行为内容之日起最长不得超过2年。"《中华人民共和国行政诉讼法》第四十六条第一款规定:"公民、法人或者其他组织直接向人民法院提起诉讼的,应当自知道或者应当知道作出行政行为之日起六个月内提出。法律另有规定的除外。"最高人民法院认为,上述司法解释第四十一条第一款关于从知道或者应当知道行政行为内容之日起最长不超过2年的起诉期限规定,与修改后的《中华人民共和国行政诉讼法》第四十六条第一款关于从知道或者应当知道作出行政行为之日起六个月提起诉讼的起诉期限的规定相抵触。根据《最高人民法院关于适用〈中华人民共和国行政诉讼法〉若干问题的解释》第二十六条关于"2015年5月1日前起诉期限尚未届满的,适用修改后的《中华人民共和国行政诉讼法》关于起诉期限的规定"的规定,当事人在修改后的《中华人民共和国行政诉讼法》实施之后对新法实施之前的行政行为提起诉讼的，应当在法定2年内的剩余期限内提起诉讼，但是自修改后的《中华人民共和国行政诉讼法》实施之日起最长不得超过6个月；当事人在修改后的《中华人民共和国行政诉讼法》实施之前提起行政诉讼的，应当适用修改前的《中华人民共和国行政诉讼法》及其司法解释有关起诉期限的规定，即：在未告知诉权和起诉期限的情况下，仍应当适用最长不超过2年的起诉期限。博鑫厂于2015年2月1日提起本案之诉，修改后的《中华人民共和国行政诉讼法》尚未实施，应当适用修改前的《中华人民共和国行政诉讼法》及其司法解释有关2年起诉期限的规定。一审裁定适用修改后的《中华人民共和国行政诉讼法》第四十六条第一款规定，属适用法律错误，二审予以纠正是正确的。博鑫厂认为二审裁定适用《最高人民法院关于执行〈中华人民共和国行政诉讼法〉若干问题的解释》属适用法律错误，理由不能成立，本院不予支持。

三、关于行政争议的实质解决问题

应当指出的是，《国有土地上房屋征收与补偿条例》于2011年1月21日公布实施，其中一个重要的变化就是废止了行政强制拆迁。依据《国有土地上房屋征收与补偿条例》第二十八条的规定，被征收人在法定期限内不申请行政复议或者不提起行政诉讼，在补偿决定规定的期限内又不搬迁的，由作出房屋征收决定的市、县级人民政府依法申请人民法院强制执行。沈河区政府在既未作出补偿决定、也未向人民法院申请强制执行的情况下，实施行政强制拆迁行为，严重违反上述行政法规的规定。根据《国有土地上房屋征收与补偿条例》第二十六条的规定，房屋征收部门与被征收人在征收补偿方案确定的签约期限内达不成补偿协议的，由房屋征收部门报请作出房屋征收决定的市、县级人民政府依照征收补偿条例的规定，按照征收补偿方案作出补偿决定，并在房屋征收范围内予以公告。沈河区征收办在征收补偿方案确定的签约期限内未与博鑫厂达成补偿协议，应当依照上述规定报请沈河区政府及时作出补偿决定，以解决被征收人的安置补偿问题。沈河区政府、沈河区征收办至今仍未对涉案房屋作出征收补偿决定，违背了法律规定的保障被征收人合法权益的根本宗旨。沈河区政府应当根据征收补偿条例的规定，尽快对涉案房屋作出补偿决定，实质解决本案行政争议。

综上，博鑫厂的再审申请不符合《中华人民共和国行政诉讼法》第九十一条第（一）、（四）项规定的情形。依照《最高人民法院关于执行〈中华人民共和国行政诉讼法〉若干问题的解释》第七十四条的规定，裁定驳回博鑫厂的再审申请。

## 裁判解析

2015年5月1日后，《最高人民法院关于执行〈中华人民共和国行政诉讼法〉若干问题的解释》第四十一条关于未告知诉权和起诉期限情况下适用2年起诉期限的规定是否继续适用，是修改后的《中华人民共和国行政诉讼法》实施中争议最大的问题之一。部分法官认为，从保护诉权的角度考虑，应当继续适用，适时取消；另一部分法官认为，2年起诉期限的规定与修改后的《中华人民共和国行政诉讼法》6个月起诉期限的规定相冲突，不再适用。笔者同意后一种不再适用的观点。主要理由有：第一，《最高人民法院关于适用〈中华人民共和国行政诉讼法〉若干问题的解释》第二十六条作出明确规定，2015年5月1日前起诉期限尚未届满的，适用修改后的《中华人民共和国行政诉讼法》关于起诉期限的规定。修改后的《中华人民共和国行政诉讼法》不再有2年起诉期限的规定，只能适用6个月的规定。第二，《最高人民法院关于执行〈中华人民共和国行政诉讼法〉若干问题的解释》第四十一条规定与修改后的《中华人民共和国行政诉讼法》第四十六条规定相冲突。两者起诉期限的起算点都是知道或者应当知道行政行为内容之日，一个规定为2年有效起诉期限，一个规定为6个月起诉期限，两者不一致相互冲突，应当适用修改后的《中华人民共和国行政诉讼法》的规定。第三，修改后的《中华人民共和国行政诉讼法》吸收《最高人民法院关于执行〈中华人民共和国行政诉讼法〉若干问题的解释》第四十二条内容，未吸收第四十一条，表明对四十一条内容的否定态度。第四，司法解释关于2年起诉期限的规定有一定的历史原因，当时情况下法律关于起诉期限的规定十分混乱，老百姓普遍不知道如何起诉；

而今天起诉期限已经基本统一到《中华人民共和国行政诉讼法》的规定，老百姓对法律规定的起诉期限已经普遍知晓，继续要求行政机关告知诉权和起诉期限否则起诉期限延长至2年，有违法律公开告知内容老百姓不得以不知道为由予以对抗的守法基本原则。第五，对于颁证以及非行政相对人的当事人而言，行政机关根本不可能告知诉权和起诉期限，保留2年起诉期限不利于提高行政效率，也不利于鼓励当事人及时行使诉权，促进行政争议及时化解。第六，修改后的《中华人民共和国行政诉讼法》第四十八条规定："公民、法人或者其他组织因不可抗力或者其他不属于其自身的原因耽误起诉期限的，被耽误的时间不计算在起诉期限内。""公民、法人或者其他组织因前款规定以外的其他特殊情况耽误起诉期限的，在障碍消除后十日内，可以申请延长期限，是否准许由人民法院决定。"该条规定对特殊情况下当事人诉权保护已经作出规定，可以有效解决诉权保障问题。

【合议庭成员：郭修江　高　珂　董　华】

【主审法官：郭修江】

【执笔人：郭修江　陆　阳　熊俊勇】

# 二、审理规则

## ㉒ "其他起诉条件"的审查与释明问题

【裁判要旨】人民法院以案件不属于本院管辖为由,裁定不予立案或者驳回起诉的,应当对起诉是否符合其他法定条件一并审查。认为符合其他法定条件的,可以在裁定中释明,起诉人可以依法向有管辖权的法院起诉;认为起诉不符合其他法定条件的,也应在裁定中予以明确,避免起诉人向有管辖权的法院提起明显不符合起诉条件的诉讼。

最高人民法院案号:(2015)行终字第1号

上诉人(一审原告):辽宁中宇房地产开发有限公司。住所地:辽宁省沈阳市沈河区中山路355号。

法定代表人:范垂华,董事长。

辽宁中宇房地产开发有限公司(以下简称中宇公司)诉辽宁省沈阳市人民政府(以下简称沈阳市政府)、辽宁省沈阳市人民检察院暂扣、移交公司证件一案,辽宁省高级人民法院于2015年5月18日作出(2015)辽立行初字第00001号行政裁定,不予立案。中宇公司不服,向最高人民法院提起上诉。

**案件基本事实**:2015年5月11日,中宇公司以沈阳市政府、沈阳市检察院为被告,向辽宁省高级人民法院提起行政诉讼。其诉讼请求是:确认被告沈阳市政府于 2003 年 9 月 5 日作出的将暂扣的起诉人公司 19 件证件移交给沈阳市城乡建设委员会的会议处理决定违法；确认依据该处理决定被告沈阳市人民检察院将暂扣的起诉人公司 19 件证件移交给沈阳市城乡建设委员会的行为违法。

**一审裁定认为**：公民、法人或其他组织向人民法院提起行政诉讼，必须符合《中华人民共和国行政诉讼法》规定的起诉条件和级别管辖范围。本案起诉人是一家房地产开发公司，被诉的主体是沈阳市人民政府和沈阳市检察院，诉讼请求是确认沈阳市政府和沈阳市检察院的某个具体行为违法，没有证据表明该诉求属于《中华人民共和国行政诉讼法》第十六条规定的高级人民法院管辖的本辖区内重大、复杂的第一审行政案件。本案依法应由沈阳市中级人民法院立案管辖。在登记接收起诉人提交的起诉材料后，依法向起诉人中宇公司的法人代表范垂华释明了本案不属该院管辖问题，建议其到有管辖权的沈阳市中级人民法院起诉立案，但其坚持要求在辽宁省高级人民法院起诉立案（有笔录在卷）。依照《中华人民共和国行政诉讼法》第十五条第（一）、（三）项、第十六条、第四十九条第（四）项、第五十一条第（一）、（二）项之规定，裁定对中宇公司的起诉不予立案。

**中宇公司上诉称**：（1）本案系重大行政诉讼案件。被上诉人沈阳市政府和沈阳市人民检察院作为相当级别的机关，由上一级法院审理才能体现公正性。（2）本案系特别复杂的行政案件。案件涉及面广、诉讼标的额特别巨大，其审理结果直接影响到两起冤假错案的纠错处理，涉及上诉人数亿元资产的处理和归属，后果特别严重。（3）一审存在重大违法行为。根据《中华人民共和国行政诉讼法》第十六条规定，重大、复杂、标的额特别巨大的案件属于高级人民法院一审的案件，本案由高级人民法院一审有法律和公报案例依据。请求：撤销辽宁省高级人民法院（2015）辽立行初字第 00001 号裁定；裁定辽宁省高级人民法院立案受理或者指定北京市高级人民法院、上海市高级人民法院受理本案。

**最高人民法院经审理认为**：中宇公司一审诉讼请求有两个：一是确认沈阳市政府于2003年9月5日作出的将暂扣的中宇公司证件移交沈阳市城乡建设委员会的会议处理决定违法；二是确认沈阳市人民检察院依据该决定将暂扣的公司证件移交沈阳市城乡建设委员会的行为违法。结合中宇公司一审诉讼请求及上诉理由，对本案是否符合法定立案条件，分述如下：

一、关于确认沈阳市人民政府会议处理决定违法诉求

《最高人民法院关于行政诉讼证据若干问题的规定》第四条第一款规定："公民、法人或者其他组织向人民法院起诉时，应当提供其符合起诉条件的相应的证据材料。"也就是说，起诉人提起行政诉讼，应当对其起诉是否符合法定条件承担初步的证明责任。《中华人民共和国行政诉讼法》第四十九条第（三）项规定，提起诉讼应当符合下列条件："有具体的诉讼请求和事实根据。"所谓"具体的诉讼请求"前提是要有明确的被诉行政行为。起诉人提起行政诉讼应当初步证明被诉行政行为的存在。如果不能证明被诉行政行为的存在，起诉人的起诉不符合法定条件，人民法院应当依照《最高人民法院关于执行〈中华人民共和国行政诉讼法〉若干问题的解释》第四十四条第一款第（十一）项之规定，裁定不予受理；已经受理的，裁定驳回起诉。本案中，中宇公司一审请求"确认沈阳市政府于2003年9月5日作出的将暂扣中宇公司证件移交沈阳市城乡建设委员会的会议处理决定违法"，但是，并未提供充分证据证明沈阳市政府作出过相关的"会议处理决定"，其所提供的2009年12月3日沈阳市人民检察院向其出具的《检察机关处理信访事项答复意见书》也只能证明"2003年9月5日，联合调查组由中共沈阳市纪委牵头召开协调会……决定将暂扣证件移交市城乡建设管理委员会"，不能证明沈阳市政府曾就相关移交事项作出对外发生法律效力的行政决定。因此，中宇公司的该项起诉不符合起诉的法定条件，原审裁定不予受理的处理结果并无不当。

二、关于确认沈阳市人民检察院移交行为违法诉求

《中华人民共和国行政诉讼法》第二条规定："公民、法人或者其他组织认为行政机关和行政机关工作人员的行政行为侵犯其合法权益，有权依照本法向人民法院提起诉讼。""前款所称行政行为，包括法律、法规、规章授权

的组织作出的行政行为。"据此,行政诉讼中,只有依法享有行政职权的行政机关或者法律、法规、规章授权的组织实施的行为,才可能是《中华人民共和国行政诉讼法》规定的可诉的行政行为;只有行政机关和法律、法规、规章授权的组织,才可能成为行政诉讼的适格被告。中宇公司以沈阳市人民检察院为被告,对其移交暂扣物品的行为提起行政诉讼。根据上述规定,沈阳市人民检察院移交暂扣物品的行为不是行政行为,不属于人民法院行政诉讼受案范围;沈阳市人民检察院不是行政机关或者法律、法规、规章授权的组织,亦不是行政诉讼的适格被告。根据《最高人民法院关于执行〈中华人民共和国行政诉讼法〉若干问题的解释》第四十四条第一款第(一)、(十一)项的规定,本案一审对中宇公司的第二项诉讼请求裁定不予立案,结果亦无不当。

三、关于高级人民法院管辖一审案件的标准

《中华人民共和国行政诉讼法》第十六条规定:"高级人民法院管辖本辖区内重大、复杂的第一审行政案件。"对于条文中"重大、复杂",法律和司法解释并未作出明确界定和解释,高级人民法院应当根据案件的性质、疑难程度、规则价值、社会影响等,全面分析考量认定。由于法律规定的抽象性、原则性,本条规定实质是赋予了高级人民法院对何谓"本辖区内重大、复杂的第一审行政案件"一定程度的司法自由裁量权,上级法院一般应当尊重下级法院的判断。据此,中宇公司以被告为沈阳市政府、案情特别复杂、涉及面广、诉讼标的特别巨大等为由,主张本案应属高级人民法院管辖的"重大、复杂"的第一审行政案件,其理由是否成立,应属辽宁省高级人民法院的司法自由裁量权范畴。二审中,上诉人未提出新的、更有说服力的事实和理由,本院对一审裁定理由和结果应予维持。当然,就本案而言,一审未对本案起诉人的起诉是否有具体的诉讼请求和事实根据、被告是否适格、起诉事项是否属于人民法院受案范围等事关中宇公司起诉成立与否的其他法定条件进行审查,确有不妥,本院予以纠正。

综上,一审裁定认定事实清楚,适用法律、法规正确,应予维持。中宇公司的上诉理由不能成立。依照《中华人民共和国行政诉讼法》第八十九条第一款第(一)项之规定,裁定驳回上诉,维持原裁定。

### 裁判解析

根据《中华人民共和国行政诉讼法》第十六条规定，高级人民法院管辖本辖区内重大、复杂的第一审行政案件。"本辖区内重大、复杂的第一审行政案件"属于受理案件的人民法院的司法自由裁量权，上级法院一般应当尊重下级法院的判断。当事人起诉不符合级别管辖规定的，人民法院可以裁定不予立案，告知当事人向享有管辖权的人民法院提起行政诉讼。但是，当事人的起诉不仅不符合级别管辖的规定，也不符合其他起诉条件的，人民法院应当一并对其他相关条件予以说明，不再告知当事人向有管辖权的人民法院起诉，以减少不必要的诉讼活动，节约司法成本。本案中，中宇公司的起诉不仅不符合级别管辖的规定，同时也不符合其他起诉条件。关于确认沈阳市政府会议处理决定违法诉求，中宇公司起诉时不能证明被诉行政行为的存在，诉讼请求不明确；请求确认沈阳市人民检察院移交行为违法，不属于行政诉讼的受案范围。在此情形下，仅以不属于高级人民法院管辖的第一审行政案件为由，裁定不予立案，当事人在本案审结之后，再向有管辖权的中级人民法院提起诉讼，由有管辖权的中级人民法院再以诉讼请求不明确、起诉事项不属于行政诉讼受案范围为由裁定不予立案，又一次经过一、二审，纯属浪费司法资源。因此，在本案中对是否符合其他起诉条件一并阐述，更有利于减少当事人的累诉，节约司法资源。

【合议庭成员：郭修江　范向阳　董　华】

【主审法官：郭修江】

【执笔人：郭修江　陆　阳　熊俊勇】

## 23 不予立案或驳回起诉裁定中
## 对当事人诉讼请求的释明与引导

【裁判要旨】为及时有效化解行政争议，人民法院可以在不予立案或者驳回起诉裁定中，对行政机关应当履行的法定职责予以必要阐述，引导当事人另行对最有利于行政争议实质化解的行政行为提起诉讼。

最高人民法院案号：（2015）行终字第 2 号

上诉人（一审原告）：赵素琴。

赵素琴诉辽宁省沈阳市公安局皇姑区公安分局（以下简称皇姑区公安分局）、辽宁省锦州市黑山县公安局不履行更正户籍登记信息、提供出生日期证明文件一案，辽宁省高级人民法院于 2015 年 5 月 29 日作出（2015）辽立行初字第 00002 号行政裁定，不予立案。赵素琴不服，向最高人民法院提起上诉。

**案件基本事实**：2015 年 5 月 25 日，赵素琴以辽宁省沈阳市公安局皇姑区公安分局、辽宁省锦州市黑山县公安局为被告，向辽宁省高级人民法院提起行政诉讼。其诉讼请求是：（1）判令被告辽宁省锦州市黑山县公安局提供原告户口底卡或其他证明原告出生日期的证明；（2）判令被告皇姑区公安分局签发原告 1953 年 5 月 4 日出生的身份证并修改原告的户口簿登记信息。

**一审裁定认为**：公民、法人或其他组织向人民法院提起行政诉讼，必须符合《中华人民共和国行政诉讼法》规定的起诉条件和级别管辖范围。本案起诉人是一个普通公民，被诉的主体是皇姑区公安分局和黑山县公安局，诉讼请求是要求皇姑区公安分局、黑山县公安局履行法定职责，不属于《中华人民共和国行政诉讼法》第十六条规定的高级人民法院管辖的本辖区内重大、复杂的第一审行政案件。在登记接收起诉人提交的起诉材料后，依法向赵素琴释明了本案不属高级人民法院管辖，建议其到有管辖权的沈阳市和平区人民法院起诉立案（沈阳市法院系统实施行政案件交叉管辖，皇姑区人民法院管辖的行政案件由和平区人民法院管辖）。又与沈阳市和平区人民法院取得联系安排专人接待，但其坚持要求在辽宁省高级人民法院起诉立案（有笔录在卷）。依照《中华人民共和国行政诉讼法》第十六条、第四十九条第（四）项、第五十一条第（一）、（二）项之规定，裁定对赵素琴的起诉不予立案。

**赵素琴上诉称**：被上诉人锦州市黑山县公安局和皇姑区公安分局共同的错误行为造成上诉人居民身份证信息和户口信息错误。从办理二代身份证开始，上诉人就一直在要求两个被上诉人共同作为，为上诉人修正信息，但是至今未获答复。两个公安局互相推脱，单起诉一个被上诉人，不能解决实际问题。且两个共同被上诉人已经跨辽宁省内两个不同地级市的辖区，所以上诉人认为应由辽宁省高级人民法院管辖。请求：撤销辽宁省高级人民法院（2015）辽立行初字第00002号行政裁定书，并受理本案。

**最高人民法院经审理认为**：根据《中华人民共和国行政诉讼法》第十四条、第十五条和第十六条的规定，第一审行政案件由基层人民法院管辖，中级人民法院管辖国务院部门或者县级以上地方人民政府、海关为被告的案件以及辖区内重大复杂的第一审行政案件，高级人民法院管辖本辖区内重大、复杂的第一审行政案件。就本案而言，并非辽宁省辖区内重大、复杂的第一审行政案件，也不属于法律规定必须由中级人民法院管辖的一审行政案件。按照行政案件级别管辖的规定，本案应该由基层人民法院管辖，赵素琴应当向皇姑区人民法院提起诉讼，请求人民法院判令皇姑区公安分局履行更正其户籍年龄法定义务。赵素琴坚持向辽宁省高级人民法院提起行政诉讼，违反了行政案件级别管辖的规定。根据《中华人民共和国行政诉讼法》第四十九条第（四）项规定，提起诉讼应当符合下列条件：案件属于人民法院受案范围和受诉人民法院的管辖。起诉人向没有管辖权的人民法院提起行政诉讼，不符合法定的起诉要件。《最高人民法院关于执行〈中华人民共和国行政诉讼法〉若干问题的解释》还规定，对起诉不符合法定要件的，应当裁定不予受理；已经受理的，裁定驳回起诉。因此，一审对赵素琴的起诉裁定不予立案，于法有据，本院予以支持。

本案赵素琴一审诉讼请求有两个：一是请求判令锦州市黑山县公安局提供赵素琴户口底卡或者其他证明赵素琴出生日期的证明；二是请求判令皇姑区公安分局更正赵素琴户籍登记信息核发信息正确的身份证。两个诉讼请求实质就是一个：请求皇姑区公安分局更正赵素琴的户籍年龄信息。另一个诉讼请求只是应皇姑区公安分局的要求，为证明请求更正户籍年龄信息具有正当性，以诉讼形式表现出来的调查取证行为。本院认为，当事人基于正当理由就更正户籍年龄信息提出申请，公安机关受理后，核实当事人真实年龄相关事实，是受理案件公安机关的法定义务，公安机关不得将相应的调查取证义务转嫁给行政相对人。基于此，若非出于赵素琴本人的完全自愿，本案第二个诉讼请求没有存在的必要。皇姑区公安分局在受理赵素琴请求更正户籍年龄信息的申请后，应当就赵素琴实际出生年月依职权主动进行调查核实。

综上，一审裁定认定事实清楚，适用法律、法规正确，应予维持。赵素琴的上诉理由不能成立。依照《中华人民共和国行政诉讼法》第八十九条第一款第（一）项之规定，裁定驳回上诉，维持原裁定。

### 裁判解析

本案起诉人赵素琴有两个诉讼请求，第一项诉讼请求判令锦州市黑山县公安局提供赵素琴户口底卡或者其他证明赵素琴出生日期的证明，完全是为其第二个诉讼请求判令皇姑区公安分局更正赵素琴户籍登记信息服务的，是为了给第二个诉讼请求提供证据。当事人要求公安机关更正户籍信息，并已经提供初步证据证明户籍登记事项可能存在错误的，公安机关应当依职权进行调查核实，而不是简单要求当事人进一步提供证据，转嫁自身职责义务。为此，本案二审裁定不是简单对一审裁定理由予以审理认定，而是同时对赵素琴的两个诉讼请求分别进行审查，对公安机关的职责义务予以明确，避免赵素琴向有管辖权的人民法院提起诉讼时再走弯路，减少不必要的诉讼活动。

【合议庭成员：郭修江　范向阳　董　华】

【主审法官：郭修江】

【执笔人：郭修江　陆　阳　熊俊勇】

## 24 全面审查与争议焦点审查

【**裁判要旨**】人民法院在对被诉行政行为合法性全面审查的基础上，应当对当事人的争议焦点问题进行重点阐述，有理有据，以理服人，提高裁判文书的说理性，增强裁判文书服判息诉的功能作用。

最高人民法院案号：（2015）行监字第40号

再审申请人（一审原告、二审上诉人）：卢柏钧。

再审申请人（一审原告、二审上诉人）：张素清。

再审申请人（一审原告、二审上诉人）：刘恩学。

被申请人（一审被告、二审被上诉人）：辽宁省大洼县人民政府。住所地：辽宁省大洼县大洼镇。

法定代表人：陈林松，县长。

一审原告、二审上诉人：郭耀峰。

卢柏钧、张素清、刘恩学（以下简称卢柏钧等3人）与一审原告郭耀峰诉辽宁省盘锦市大洼县人民政府（以下简称大洼县政府）征收行政决定一案，辽宁省盘锦市中级人民法院于2014年1月8日作出（2013）盘中行初字第5号行政判决，驳回卢柏钧、张素清、刘恩学、郭耀峰4人的诉讼请求。卢柏钧等3人不服上诉，辽宁省高级人民法院于2014年6月10日作出（2014）辽行终字第65号行政判决，驳回上诉，维持原判。卢柏钧等3人仍不服，申请再审。

**案件基本事实**：2011年9月2日，大洼县政府批准庄林路双庙桥至杜田线两侧实施绿化建设项目，305国道两侧绿化带建设属于该项目中的一段。大洼县国有土地上房屋征收办公室负责该项目的房屋征收等工作，大洼县城乡建设监察大队受大洼县国有土地上房屋征收办公室委托实施房屋征收。在选定评估机构及确定委托征收实施主体后，大洼县国有土地上房屋征收办公室作出《庄林路双庙桥至杜田线两侧实施绿化项目房屋征收补偿方案（征求意见稿）》，并于2011年9月27日分别在大洼县田家镇文化广场、田家镇霍田路口北侧的广告牌上、305国道西三金社裕农乡村百货超市连锁NO.31正门北侧及大洼县城市建设监察大队正门北侧等处悬挂公示。大洼县发展和改革局以批复的形式同意大洼县305国道两侧绿化带建设工程项目，大洼县国土资源局、大洼县住房和城乡建设局分别以说明的形式证明305国道两侧绿化带建设工程符合大洼县土地利用总体规划、城乡规划。受托的大洼县城乡建设监察大队对相关的被征收人员的房屋等情况进行了调查登记，由大洼县财政局出具了资信证明。大洼县政府作出了《大洼县305国道两侧绿化项目建设房屋征收社会稳定风险评估报告》。2011年10月27日，大洼县国有土地上房屋征收办公室向大洼县政府报送了《关于庄林路双庙桥至杜田线两侧实施绿化项目房屋征收补偿方案征求意见的情况说明》，说明在法定期间内未收到不同意见及对征收补偿方案征求意见稿没有修改等情况。同日，大洼县政府对大洼县国有土地上房屋征收办公室分别作出了《关于庄林路双庙桥至杜田线两侧实施绿化项目房屋征收补偿方案的批复》及《关于庄林路双庙桥至杜田线两侧绿化项目建设实施房屋征收决定的批复》。2011年10月28日，大洼县政府作出了《大洼县人民政府房屋征收决定公告》[大政房征字（2011）07号]，即本案被诉征收决定，明确了相关内容，交代了救济途径和期限，并于当日在征收范围内予以张贴公告。另查，卢柏钧、张素清、刘恩学、郭耀峰4人的房屋坐落于该征收的范围内。征收决定作出后，卢柏钧、张素清、刘恩学、郭耀峰4人向盘锦市人民政府提出复议申请，请求撤销大洼县政府作出的征收决定。盘锦市人民政府作出盘政行复字（2012）20号行政复议决定，维持大洼县政府的征收决定。再查，大洼县305国道两侧的绿化项目有的地段已经完工，有的地段正在建设中。卢柏钧、张素清、刘恩学、郭耀峰4人的房屋未被拆除。

**一审判决认为**：大洼县政府作为县一级人民政府，具备房屋征收主体资格。大洼县国有土地上房屋征收办公室作为房屋征收工作职能部门，委托县城乡建设监察大队具体实施房屋征收，符合法律法规规定。本案征收项目属于公共利益范围，纳入大洼县国民经济和社会发展第十二个五年规划，符合大洼县土地利用总规划；征收补偿方案经过论证，并公布征求公众意见、报政府批复同意，并在房屋征收决定公告中一并公布；作出房屋征收决定前，大洼县政府履行了社会稳定风险评估，尽管由大洼县财政局出具的资信证明不能证明补偿费用足额到位、专户存储、专款专用，但255户被征收人中，有236户已达成协议并实际领取补偿款的事实，能够证明补偿费用足额到位。依照《最高人民法院关于执行〈中华人民共和国行政诉讼法〉若干问题的解释》第五十六条第（四）项的规定，判决驳回卢柏均等4人的诉讼请求。

**二审判决认为**：涉案征收目的是对305国道的改造和两侧绿化，属于公共利益的需要，符合法定的征收条件。大洼县财政局出具的资信证明虽然不具有完全的证明力，但项目涉及大洼县的被征收人255户，有236户已经达成协议并实际领取补偿款的事实，能够补强证明补偿费用足额到位。社会稳定风险评估报告符合法律规定，上诉人主张该报告应由第三方出具，没有法律依据。虽然被上诉人没有提供证据证明征收补偿方案经过有关部门论证，但其对被征收人的实质利益并未造成实际影响，应认定为存在程序瑕疵。郭耀峰申请撤回上诉，另行处理。依照《中华人民共和国行政诉讼法》第六十一条第（一）项的规定，判决驳回上诉，维持一审判决。

**卢柏钧等3人申请再审称**：（1）（2011）洼证内字第3207号公证书（以下简称第3207号公证书）不能证明征收补偿方案已经公告，更不能证明补偿方案已经征求公众意见。该公证书的作出只经由公证员一人，公证书载明事项为证据保全，违反《公证程序规则》第五十四条第一款、第五条第一款和《中华人民共和国公证法》第三十二条第一款关于证据保全公证必须由两个公证员共同作出的规定，是违法无效的公证。（2）征收补偿方案征求意见时间为2011年9月27日至2011年10月27日，而被申请人作出征收补偿方案和征收决定批复的时间是2011年10月27日，违反征求意见应当至少30日的规定。（3）《国有土地上房屋征收与补偿条例》（以下简称《征补条例》）规定，征收补偿方案要及时公布，征求意见情况及修改情况也要及时公布。被申请人未提供公布征求意见及修改情况的证据。（4）被申请人提供的（2011）注证内字第4179号公证书（以下简称第4179号公证书）及附件反复装订，真实性存疑，缺少公证记录和光盘，参加人员亦未到庭，不能证明调查摸底及公告情况。（5）被申请人证明补偿款足额到位、专户储蓄、专款专用的证据是大洼县财政局出具的资信证明，没有金融机构提供、标明具体资金数额的证明文件，一审、二审判决却以多数被征收人已实际领取补偿款为由推论补偿款足额到位，违背司法中立原则。（6）房屋征收的风险评估报告应当由第三方出具，被申请人不能自行进行社会稳定风险评估。（7）《征补条例》第九条规定："依照本条例第八条规定，确需征收房屋的各项建设活动，应当符合国民经济和社会发展规划、土地利用总体规划、城乡规划和专项规划。"本案中，被申请人只提供了四个规划中的两个。请求撤销一、二审判决，依法改判或发回重审。

**最高人民法院经审查认为：**大洼县政府为落实305国道两侧绿化项目公共利益的需要，根据《征补条例》第二条、第八条至第十五条规定，将项目纳入县国民经济和社会发展规划，经相关职能部门审查项目符合土地利用总体规划和城乡规划，由县房屋征收部门拟定征收补偿方案，对征收补偿方案予以公布征求公众意见，对房屋征收范围内房屋的权属、区位、用途、建筑面积等情况组织调查登记，进行社会稳定风险评估，最终作出被诉房屋征收决定。该被诉征收决定行为主要事实清楚，适用法律、法规正确，行政程序基本合法，原审判决驳回原告诉讼请求并无不当。卢柏钧等3人申请再审的理由不能成立。

一、关于第3207号公证书的证明效力问题

《公证程序规则》第五十四条规定，公证机构派员外出办理保全证据公证的，由二人共同办理，承办公证员应当亲自外出办理。《中华人民共和国公证法》第四十条的规定，当事人、公证事项的利害关系人对公证书的内容有争议的，

可以就该争议向人民法院提起民事诉讼。本案中，第 3207 号公证书明确记载：除公证员本人外，公证人员刘龙坤及大洼县城乡建设监察大队工作人员任仲、孟祥武，于 2011 年 9 月 27 日下午将涉案征收补偿方案悬挂在大洼县田家镇文化广场、田家镇霍田路口北侧道西、305 国道西三金社裕农乡村百货超市连锁 NO.31 正门北侧、大洼县城市建设监察大队正门北侧等处予以公示。同时，第 3207 号公证书至今未经法院判决撤销或者宣布无效。上述事实足以证明，第 3207 号公证书依然属于合法有效的公证文书，根据该公证书记载内容，卢柏钧等 3 人主张该公证书仅由一名公证员作出，因而违法、无效，没有事实根据。同理，第 4179 号公证书及附件至今未经人民法院判决撤销或者宣布无效，其所记载的大洼县城乡建设监察大队对征收范围内房屋进行摸底调查以及挂牌公示的事实足以认定。卢柏钧等 3 人主张第 4179 号公证书不具有证明效力，亦无事实根据。

二、关于征收补偿方案征求意见期间是否未满问题

《征补条例》第十条第二款规定，对征收补偿方案的"征求意见期限不得少于 30 日"。本案自 2011 年 9 月 27 日公告征收补偿方案之日起算，至 2011 年 10 月 27 日大洼县政府作出征收补偿方案和征收决定批复之日，征求对征收补偿方案意见 30 日的法定期间已届满。故再审申请人关于征收补偿方案征求意见的期间未满的主张，与事实不符。

三、关于征收补偿方案征求意见及修改情况公布问题

根据《征补条例》第十一条规定，市、县级人民政府应当将对征收补偿方案的征求意见情况和根据公众意见修改的情况及时公布。因此，无论是否收到公众对征收补偿方案的不同意见、征收补偿方案是否修改，公布对征收补偿方案征求意见及修改的情况，都是市县人民政府的法定义务。本案中，大洼县政府未提供证据证明对征收补偿方案征求意见及修改情况予以公布，应认定行政程序不当。但是，该行政程序不当未对当事人合法权益产生实质性不利影响，故不能构成本案进入再审的法定事由。

四、关于征收补偿费用资信证明形式问题

《征补条例》第十二条第二款规定，作出房屋征收决定前，征收补偿费用应当足额到位、专户存储、专款专用。行政诉讼中，作为被告的市县人民

政府提供何种形式的证据，才能够有效证明其在作出征收决定之前征收补偿费用已经足额到位、专户存储、专款专用。本院认为，通常情况下，市县人民政府应当提供金融机构出具的相关资信证明，由市县人民政府所属财政部门出具证明，自证其事，证明效力明显不足。但是，本案中，绝大多数被征收人已与大洼县政府征收部门达成征收补偿协议且已实际领取补偿款，该项事实确实能够证明本案征收不存在补偿费用不足的问题。据此，大洼县政府对征收补偿费用相关事实举证不足，以及原审证据审查不严的问题，并未对当事人的合法权益产生实质不利影响，卢柏钧等3人以此主张本案应予再审，理由不能成立。

五、关于社会稳定风险评估报告的制作主体问题

《征补条例》第十二条第一款规定，市、县级人民政府作出房屋征收决定前，应当按照有关规定进行社会稳定风险评估。也就是说，进行社会风险评估，是市县人民政府的法定职责。社会风险评估不是专业技术评估，依法应当由市县人民政府作出。故卢柏钧等3人主张社会风险评估应由第三方作出，没有法律依据。

六、关于征收是否符合规划问题

《征补条例》第九条规定，依照本条例第八条规定，确需征收房屋的各项建设活动，应当符合国民经济和社会发展规划、土地利用总体规划、城乡规划和专项规划。本案中，大洼县政府在一审诉讼阶段提交了大发改发（2011）198号文件、大国土资字（2011）76号文件、大住建发（2011）118号文件，用以证明涉案305国道两侧绿化带建设项目符合《大洼县国民经济和社会发展第十二个五年规划纲要》《大洼县土地利用总规划（2006-2020）》《大洼县城乡总体规划（2009-2030）》。而专项规划应是指在全局、常规的规划之外，根据特定目的、针对特定项目所进行的规划，不具有普适性。本案系305国道两侧绿化项目，并未涉及专项规划问题。故卢柏钧等3人的该项申请再审理由不能成立。

综上，卢柏钧等3人的再审申请不符合《中华人民共和国行政诉讼法》第九十一条第（三）、（五）项规定的情形。依照《最高人民法院关于执行〈中华人民共和国行政诉讼法〉若干问题的解释》第七十四条的规定，裁定驳回

卢柏钧、张素清、刘恩学的再审申请。

**裁判解析**

人民法院对被诉行政行为的合法性全面审查，不受当事人诉讼请求和理由的限制。这是人民法院审理行政案件的基本思路。但是，在具体案件的审理中，为了实质性化解行政争议，对于当事人争议的与被诉行政行为合法性紧密关联的焦点问题，仍然应当是人民法院庭审和裁判文书审理的重点。只有对当事人争议的焦点问题一一作出明确阐释，才有可能让双方当事人明确是非曲直，在个案中实现《中华人民共和国行政诉讼法》规定的监督行政机关依法行政、保护公民、法人和其他组织的合法权益、化解行政争议三大诉讼目的的有机统一。本案中，卢柏钧等人对大洼县政府作出的征收决定提起诉讼，申请再审过程中，对征收决定的合法性提出了一系列的质疑，为有效化解行政争议，驳回再审申请裁定书对争议问题注意进行评述，不仅让再审申请人等人明白其申请再审不能成立的理由，同时也让被申请人大洼县政府明白其行政行为存在的不足，促进行政机关依法行政。

【合议庭成员：郭修江　范向阳　汪国献】

【主审法官：郭修江】

【执笔人：郭修江　陆　阳　熊俊勇】

## 25 普通共同诉讼的合并审理

【裁判要旨】普通的共同诉讼，人民法院认为不宜一案受理，经释明当事人坚持一案起诉的，人民法院可以根据《最高人民法院关于执行〈中华人民共和国行政诉讼法〉若干问题的解释》第四十四条第（十一）项"起诉不具备其他法定要件的"规定，裁定驳回起诉，但应当在裁定理由部分阐明。如果当事人同意一案一诉并符合其他起诉条件再次起诉的，人民法院应当予以受理，二审对此类裁定应当予以维持。如果一审阐述不明确，二审裁定可以在维持一审裁定结果的同时，在理由部分予以补充阐释，不必撤销一审裁定。

如果二审裁定撤销一审不予受理裁定，在裁定结果部分指令下级法院对同意一案一诉的当事人的起诉立案受理的，再审人民法院亦没有必要纠正。

**最高人民法院案号：（2015）行监字第41号**

再审申请人（一审原告、二审上诉人）：王佰春等24人。

上述24位再审申请人的诉讼代表人孙世云。

被申请人（一审被告、二审被上诉人）：辽宁省沈阳市和平区人民政府。

住所地：辽宁省沈阳市和平区十一纬路76号。

法定代表人：田家，区长。

王佰春等39人诉辽宁省沈阳市和平区人民政府（以下简称和平区政府）强制拆除一案，沈阳市中级人民法院于2013年2月16日作出（2013）沈行初字第12号行政裁定，驳回起诉。王佰春等人不服上诉，辽宁省高级人民法院于2013年6月25日作出（2013）辽行终字第125号行政裁定，撤销一审裁定，指令沈阳市中级人民法院依法对王佰春等39人的起诉立案受理。王佰春等24人申请再审。

**案件基本事实**：王佰春等人一审诉称，2010年9月30日，和平区政府发布沈和拆公（2010）5号《征地拆迁公告》，称根据区政府的统一部署，决定对长白街道西夹河地区进行土地整理及房屋拆迁，原告房屋均在该拆迁范围内，但未与动迁单位达成拆迁协议。2011年1月，和平区政府在没有履行任何合法程序的情况下，将王佰春等人的房屋予以强制拆除，超越职权，没有事实和法律依据，违反正当程序，侵害了原告的合法权益。请求确认和平区政府2011年1月实施的强制拆除原告房屋的行为违法。

**一审裁定认为**：王佰春等39人系不同的行政相对人，实质为39个案件，应分别立案审理，王佰春等39人拒绝变更，起诉不符合法定条件。依照《最高人民法院关于执行〈中华人民共和国行政诉讼法〉若干问题的解释》第四十四条第一款第（十一）项规定，裁定驳回原告的起诉。

**二审裁定认为**：和平区政府针对王佰春等39人实施的强制拆除行为，系同类行政行为，而非同一行政行为，故应当分别立案。一审在王佰春等39人坚持不同意分别立案的情况下，裁定驳回起诉没有法律依据，王佰春等39人坚持要求立为一个案件，亦没有法律依据。本案应当分别立39个案件，可以合并审理。依照《中华人民共和国行政诉讼法》裁定撤销一审裁定，指令沈阳市中级人民法院依法对王佰春等39人的起诉立案受理。

**王佰春等39人申请再审称**：（1）和平区政府实施的强制拆除行为在时间、性质、结果上都是同一的或同样的行为，且24名申请人在该案中都是同一诉讼请求，应为共同诉讼。（2）二审裁定适用法律错误。二审将一审驳回起诉的裁定认定为不予受理的裁定，混淆了两者的区别。"不予立案"并未立案，而"驳回起诉"是已经立案了；一审法院对于二审撤销一审驳回起诉的裁定，裁定继续审理的案件无须再进行是否立案的程序审查。请求撤销二审裁定第（二）项，指令沈阳市中级人民法院继续审理。

**最高人民法院经审查认为：**根据修改前的《中华人民共和国行政诉讼法》第二十六条规定，当事人一方或者双方为二人以上，因同一具体行政行为发生的行政案件，或者因同样的具体行政行为发生的行政案件、人民法院认为可以合并审理的，为共同诉讼。也就是说，共同诉讼必须具备两个条件：一是一方或者双方当事人人数在两人以上，且被诉行政行为为同一个或者同一类；二是人民法院认为可以合并审理。两个条件缺一不可。原则上，被诉行政行为为同一个行政行为的，属于必要的共同诉讼，人民法院应当合并审理；被诉行政行为为同一类行政行为的，属于普通共同诉讼，由人民法院根据案件具体情况决定是否合并审理。和平区政府于2011年1月间对王佰春等人的房屋实施了强制拆除行为，被拆除的房屋分属不同的所有人，且具体拆除时间与实际拆除情况不尽相同，造成被拆迁人的损失亦各有区别。故和平区政府对王佰春等人房屋实施的强制拆除行为，不是同一个行政行为，而是同一类行政行为。一、二审法院对王佰春等人就同类行政强制拆除行为提起的诉讼，经审查认为不应合并一案立案审理，应当分别起诉、分别立案，是依法行使法律赋予人民法院裁量权的表现，不违反法律规定。因此，王佰春等人主张本案属共同诉讼，人民法院应当合并审理，没有法律根据，本院不予支持。

根据《最高人民法院关于执行〈中华人民共和国行政诉讼法〉若干问题的解释》第六十八条规定，第二审人民法院经审理认为原审人民法院不予受理或者驳回起诉的裁定确有错误，且起诉符合法定条件的，应当裁定撤销原审人民法院的裁定，指令原审人民法院依法立案受理或者继续审理。该条规定包括两层含义，即二审人民法院对于一审不予受理裁定确有错误的，指令一审人民法院立案受理；对于驳回起诉裁定确有错误的，指令一审法院继续审理。就本案而言，辽宁省高级人民法院二审认为，王佰春等人对同类行政行为提起的诉讼应当分别立案，坚持一案起诉合并审理没有法律根据；同时认为一审在高波涛等被拆迁人坚持不分别起诉、立案的情况下裁定驳回原告起诉亦没有法律根据。在此情形下，二审如果依照上述司法解释规定裁定撤销一审驳回起诉裁定,指令一审人民法院继续审理,将与其"本案应当分别起诉、分别立案"的裁判理由直接抵触。鉴于此,二审裁定在撤销一审驳回起诉裁定的同时,指令沈阳市中级人民法院对王佰春等人的分别起诉应当予以立案受理,实现了裁判结果与理由的一致。最高人民法院认为,二审裁定结果符合《中华人民共和国行政诉讼法》保护当事人诉权的基本原则,填补了司法解释的空白,不违反司法解释的规定。而且,从本案的现实情况来看,也难以裁定指令一审人民法院继续审理。在本案二审裁定作出后,部分当事人已经按照生效裁定的要求,向沈阳市中级人民法院分别起诉、分别立案审理,案件也经沈阳市中级人民法院、辽宁省高级人民法院审理后作出生效裁判。同时,考虑到本案直接涉及被拆迁人的房屋损失、屋内物品损失、租房损失等重大财产利益,被拆迁人各自分别对和平区政府强制拆迁行为依法提起行政诉讼时,一并提起行政赔偿诉讼,更有利于对被拆迁人实体合法权益的保护。因此,最高人民法院对王佰春等人主张二审裁定适用法律错误的申请再审理由,亦不予支持。

综上,申请人的再审申请不符合《中华人民共和国行政诉讼法》第九十一条第(四)项规定的情形。依照《最高人民法院关于执行〈中华人民共和国行政诉讼法〉若干问题的解释》第七十四条的规定,裁定驳回高波涛等人的再审申请。

### 裁判解析

本案涉及的主要问题是当事人就行政机关实施的强制拆迁行为提起诉讼的,是否属于对同一行政行为提起的诉讼,是否应当合并审理。行政机关在同一时间段,分别对当事人各自的、连片的房屋实施了强制拆除,究竟属于一个行政行为,还是数个同类行政行为,确实存在认识上的分歧。为避免行政赔偿问题的复杂化,认定为数个同类行政行为更有说服力。在此情形下,当事人对数个同类行政行为共同提起行政诉讼,是否合并审理,属于人民法院的司法裁量权。人民法院认为,不应当合并审理,要求当事人分别起诉,当事人不分别起诉的,不符合行政诉讼法规定的其他起诉条件,人民法院可以依法裁定驳回起诉。

本案中，一审裁定原本没有实质性错误，只是在驳回起诉裁定中，应当明确当事人还可以单独就和平区政府对其各自房屋实施强制拆除的行为分别提起行政诉讼。且在一审未交代清楚的情形下，二审在说理部分补充交代清楚即可，确实没有必要撤销一审裁定。但是，本案二审担心驳回起诉后，各位当事人分别起诉，人民法院会以重复起诉为由亦不受理，因此撤销一审裁定，在裁定结论部分明确分别起诉应当予以受理。二审裁判方式具有一定创新意义，亦不存在明显违法的情况。在一、二审裁定均无明显违法的情况下，审查申请再审的人民法院，应当从维护生效裁判权威性的角度，维护二审裁定的效力。正因如此，本案最终作出了驳回当事人再审申请的裁定。当然，如果本案二审裁定是在说理部分明确当事人分别起诉人民法院应当依法予以受理，驳回上诉维持一审裁定的，同样应当驳回当事人的再审申请。

【合议庭成员：郭修江　汪国献　李明义】

【主审法官：郭修江】

【执笔人：郭修江　陆　阳　熊俊勇】

## 26 原告对被诉行政行为的初步证明责任

■ 【裁判要旨】在强制拆除房屋案件中,原告应当对被告是否适格问题承担初步证明责任。但是,如果行政机关已经发布征收决定,或者作出违法建筑确认决定的,原则上推定作出征收决定或者违法建筑确认决定的行政机关是强制拆除机关。除非作出决定机关有证据证明强制拆除行为确属其他相关部门或者组织所为。

最高人民法院案号:(2015)行监字第70号

再审申请人(一审原告、二审上诉人):辽宁省大连万达制衣有限公司。住所地:辽宁省大连市中山区青云进展巷45号。

法定代表人:杨红,总经理。

委托代理人:卢士才,公司法律顾问。

委托代理人:王春才,辽宁仁凯律师事务所律师。

被申请人:辽宁省大连市中山区人民政府。住所地:辽宁省大连市中山区一德街83号。

法定代表人:张淑华,区长。

辽宁省大连万达制衣有限公司(以下简称万达制衣公司)诉辽宁省大连市中山区人民政府(以下简称中山区政府)强制拆除违法建筑并行政赔偿一案,大连市中级人民法院于2014年6月20日作出(2014)大行初字第18号行政裁定,驳回原告诉讼请求。万达制衣公司不服上诉,辽宁省高级人民法院于2014年9月22日作出(2014)辽行终字第00204号行政裁定,驳回上诉,维持原裁定。万达制衣公司申请再审。

**案件基本事实**：2012年4月18日，万达制衣公司使用的位于大连市中山区青云街进展巷45号厂房被强制拆除，该厂房坐落于中山区青云小学工厂所有的土地上，土地地址为中山区进展巷44号。中山区政府当庭提供大连市城市管理行政执法局（以下简称大连市执法局）作出的大执法行拆决字（2012）0001号强制拆除决定书一份，该强制拆除决定书内容为：你单位（中山区青云小学）于1996年在中山区进展巷44号，未经批准进行临时建设的行为，违反了《大连市城乡规划条例》第六十六条第（一）项的规定，已责令你单位于2011年11月22日前将此违章建筑物、构筑物或其他设施无偿拆除，但至今未予拆除。现根据《大连市城乡规划条例》第六十八条的规定，决定强制拆除此建筑物、构筑物或其他设施。由此产生的费用及造成的经济损失，由你单位承担。

**一审裁定认为**：万达制衣公司起诉的行政行为系拆除房屋行政强制行为，其提供的视频资料等证据不足以证明中山区政府为实施拆除房屋行政强制行为的行政机关，故万达制衣公司所起诉的被告不适格。审理中，已告知万达制衣公司变更被告，其不同意变更，对其起诉依法应当予以驳回。依照《最高人民法院关于执行〈中华人民共和国行政诉讼法〉若干问题的解释》第二十三条第一款、第三十二条第二款、第四十四条第一款第（三）项的规定，裁定驳回万达制衣公司的起诉。

**二审裁定认为**：经庭审质证，万达制衣公司认可一审对其释明变更被告的笔录，该笔录告知万达制衣公司，中山区政府提供证据证明大连市执法局应为本案适格被告，万达制衣公司坚持不变更被告。根据《最高人民法院关于执行〈中华人民共和国行政诉讼法〉若干问题的解释》第二十三条第一款的规定，一审裁定驳回万达制衣公司的起诉正确。依照《中华人民共和国行政诉讼法》第六十一条第（一）项的规定，裁定驳回上诉，维持原裁定。

**申请再审理由**：(1) 一、二审认定大连市执法局为单一适格被告错误。根据2010年9月27日《大连日报》刊登的《大连市国土资源和房屋局通告》（以下简称拆迁公告）可以证明，本案涉及拆迁行为是大连市人民政府批准，由大连市土地储备中心组织，中山区城区改造办公室实施，故大连市人民政府应为本案适格被告。中山区政府一审开庭时提供的《强制拆迁决定书》系复印件，不能视为有效证据，即便该证据能够证明拆迁决定是大连市执法局所为，也不能证明该局是本案被诉强拆行为的单一实施主体，大连市执法局仅是本案适格被告之一。中山区政府常务副区长召开专题拆迁会议并带队实施了强制拆迁行为，区财政局用财政专款支付强拆中万达制衣公司被打伤、烧伤人员的医药费16万元，上述事实说明中山区政府是本案强拆行为的实施主体，也是本案适格被告。再审申请人有权对上述三被告提起行政诉讼。（2）一、二审法院未依法正确行使"释明权"显属不当。一、二审法院应告知当事人前述三机关均为本案适格被告，而不应错误告知大连市执法局为本案单一适格被告。请求撤销辽宁省高级人民法院（2014）辽行终字第00204号行政裁定和大连市中级人民法院（2014）大行初字第18号行政裁定。

**最高人民法院经审查认为**：1989年《中华人民共和国行政诉讼法》第二十五条第一款规定，公民、法人或者其他组织直接向人民法院提起诉讼的，作出具体行政行为的行政机关是被告。中山区政府一审中提供的《强制拆除决定书》[大执法行拆决字（2012）0001号]与双方当事人陈述相互印证，可以证明强制拆除违法建筑决定的作出主体和实施主体均为大连市执法局，没有证据证明中山区政府具体实施了本案被诉违法建筑强制拆除行为，中山区政府不是本案适格被告。在经释明后，万达制衣公司仍坚持起诉中山区政府，一、二审法院根据《最高人民法院关于执行〈中华人民共和国行政诉讼法〉若干问题的解释》第二十三条和第四十四条第一款第（三）项的规定，裁定驳回其起诉，并无不当。

万达制衣公司主张大连市人民政府、大连市执法局和中山区政府均为本案适格被告，但其提供的拆迁通告是大连市政府根据《大连市房屋拆迁管理条例》相关规定，对房屋拆迁许可范围内正常拆迁活动实施主体的确认，并非对本案违法建筑强制拆除主体的指定，上述拆迁通告与本案被诉行政行为没有关联性，不能证明大连市人民政府实施了本案被诉行政行为，万达制衣公司主张大连市人民政府是本案适格被告缺乏事实根据。

万达制衣公司一、二审中提供的中山区政府召开拆迁会议并有区领导在拆迁现场的证据，也仅说明中山区政府为积极配合大连市执法局在其辖区内实施强制拆除违法建筑活动，组织相关部门召开过相关会议，并做好强制拆除违法建筑现场疏导、服务等基层保障工作，并不能证明中山区政府是具体实施强制拆除活动的行为主体；至于中山区财政局支付拆迁过程中受伤人员医疗费的事实，与实施拆迁活动没有直接的关联性。因此，万达制衣公司主张中山区政府为本案适格被告，亦无事实根据。鉴于上述理由，一、二审法院认为大连市执法局是本案适格被告，并向万达制衣公司予以释明，其释明并无不当。万达制衣公司认为一、二审法院释明错误的主张，本院亦不予支持。

综上，万达制衣公司的再审申请不符合《中华人民共和国行政诉讼法》第九十一条第（一）项规定的情形。依照《最高人民法院关于执行〈中华人民共和国行政诉讼法〉若干问题的解释》第七十四条的规定，裁定驳回万达制衣公司的再审申请。

### 裁判解析

《最高人民法院关于行政诉讼证据若干问题的规定》第四条第一款规定，公民、法人或者其他组织向人民法院起诉时，应当提供其符合起诉条件的相应的证据材料。根据《中华人民共和国行政诉讼法》第四十九条第（三）项规定，有具体的诉讼请求和事实根据，是当事人起诉成立的法定条件之一。而明确的诉讼请求，前提条件是要有明确的被诉行政行为。因此，当事人提起诉讼，必须初步证明被告实施了被诉行政行为。本案中，万达制衣公司主张中山区政府强制拆除了其违法建筑，但并未举证证明被诉强制拆除行为系中山区政府所为。相反，中山区政府一审中提供的《强制拆除决定书》及大连市执法局的陈述，相互印证，可以证明强制拆除违法建筑决定的作出主体和实施主体均为大连市执法局。在被告错误的情况下，经释明大连制衣公司拒不纠正，一、二审裁定驳回其起诉，并无不当。

【合议庭成员：郭修江　高　珂　董　华】

【主审法官：郭修江】

【执笔人：郭修江　陆　阳　熊俊勇】

## 27 与案件实体、程序相关民事事实人民法院应予审查

**【裁判要旨】**人民法院审理行政案件，对与案件实体或者程序处理相关的民事争议事实，人民法院在行政诉讼中必须予以审查认定，不得以属于另一法律关系为由，不予审查认定。

最高人民法院案号：（2015）行监字第83号

申诉人（一审原告、二审上诉人、再审申请人）：李志。

申诉人（一审原告、二审上诉人、再审申请人）：李强。

被申诉人（一审被告、二审被上诉人、再审被申请人）：辽宁省沈阳市康平县人民政府。住所地：辽宁省沈阳市康平县康平镇中心街。

法定代表人王志刚，县长。

被申诉人（一审第三人）李会彬。

李志、李强诉辽宁省沈阳市康平县人民政府（以下简称康平县政府）颁发林权证一案，向辽宁省沈阳市康平县人民法院提起行政诉讼，康平县人民法院于2012年5月24日作出（2012）康行初字第4号行政裁定，驳回李志、李强的起诉。二人不服该裁定提起上诉。沈阳市中级人民法院于2012年9月5日作出（2012）沈中行终字第239号行政裁定，维持一审法院作出的行政裁定。李志、李强向辽宁省高级人民法院申请再审，辽宁省高级人民法院于2013年8月7日作出驳回申请再审通知。李志、李强向最高人民法院申诉。

**案件基本事实**：李志、李强的父亲李会杰于1988年1月30日与北四家

子乡三合堡村签订了《承包造林合同》，合同约定将南坨子450亩荒地承包给李会杰，期限为30年，约定了双方的权利、义务。1999年6月6日，由甲方北四家子乡三合堡村与乙方李会杰、丙方周士民三方共同签订了《关于转包造林地的协议》，乙方李会杰承包的造林地转包给丙方周士民，由丙方周士民一次性给乙方李会杰劳动经营补偿金。乙方李会杰退出。同时乙方李会杰又与丙方周士民签订一份《转包造林地的附属协议》。由丙方周士民一次性付给乙方李会杰转包费15万元，乙方李会杰将全部造林地转包给丙方周士民。以后的一切责、权、利均与乙方李会杰无关。1999年8月5日，甲方北四家子乡三合堡村、乙方李会杰、丙方周士民三方共同到康平县公证处，对《关于转包造林地的协议》《转包造林地的附属协议》进行了公证。1999年6月6日，周士民与第三人李会彬签订了《合伙经营转包造林地协议》，双方约定共同出资、共同经营、共担风险、共享收益。2007年10月18日，周士民又与第三人李会彬签订《李会彬与周士民在三合堡林地划分协议》，协议中约定3块林地面积总计为9.09公顷归周士民所有，两块林地总面积为10.29公顷归李会彬所有。经申请，康平县政府给李会彬颁发了《林权证》[康林证字（2007）第010×××号]。李会杰去世后，李志、李强不服康平县政府的颁证行为于2012年提起本案行政诉讼，请求撤销第010×××号《林权证》。

一审裁定认为：李志、李强的父亲李会杰于1999年6月6日与三合堡村、周士民三方共同签订了《关于转包造林地的协议》，将其承包的造林地转包给周士民，并一次性获得劳动经营补偿金15万元，李会杰从此丧失了林地的经营权和所有权。康平县政府依法给第三人李会彬发放《林权证》，与李会杰的儿子李志、李强并没有利害关系，故李志、李强不具备原告主体资格，依照《中华人民共和国行政诉讼法》第二十四条、《关于执行〈中华人民共和国行政诉讼法〉若干问题的解释》第四十四条第（二）项之规定，裁定驳回李志、李强的起诉。

二审裁定认为：李会杰与周士民、康平县北四家子乡三合堡村民委员会三方所签订的《转包造林地协议》可以证明，李会杰对合同中的林地已经没有承包经营权。李志、李强作为李会杰的继承人，诉讼中提交的证据不能否定转包林地协议的法律效力，故李志、李强与该林地没有法律上利害关系，无权对第三人取得的《林权证》提起行政诉讼。依照《中华人民共和国行政诉讼法》第六十一条第（一）项之规定，裁定驳回上诉，维持一审裁定。

**李志、李强申诉称**：根据《中华人民共和国行政诉讼法》及其司法解释相关规定，申诉人符合行政诉讼原告主体资格，申诉人是李会杰的法定继承人，与涉案林地权属有直接利害关系，终审裁定适用法律错误。李会杰与周士民以及三合堡村虽然签订转包协议，但并未实际履行，周士民未交付转包金，李会杰也未交付林地和《承包合同书》，因此转包协议无效。二审不开庭审理不当。康平县政府给李会彬颁发林权证时，未进行核实，没有履行公告等义务。请求：撤销一、二审裁定，依法立案再审。

**最高人民法院经审查认为**：1999年6月6日康平县北四家子乡三合堡村与李会杰、周士民共同签订《关于转包造林地的协议》（以下简称《转包协议》），李会杰将其承包的林地转包给周士民。《转包协议》是各方当事人在平等、自愿基础上达成的真实意思表示，并经村委会同意、康平县公证处公证，协议内容不侵犯国家利益、集体利益和他人合法权益，属于合法有效的合同。李会杰在签订《转包协议》后已经丧失对涉案林地的承包经营权。1999年至2007年，周士民与李会彬合伙经营涉案林地，2007年周士民与李会彬签订林地划分协议。李会彬据此申请取得涉案林地的《林权证》，没有证据证明李会杰生前曾对周士民、李会彬占有、使用、经营涉案林地的事实提出异议。2010年李会杰去世，其遗产未包括涉案林地承包经营权，作为李会杰的法定继承人，申诉人李志、李强与涉案林地及康平县政府给第三人李会彬颁发林权证的行为，亦不具有法律上的利害关系。因此，一、二审法院以申诉人不具有适格原告主体资格为由，裁定驳回起诉并无不当。申诉人主张，《转包协议》并未实际履行，属无效合同，但并未提供相关证据和有效法律根据予以证明。与此相反，申诉人在二审询问笔录中陈述，《转包协议》签订后，涉案林地由其姑父借着李会彬的名义占有、使用。因李会彬与周士民曾是合伙关系，申诉人的上述陈述，恰恰证明涉案林地已经实际交付周士民、李会彬。同时，根据《中华人民共和国合同法》第五十四条规定，合同未实际履行并非合同无效的法定事由。因此，申诉人关于"未实际履行，属无效合同"的主张不能成立。申诉人还主张，二审未开庭，审判程序违法。根据《中华人民共和国行政诉讼法》第五十九条规定："人民法院对上诉案件，认为事实清楚的，可以实行书面审理。"本案系驳回原告起诉的诉讼程序性案件，相关程序事实清楚。因此，二审未开庭审理，并不存在审判程序违法问题。至于申诉人提出的康平县政府给李会彬颁发林权证未进行核实，没有履行公告义务等问题，属于案件实体审理范畴。因申诉人不具有适格原告主体资格，一、二审法院裁定驳回起诉，相关实体问题不属于本案审查范围，更不能作为本案再审的理由。

综上，原审生效裁定认定事实清楚，适用法律、法规正确，审判程序合法。辽宁省高级人民法院驳回申诉人的申请再审于法有据。申诉人的申诉理由不符合提起再审的法定条件。依照《中华人民共和国行政诉讼法》第六十三条第二款、《最高人民法院关于执行〈中华人民共和国行政诉讼法〉若干问题的解释》第七十四条的规定，裁定驳回申诉人李志、李强的申诉。

### 裁判解析

《中华人民共和国行政诉讼法》第六十一条规定："在涉及行政许可、登记、征收、征用和行政机关对民事争议所作的裁决的行政诉讼中，当事人申请一并解决相关民事争议的，人民法院可以一并审理。""在行政诉讼中，人民法院认为行政案件的审理需以民事诉讼的裁判为依据的，可以裁定中止行政诉讼。"为及时、有效化解民事行政争议，一并审理民事争议，是行政诉讼法确立的基本原则，当事人选择另行提起民事诉讼的，作为被诉行政行为基础的民事争议应当先行处理，行政案件中止审理，等待民事案件的终审判决，并依照生效民事判决结果，依法作出行政判决。但是，审判实践中会出现当事人既不一并提起民事诉讼，也不另行提起民事诉讼，只是将民事争议事实的真伪和有效性作为对被诉行政行为不服的主要理由提出，要求人民法院在行政案件的审理过程中予以审查认定，并作出行政判决。对此应当如何处理，《中华人民共和国行政诉讼法》未作明文规定，实践中有些法官错误地认为，基础民事纠纷的事实和有效性问题属于另外一个法律关系，不属于本案审查范围，不予审理认定。我们认为，这种认识是错误的。民行交叉案件中，作为被诉行政行为的主要事实——相关民事争议事实，属于行政诉讼的审理范围，当事人不一并或者另行提起民事诉讼，人民法院对与被诉行政行为合法性相关联的民事争议事实和有效性必须予以审查，民事纠纷中与被诉行政行为合法性无关的履行纠纷，不属于人民法院行政诉讼审查范围，当事人可以另行通过民事诉讼解决。本案中，李志、李强的父亲李会杰于1999年6月6日与三合堡村、周士民三方共同签订《关于转包造林地的协议》的事实，即是李志、李强是否具有原告资格的重要事实，又是被诉颁证行为的主要事实，尽管该事实属于民事争议范围，由于原审原告及第三人均不对该民事纠纷一并或者另行提起民事诉讼，人民法院为了弄清李志、李强是否具有原告资格，就必须对该项事实进行审理查明。

【合议庭成员：郭修江　董　华　苏　戈】

【主审法官：郭修江】

【执笔人：郭修江　陆　阳　熊俊勇】

## 28 不经开庭审理迳行裁判的适用条件

【裁判要旨】人民法院经过阅卷、调查和询问当事人,认为不需要开庭审理的,可以迳行裁定驳回起诉。当事人对一审认定事实有争议,或者第二审人民法院认为一审认定事实不清的,第二审人民法院应当开庭审理;一审认定事实清楚证据充分的,人民法院可以书面审理,迳行裁判。

**最高人民法院案号:(2015)行监字第 464 号**

再审申请人(一审原告、二审上诉人):沈阳立顺废旧有色金属回收有限公司。住所地:辽宁省沈阳市东陵区白塔镇小羊东路 31 号。

法定代表人:汪玉玲,董事长。

委托代理人:姚萍,该公司工作人员。

委托代理人:李长青,北京泰维律师事务所律师。

被申请人(一审被告、二审被上诉人):辽宁省沈阳市人民政府。住所地:辽宁省沈阳市沈河区市府大路 260 号。

法定代表人:潘利国,市长。

委托代理人:郝书博,沈阳市人民政府法制办公室工作人员。

委托代理人:孙晓菊,辽宁国奥律师事务所律师。

沈阳立顺废旧有色金属回收有限公司(以下简称立顺公司)诉沈阳市人民政府(以下简称沈阳市政府)不予公开政府信息一案,沈阳市中级人民法院于 2014 年 11 月 13 日作出(2014)沈中行初字第 197 号行政裁定,驳回立顺公司的起诉。立顺公司不服该裁定提起上诉,辽宁省高级人民法院于 2015

年 2 月 10 日作出（2015）辽行终字第 00027 号行政裁定，驳回上诉，维持原裁定。立顺公司不服，向最高人民法院申请再审。

**案件基本事实**：立顺公司于 2014 年 4 月 25 日以邮寄的方式向沈阳市东陵区白塔街道办事处递交了《政府信息公开申请书》，请求白塔街道公开："（1）东陵区主要领导同意对沈阳立顺废旧有色金属回收有限公司房屋进行拆除的批示；（2）浑南新城联席会议研究决定对沈阳立顺废旧有色金属回收有限公司房屋进行拆除的决定、决议或会议纪要。"因机构改革调整，白塔街道办事处并入大学科技城管委会，故大学科技城管委会于 2014 年 4 月 29 日作出的沈国科（2014）第 2 号《政府信息不予公开告知书》，结论为："经查你单位申请获取的信息属于法律、法规规定不予公开的其他情形。根据《中华人民共和国政府信息公开条例》第二十二条第二款，对于你单位申请获取的信息，本机关不予公开。"立顺公司对该《政府信息不予公开告知书》不服，提起诉讼。

**一审裁定认为**：根据《最高人民法院关于执行〈中华人民共和国行政诉讼法〉若干问题的解释》第二十条第一款的规定："行政机关组建并赋予行政管理职能但不具有独立承担法律责任能力的机构，以自己的名义作出具体行政行为，当事人不服提起诉讼的，应当以组建该机构的行政机关为被告。"经查，大学科技城管委会系机关法人，有独立的财务核算能力，能够独立承担法律责任，在政府信息公开案件中能够作为适格被告参加诉讼，本案应当以大学科技城管委会为被告。根据《最高人民法院关于执行〈中华人民共和国行政诉讼法〉若干问题的解释》第二十三条第一款的规定："原告所起诉的被告不适格，人民法院应当告知原告变更被告；原告不同意变更的，裁定驳回起诉。"在本案审理过程中，法庭告知立顺公司变更被告，立顺公司拒绝变更。依据《最高人民法院关于执行〈中华人民共和国行政诉讼法〉若干问题的解释》第二十三条第一款、第四十四条第一款第（三）项之规定，裁定驳回立顺公司的起诉。

**二审裁定认为**：大学科技城管委会系机关法人单位，有独立承担法律责任的能力。根据《最高人民法院关于执行〈中华人民共和国行政诉讼法〉若干问题的解释》第二十条第一款的规定，大学科技城管委会在政府信息公开案件中能够作为适格被告参加诉讼，一审裁定驳回立顺公司的起诉并无不当。依照《中华人民共和国行政诉讼法》第六十一条第(一)项之规定裁定驳回上诉，维持原裁定。

**沈阳立顺废旧有色金属回收有限公司申请再审称**：（1）大学城管委会是沈阳市政府成立的非法机关。一、二审以沈阳市政府不是本案适格被告为由，裁定驳回起诉，属于认定事实和适用法律错误。（2）一、二审裁定作出行政裁定前没有开庭，也未听取立顺公司的意见，审判程序严重违法。请求：撤销一、二审裁定，指令沈阳市中级人民法院依法受理本案。

**最高人民法院经审查认为**：根据修改前的《中华人民共和国行政诉讼法》第二十五条第四款规定，由法律、法规授权的组织所作的行政行为，该组织是被告。《辽宁省经济技术开发区管理规定》第九条、第十条规定，省级开发区，报省人民政府批准。开发区应设立管理委员会，为所在市人民政府的派出机构，代表市人民政府对开发区的经济、社会事务和有关行政工作，实行统一领导和管理，行使所在市市级经济管理权限，法律有特殊规定的除外。根据上述规定，经省级人民政府批准设立的经济技术开发区管理委员会，属于地方性法规授权的组织，该类组织作出的行政行为应当自己做被告，而不是由设立该组织的行政机关作被告。本案中，《辽宁省人民政府关于建设沈阳国家大学科技城的实施意见》（辽政发〔2011〕25号）明确，省委、省政府决定在沈阳市东陵区（浑南新区）建设沈阳国家大学科技城。沈阳市机构编制委员会沈编发〔2011〕9号《关于成立沈阳国家大学科技城管理委员会的通知》规定，沈阳国家大学科技城管委会为沈阳市政府派出机构，主要职责是负责大学城的统一规划、开发建设、项目研究工作，统筹协调与相关部门的业务关系，做好行政管理工作。根据上述事实，大学城管委会是经辽宁省政府批准、由沈阳市政府依法设立、沈阳市政府下属的派出机构，该派出机构拥有自己的组织机构代码，有独立的经费保障，是依法设立的机关法人，能够独立承担法律责任，属于地方性法规授权的组织。因此，立顺公司对大学城管委会作出的政府信息公开答复不服提起行政诉讼，大学城管委会是适格被告，设立大学城管委会的沈阳市政府不是本案适格被告。《最高人民法院关于执行〈中华人民共和国行政诉讼法〉若干问题的解释》第二十三条第一款规定："原告所起诉的被告不适格，人民法院应当告知原告变更被告；原告不同意变更的，裁定驳回起诉。"在原审法院依法明确告知立顺公司变更被告，立顺公司拒绝变更的情况下，原审裁定驳回其起诉，并无不当。立顺公司主张大学城管委会是沈阳市政府成立的非法机关，不具有本案适格被告资格，沈阳市政府是本案适格被告，其主张缺乏事实和法律根据，最高人民法院对其该项申请再审理由不予支持。

《最高人民法院关于执行〈中华人民共和国行政诉讼法〉若干问题的解释》第三十二条第一、二款规定："人民法院应当组成合议庭对原告的起诉进行审查。符合起诉条件的，应当在7日内立案；不符合起诉条件的，应当在7日内裁定不予受理。7日内不能决定是否受理的，应当先予受理；受理后经审查不符合起诉条件的，裁定驳回起诉。"修改前的《中华人民共和国行政诉讼法》及其司法解释并未规定人民法院在作出不予立案或者驳回起诉裁定之前，必须经过开庭审理或者另行听取原告意见的程序。根据审判实践并参照《最高人民法院关于适用〈中华人民共和国行政诉讼法〉若干问题的解释》第三条第二款规定，人民法院有权不经开庭审理程序，径行裁定驳回原告起诉。因此，立顺公司主张一审法院作出驳回起诉裁定前没有开庭、没有听取其意见，审判程序违法，缺乏法律根据。《最高人民法院关于执行〈中华人民共和国行政诉讼法〉若干问题的解释》第六十七条第二款规定："当事人对原审人民法院认定的事实有争议的，或者第二审人民法院认为原审人民法院认定事实不清楚的，第二审人民法院应当开庭审理。"也就是说，当事人对原审人民法院认定的事实没有争议或者二审人民法院认为一审认定事实清楚的，可以不经开庭程序，径行作出二审裁判。本案二审中，双方当事人争议的主要问题是本案适格被告确定问题，并非事实争议。二审未经开庭，直接作出驳回上诉维持原裁定的裁定，亦不违反法律和司法解释的规定。立顺公司认为二审法院违反法定程序，缺乏事实和法律根据。

综上，立顺公司的再审申请不符合《中华人民共和国行政诉讼法》第九十一条第（一）、（三）、（四）、（五）项规定的情形。依照《最高人民法院关于执行〈中华人民共和国行政诉讼法〉若干问题的解释》第七十四条的规定，裁定驳回立顺公司的再审申请。

### 裁判解析

起诉人起诉的被告不适格，人民法院应当向起诉人释明，未经释明直接裁定不予立案或者驳回起诉的，审判程序违法。人民法院对起诉人的释明义务，是《中华人民共和国行政诉讼法》为人民法院设定的特定义务，目的在于充分保护当事人诉权。《最高人民法院关于执行〈中华人民共和国行政诉讼法〉若干问题的解释》第四十四条第一款第（三）项规定，起诉人错列被告且拒绝变更的，应当裁定不予受理；已经受理的，裁定驳回起诉。错列被告只有在起诉人拒绝变更的情况下，人民法院才可以作出不予受理或者驳回起诉的裁定，上述司法解释实质上已经确立了人民法院的释明义务。修改后的《中华人民共和国行政诉讼法》吸收了司法解释的成功经验，该法第五十一条第三、四款规定："起诉状内容欠缺或者有其他错误的，应当给予指导和释明，并一次性告知当事人需要补正的内容。不得未经指导和释明即以起诉不符合条件为由不接收起诉状。""对于不接收起诉状、接收起诉状后不出具书面凭证，以及不一次性告知当事人需要补正的起诉状内容的，当事人可以向上级人民法院投诉，上级人民法院应当责令改正，并对直接负责的主管人员和其他直接责任人员依法给予处分。"需要释明的情形，包括被告不适格的情形。《中华人民共和国行政诉讼法》的规定进一步强化了人民法院的释明责任，对未尽释明义务的法官和主管人员，上级人民法院可以依法给予行政处分。

【合议庭成员：郭修江　苏　戈　董　华】

【主审法官：郭修江】

【执笔人：郭修江　陆　阳　熊俊勇】

## 29 行政赔偿中原告的举证责任问题

■ 【裁判要旨】发生或者即将发生自然灾害、事故灾难、公共卫生事件或者社会安全事件等突发事件的,行政机关有权依照《中华人民共和国突发事件应对法》的有关规定,采取应急措施或者临时措施。

原告认为行政机关的紧急措施或者临时措施,造成其财产损害的,应当提供证据予以证明。原告不能举证证明其损失存在的,人民法院对其行政赔偿或者补偿请求不予支持。

**最高人民法院案号:(2015)行监字第617号**

再审申请人(一审原告、二审上诉人):苏艳。

被申请人(一审被告、二审被上诉人):辽宁省大连市金州新区管理委员会。

住所地:辽宁省大连经济技术开发区金马路199号。

法定代表人:张世坤,主任。

委托代理人:车家明、才慧杰,辽宁省生生律师事务所律师。

再审申请人苏艳诉辽宁省大连金州新区管理委员会(以下简称金州新区学委会)确认强制维修违法并行政赔偿一案,大连市中级人民法院于2014年11月13日作出(2014)大行初字第31号行政判决,驳回原告苏艳的诉讼请求。苏艳不服上诉,辽宁省高级人民法院于2015年3月25日作出(2015)辽行终字第00018号行政判决,驳回上诉,维持原判。苏艳向最高人民法院申请再审。

**案件基本事实**:苏艳居住在大连金州新区光明街道光明社区南棉路×号

×单元×层×号,房屋面积136.50平方米,房屋由金州区城市开发公司（现责任单位金业公司）于1991年开发建设。2012年11月24日,苏艳向光明街道光明社区居委会及金业公司反映房屋客厅天棚下陷变形,存在安全隐患。2012年12月1日,金业公司向苏艳发出《紧急告知》,主要内容：为避免出现安全事故,需人员和家具立即搬出现房,临时住房费用由金业公司承担；将采取紧急措施,在下陷屋面下面打起支撑架构,防止屋面坍塌,造成更大损失；为下陷屋面设计整改方案,保证屋面整改质量达标等。2013年2月22日,房管中心向苏艳及家人发出《关于尽快撤离现居住房屋的建议》,建议尽快从现居住的房屋内撤离,以便责任单位对房屋进行维修和恢复。在房屋出现下陷变形后,为保护苏艳家人及楼下住户的人身安全及财产安全,房管中心、金业公司、光明街道、质监局就房屋的维修、安全对苏艳及其家人进行大量的规劝、协商工作,要求其尽量配合金业公司对房屋进行维修,对房屋的置换问题多次进行沟通,未能达成一致意见。同时,有关单位向其他住户发出紧急通知,要求其立即搬出避险。2013年5月3日,苏艳的房屋屋顶坍塌。为了维护公共安全,金州管委会决定对苏艳居住房屋房顶进行"强制维修"。2013年8月15日,光明街道、派出所、质检中心、应急办、公证处和社区相关人员对原告房屋进行"强制维修",对客厅物品进行清点、封存、公证。随后,金业公司对房屋客厅天棚塌陷物进行清理,修建房屋屋顶。9月25日,金业公司按照被告下属部门应急办的要求与苏艳沟通,向其交付房屋钥匙,苏艳拒绝接受房屋。11月8日,派出所、光明街道、公证处等人员与苏艳共同到涉案房屋,三间卧室门由金业公司贴有封条。苏艳称经清点,称收藏的藏品全部丢失。苏艳提起本案诉讼,请求确认强制维修行为违法并赔偿损失。

**一审判决认为**：依据《中华人民共和国突发事件应对法》第一条规定和第七条规定,金州新区管委会在苏艳房屋屋顶出现下沉,导致该楼六层住户的房屋存在安全隐患的情况下,组织光明街道、派出所、质检中心、应急办、公证处和社区相关人员对房屋进行"强制维修",该行为是为了保护苏艳及其他住户人身、财产安全而实施的应急措施,故该强制维修行为合法。苏艳主张,在房屋维修的过程中其大量藏品丢失,经济损失3000余万元。根据《最高人民法院关于行政诉讼证据若干问题的规定》第五条规定,苏艳对其主张负有举证责任,因新区苏艳举证不能,故其赔偿请求因没有事实依据,不予支持。苏艳还要求金州管委会公开赔礼道歉、恢复名誉,赔偿其10万元精神抚慰金的诉请,因其请求不属于行政赔偿范围,亦不予支持。依照《最高人民法院关于执行〈中华人民共和国行政诉讼法〉若干问题的解释》第五十六条第(四)项和《最高人民法院关于审理行政赔偿案件若干问题的规定》第三十三条的规定,判决驳回原告苏艳的诉讼请求。

**二审判决认为**:根据《中华人民共和国突发事件应对法》第一条、第七条、第十一条的规定,金州新区管委会在突发事件发生时,有采取应急措施的职权。金州新区管委会组织相关人员对客厅内物品进行清点公证、封存,由金业公司对天棚塌陷物进行清理,对屋顶进行修复,符合相关法律规定,原审认定被诉行政行为合法并无不当。在对苏艳房屋进行强制维修时,公证机关对维修现场(客厅)物品进行了公证、封存,没有发现苏艳主张的价值3000余万元的邮票等收藏品。根据《最高人民法院关于执行〈中华人民共和国行政诉讼法〉若干问题的解释》第二十七条第(三)项的规定,苏艳负有证明因受被诉行为侵害而造成损失的事实的举证义务。由于苏艳不能提供3000余万元邮票等收藏品损失的证据,故对其该项赔偿请求不予支持。依照《中华人民共和国行政诉讼法》第六十一条第(一)项的规定,判决驳回上诉,维持原判。

**苏艳申请再审称**:(1)原审事实认定错误。金州新区管委会实施的"强制维修"行为不是行政应急行为,而是行政强制行为。(2)原审适用法律不当。辽宁省高级人民法院适用《中华人民共和国突发事件应对法》作出判决属适用法律错误,金州新区管委会的行政强制行为应该受到《行政强制法》的规范和约束。(3)应当予以行政赔偿损失。因金州新区管委会的违法强拆行为不仅造成了房内物品的损失,也造成了相关证据的灭失,对于此项举证不能的责任应该由金州新区管委会承担。请求:(1)撤销(2015)辽行终字第00018号行政判决;(2)确认金州新区管委会"强制维修"行为违法并赔偿损失。

**金州新区管委会辩称：**（1）苏艳案并非群体性事件，也并非普遍类事件，是大连市金州区内发生的个别事件，根据《中华人民共和国突发事件应对法》的规定，应当由县级人民政府应对突发事件。（2）涉案房屋出现险情后，大连金州区光明街道办事处负责处理具体事宜，多次与苏艳一方沟通协调。但是，苏艳一方拒不配合。因涉案房屋不维修将可能发生重大的安全事故，危及更多人的人身、财产安全，在协商不成的情况下，金州新区管委会依法进行了强制维修。（3）苏艳提出的赔偿请求无事实及法律依据。请求：维持一、二审判决，驳回苏艳的再审申请。

**最高人民法院经审查认为：**在发生或者即将发生事故灾难的紧急情况下，为维护人民生命、财产安全，县级以上人民政府有权依法采取应急措施。金州新区管委会在苏艳房屋客厅天棚坍塌变形，存在重大安全隐患，可能危及苏艳家人和相邻居民生命财产安全的情况下，采取强制维修措施，避免了重大灾难事故的发生。该行为依法有据，一、二审判决驳回苏艳的诉讼请求，并无不当。苏艳申请再审，理由不能成立。

一、关于一、二审判决适用法律是否正确问题

《中华人民共和国行政强制法》第三条第二款规定，发生或者即将发生自然灾害、事故灾难、公共卫生事件或者社会安全事件等突发事件，行政机关采取应急措施或者临时措施，依照有关法律、行政法规的规定执行。也就是说，如果发生或者即将发生事故灾难等突发性事件，行政机关可以依照有关法律、行政法规规定，采取应急措施或者临时措施，不适用《中华人民共和国行政强制法》。《中华人民共和国突发事件应对法》第三条第一款规定，本法所称突发事件，是指突然发生，造成或者可能造成严重社会危害，需要采取应急处置措施予以应对的自然灾害、事故灾难、公共卫生事件和社会安全事件。根据该条规定，发生可能造成严重社会危害需要采取紧急措施予以应对的事故灾难的，行政机关可以依照《中华人民共和国突发事件应对法》的规定，采取相应的措施。本案中，苏艳房屋客厅天棚下陷变形，存在重大安全隐患，可能发生楼顶坍塌危及苏艳家人及相邻居民生命财产安全的事故灾难，属于

《中华人民共和国行政强制法》第三条第二款规定不适用《中华人民共和国行政强制法》的情形。金州新区管委会依照《中华人民共和国突发事件应对法》相关规定，在经协调苏艳拒不配合消除安全隐患的情况下，依法采取强制维修措施，有效防止了事故灾难的发生，该强制维修行为于法有据。一、二审判决适用《中华人民共和国突发事件应对法》，并不违反《中华人民共和国行政强制法》的规定。苏艳认为一、二审判决适用法律错误，理由不能成立。

二、关于强制维修行为是否合法问题

《中华人民共和国突发事件应对法》第七条规定，县级人民政府对本行政区域内突发事件的应对工作负责；突发事件发生后，发生地县级人民政府应当立即采取措施控制事态发展，组织开展应急救援和处置工作。该法第十一条还规定，有关人民政府及其部门采取的应对突发事件的措施，应当与突发事件可能造成的社会危害的性质、程度和范围相适应；有多种措施可供选择的，应当选择有利于最大程度地保护公民、法人和其他组织权益的措施。本案突发事件属于县级人民政府能够有效控制的事件，金州新区管委会作为县一级人民政府，具有实施相应紧急措施的法定职权。针对苏艳房屋屋顶出现部分坍塌的情况，金州新区管委会及时组织光明街道、派出所、质检中心、应急办、公证处和社区相关人员对苏艳房屋进行强制维修，符合《中华人民共和国突发事件应对法》上述规定。一、二审判决认定被诉强制维修行为合法，并无不当。

三、关于是否应当行政赔偿问题

《最高人民法院关于执行〈中华人民共和国行政诉讼法〉若干问题的解释》第二十七条第（三）项的规定，在一并提起的行政赔偿诉讼中，原告需对因受被诉行为侵害而造成损失的事实承担举证责任。苏艳主张，在金州新区管委会组织强制维修中，其价值3000余万元的邮票等收藏品丢失，请求予以行政赔偿。苏艳应当对其主张承担举证责任，在其举证不能的情况下，一、二审判决驳回其行政赔偿诉讼请求，符合法律和相关司法解释的规定。修改后的《中华人民共和国行政诉讼法》第三十八条第二款规定："在行政赔偿、补偿的案件中，原告应当对行政行为造成的损害提供证据。因被告的原因导致原告无法举证的，由被告承担举证责任。"苏艳申请再审时主张，因金州新区管委会违法强制维修，造成相关证据灭失，应当参照上述规定，免除其对损害事实的举证责任。本院认为，根据一、二审判决认定的事实，在强制维修过程中，相关部门已经对苏艳客厅物品进行了清理、封存、公证，并对卧室采取了张贴封条禁止他人进入的措施，并不存在苏艳所称因金州新区管委会违法强制维修造成相关财产损失的证据灭失的情形。同时，苏艳承认，在涉案房屋被强制维修期间，苏艳及其家人不在涉案房屋居住。根据生活经验和常理，作为一个理智的人，也不可能在正在维修的房屋内留存价值3000余万元的邮票等贵重物品。因此，苏艳的该项申请再审理由，没有事实根据，本院不予支持。

综上，苏艳的再审申请不符合《中华人民共和国行政诉讼法》第九十一条第（三）、（四）项规定的情形。依照《最高人民法院关于执行〈中华人民共和国行政诉讼法〉若干问题的解释》第七十四条的规定，裁定驳回苏艳的再审申请。

### 裁判解析

根据《中华人民共和国突发事件应对法》第三条第一款规定，本法所称突发事件，是指突然发生，造成或者可能造成严重社会危害，需要采取应急处置措施予以应对的自然灾害、事故灾难、公共卫生事件和社会安全事件。根据该条规定，发生可能造成严重社会危害需要采取紧急措施予以应对的事故灾难的，行政机关可以依法采取相应的措施。第四十九条规定，自然灾害、事故灾难或者公共卫生事件发生后，履行统一领导职责的人民政府可以采取下列一项或者多项应急处置措施：妥善安置受到威胁的人员以及采取其他救助措施；迅速控制危险源，标明危险区域，封锁危险场所，划定警戒区；立即抢修被损坏的公共设施等。本案中，苏艳居住的单元楼楼顶发生坍塌，危及苏艳家人及相邻居民生命财产安全，可能发生突发性的事故灾难。为避免事故灾难发生，经协调苏艳拒不配合消除安全隐患的情况下，金州新区管委会依法采取强制维修措施于法有据；强制维修过程中，相关部门和单位对客厅物品进行清点、封存、公证，依法履行了妥善保管室内物品的义务。苏艳主张强制维修行为违法，理由不能成立。

被诉行政行为合法，如果造成公民、法人或者其他组织人身、财产权益实际损失的，也应当承担行政补偿责任。《中华人民共和国行政诉讼法》第三十八条第二款规定，在行政赔偿、补偿诉讼中，原告应当对其提出的损失情况承担举证责任。本案中，苏艳主张，金州新区管委会强制维修造成过程中，造成其价值3000余万元的邮票等贵重物品丢失。鉴于强制维修过程中相关部门和单位对其所称存放贵重物品的卧室采取贴封条的方式予以封存，尽到了应尽的保管义务；且查封过程中，苏艳亦未提出卧室有贵重物品需妥善保管的请求。因此，一、二审法院认定苏艳所称损失没有证据证明，判决驳回其该项诉讼请求，并无不当。

【合议庭成员：郭修江　苏　戈　范向阳】

【主审法官：郭修江】

【执笔人：郭修江　陆　阳　熊俊勇】

## 30 有明确的被诉行政行为是行政案件立案登记的首要条件

**【裁判要旨】** 人民法院审理行政案件,首先应当要求起诉人明确被诉行政行为。起诉对象为多个行政行为的,人民法院应当根据起诉人所诉各项被诉行政行为的不同情况,逐一审查起诉是否符合法定条件,并分别作出审理和裁判。

**最高人民法院案号:(2015)行监字第 649 号**

再审申请人(一审原告、二审上诉人):史金德。

委托代理人:刘文,北京莫少平律师事务所律师。

史金德诉辽宁省大石桥市人民政府(以下简称大石桥市政府)行政不作为一案,营口市中级人民法院于 2014 年 6 月 25 日作出(2014)营行立字第 5 号行政裁定,对史金德的起诉不予受理。史金德不服上诉,辽宁省高级人民法院于 2014 年 9 月 12 日作出(2014)辽立行终字第 00024 号行政裁定,驳回上诉,维持原裁定。史金德向最高人民法院申请再审。

**案件基本事实:** 2014 年 5 月 30 日,大石桥市政府对史金德反映的落实国办发〔1997〕32 号文件,落实民转公政策、与公办教师同工同酬,补发离岗工资问题作出《信访事项处理意见书》,认为其信访事项理由不能成立。2014 年 6 月 10 日,史金德提起本案诉讼,认为大石桥市政府不适用合法有效的规范性文件,而适用被法制办认为不属规范性文件的"营人发〔2000〕26 号文件",拒不落实民办老师国家保障权,请求从停发工资之日起计算补发工资、撤销大石桥市政府作出的《信访事项处理意见书》，按国办发〔1997〕32号文件和辽宁省有关解决民办教师问题的合格规范文件落实原告的教师待遇。

**一审裁定认为：** 起诉人第一项诉讼请求"补发工资"并非对具体行政行为的起诉，不属于行政诉讼的受案范围。第二项诉讼请求为信访处理意见，适用最高人民法院〔2005〕行立他字第4号批复，该意见并未对当事人的权利产生实质影响，同样不属于行政诉讼的受案范围。依照《中华人民共和国行政诉讼法》第四十二条之规定，裁定对史金德的起诉不予受理。

**二审裁定认为：** 对信访事项处理意见不服，应当根据《信访条例》规定的信访程序申请复查、复核，而不能对信访事项处理意见提起行政诉讼。请求补发工资，亦不属于行政诉讼的受案范围。依照《中华人民共和国行政诉讼法》第六十一条第（一）项的规定，裁定驳回上诉，维持原裁定。

**史金德申请再审称：** （1）大石桥市政府的《信访答复》侵害了申请人的权利，是不履行法定职责的行政不作为，申请人的诉讼请求属于行政诉讼受案范围。（2）最高人民法院（2005）行立他字第4号批复不是法律规范，人民法院审理行政案件，只能以法律、法规为依据。请求：（1）撤销（2014）辽立行终字第00024号行政裁定；（2）对辽宁省营口市大石桥市政府停发教师工资的行为进行合法性审查；（3）对营人发〔2000〕26号、辽教发〔2011〕112号和辽教发〔2012〕46号文件进行合法性审查。

**最高人民法院经审查认为：** 一审中，史金德提出了两项诉讼请求：一是请求补发停发的工资；二是撤销大石桥市政府作出的信访答复意见。史金德的上述两项诉讼请求均不符合《中华人民共和国行政诉讼法》规定的立案受理条件。理由分述如下：

一、关于大石桥市政府作出的信访答复意见

根据《最高人民法院关于执行〈中华人民共和国行政诉讼法〉若干问题的解释》（以下简称《若干解释》）第一条第二款第（六）项规定，对公民、法人或者其他组织权利义务不产生实际影响的行为，不属于人民法院行政诉讼的受案范围。史金德于2003年8月份离职，没有享受到民办教师转为公办教师的待遇，后长期上访。大石桥市政府于2014年5月30日作出《大石桥市关于史金德上访问题的答复意见》(以下简称《上访答复意见》)，主要内容是对史金德于2003年没有转正、离职后停发教师工资这一事实的重复处理，并未对史金德设定新的权利义务。该《上访答复意见》属于对史金德权利义务不产生实际影响的行政行为，依照司法解释的上述规定，不属于人民法院行政诉讼的受案范围，一、二审法院对其该项诉讼请求裁定不予立案受理，依法有据，本院应予支持。《最高人民法院关于不服县级以上人民政府信访行政管理部门、负责受理信访事项的行政管理机关以及镇(乡)人民政府作出的处理意见或者不再受理决定而提起的行政诉讼人民法院是否受理的批复》(〔2005〕行立他字第4号)是对《若干解释》第一条第二款第(六)项规定在信访事项中如何具体适用的进一步解释，其内容不违反《若干解释》和《中华人民共和国行政诉讼法》的相关规定，人民法院在行政诉讼中应予适用。史金德主张〔2005〕行立他字第4号解释不应适用，理由不能成立。

二、关于补发工资的诉求

根据《中华人民共和国国家赔偿法》第三条以及《最高人民法院关于审理行政赔偿案件若干问题的规定》第四条之规定，当事人提起行政赔偿之诉须以侵权的行政行为被确认违法为前提；当事人单独提起行政赔偿诉讼的，须赔偿义务机关先行处理。本案中，史金德请求补发工资，是基于认为相关部门在2003年对其未予转正的行为违法而提起的行政赔偿之诉，但未予转正行为并没有被依法确认违法，史金德也不曾向赔偿义务机关先行申请行政赔偿。据此，一、二审法院裁定对史金德请求补发工资的起诉不予立案受理，并无不当。

三、关于申请再审中增加的诉讼请求

史金德申请再审中提出的第二、三项请求，在一审起诉时并未提出，不属于本案审查范围。史金德提起本案诉讼的时间是在2015年5月1日修改后的《中华人民共和国行政诉讼法》实施之前，根据当时有效的《中华人民共和国行政诉讼法》规定，请求对规章以下的规范性文件一并审查，不属于人民法院行政诉讼的受案范围。史金德以此为由申请再审，理由不能成立。

综上，史金德的再审申请不符合《中华人民共和国行政诉讼法》第九十一条第（一）、（四）项规定的情形。依照《最高人民法院关于执行〈中华人民共和国行政诉讼法〉若干问题的解释》第七十四条的规定，裁定驳回史金德的再审申请。

## 裁判解析

《中华人民共和国行政诉讼法》第四十九条第（三）项规定，公民、法人或者其他组织提起行政诉讼，必须要有具体的诉讼请求和事实根据。所谓"具体的诉讼请求"，首先是要有明确具体的被诉行政行为。人民法院受理行政案件，审查当事人的起诉是否符合法定起诉条件，被诉行政行为是否属于行政诉讼的受案范围，起诉人与被诉行政行为是否有利害关系，被告是否适格，是否超过法定起诉期限，是否需要经复议或者其他前置程序才可以起诉等，均依赖于明确的被诉行政行为；案件进入实体审理，行政诉讼是对被诉行政行为的合法性进行审查，没有明确的被诉行政行为，行政案件的审理工作更无从展开。因此，无论是行政案件的受理还是审理，均离不开明确的被诉行政行为。当事人起诉的被诉行政行为不明确的，人民法院有义务向起诉人释明，可以根据当事人的实质诉求，要求其起诉又有利于解决其实质争议的行政行为。如果当事人拒不明确被诉行政行为的，人民法院可以裁定不予立案；已经立案的，裁定驳回起诉。公民、法人或者其他组织同时对多个行政行为提起行政诉讼的，人民法院应当分别审查每一个被诉行政行为的起诉是否符合法定起诉条件，并对是否应当合并审理作出认定。本案中，史金德一审诉讼请求实际上由两项构成，一是请求补发工资，二是撤销《信访事项处理意见书》。一、二审针对上述两项诉讼请求，分别进行审查，阐明理由，据此作出裁定，符合《中华人民共和国行政诉讼法》的相关审查原则。

【合议庭成员：郭修江 高珂 苏戈】

【主审法官：郭修江】

【执笔人：郭修江 陆阳 熊俊勇】

## 31 被诉行政行为的可诉性不受行政复议决定约束

【裁判要旨】行政复议机关作出维持复议决定后,当事人对原行政行为不服提起行政诉讼,人民法院认为原行政行为不属于行政诉讼受案范围的,可以依法裁定不予受理或者驳回起诉,不受行政复议决定效力的约束。

**最高人民法院案号:(2015)行监字第650号**

再审申请人(一审原告、二审上诉人):李焕明。

被申请人(一审被告、二审被上诉人):辽宁省沈阳市辽中县人民政府。住所地:辽中县滨水新区滨水路26号。

法定代表人:张江徽,县长。

委托代理人:高宏伟,辽中县人民政府法制办公室副主任。

委托代理人:张博,辽中县人民政府法制办公室科长。

李焕明诉辽宁省沈阳市辽中县人民政府(以下简称辽中县政府)行政答复一案,沈阳市中级人民法院于2014年7月24日作出(2014)沈中行初字第158号行政判决,驳回李焕明的诉讼请求。李焕明不服上诉,辽宁省高级人民法院于2014年10月23日作出(2014)辽行终字第00268号行政裁定,撤销一审判决,驳回李焕明的起诉。李焕明向最高人民法院申请再审。

**案件基本事实**:李焕明申请林地确权的地块,与李井全(系李焕明之父)申请要求确认林木林地权属的地块属同一块地。2007年3月28日,辽中县政府作出辽中政行(2007)1号《关于李井全与乌伯牛村林木林地权属争议的处理决定》（以下简称《处理决定》），将争议的林木、林地确定给乌伯牛村集体所有。李井全不服申请行政复议，沈阳市人民政府作出维持《处理决定》的复议决定。李井全起诉请求撤销《处理决定》，沈阳市中级人民法院作出（2008）沈行初字第61号行政判决，驳回李井全的诉讼请求。李井全上诉，辽宁省高级人民法院作出（2009）辽行终字第9号行政判决，驳回上诉维持原判。李焕明于2013年2月18日向辽中县政府提出申请，请求确认辽中县乌伯牛镇乌伯牛村西岗子林地土地权属国有土地，不属于乌伯牛村集体土地。辽中县政府于2013年4月18日作出被诉《答复书》，告知李焕明其请求确权的林地辽中县政府于2007年已经作出确权决定，确定该林木、林地为乌伯牛村集体所有，并经生效的法律文书予以确认。李焕明不服申请行政复议，沈阳市人民政府作出维持该答复的行政复议决定。李焕明提起本案诉讼，请求撤销《答复书》。

**一审判决认为**：本案有效证据可以证明，李焕明请求确权的林地辽中县政府于2007年已经作出确权决定，确定该林木、林地为乌伯牛村集体所有，并经生效的法律文书予以确认。李焕明的诉讼请求没有事实依据，依照《最高人民法院关于执行〈中华人民共和国行政诉讼法〉若干问题的解释》第五十六条第（四）项之规定，判决驳回李焕明的诉讼请求。李焕明不服上诉。

**二审裁定认为**：本案被诉《答复书》是对《处理决定》的重复确认，没有对李焕明的权利义务产生新的影响，属于《最高人民法院关于执行〈中华人民共和国行政诉讼法〉若干问题的解释》第一条第二款第（五）项规定的重复处理行为，不属于行政诉讼的受案范围。依照《中华人民共和国行政诉讼法》第六十一条第（二）项、《最高人民法院关于执行〈中华人民共和国行政诉讼法〉若干问题的解释》第四十四条第一款第（一）项的规定，裁定撤销一审判决、驳回李焕明的起诉。

**李焕明申请再审称**：依据1953年辽中县政府《公私合作造林合同》，涉案林地权属应为国有土地。根据《中华人民共和国森林法实施条例》等相关法律法规规定，林地所有权改变的，应办理变更登记手续。涉案林地没有土地性质变更的登记手续或政府批准文件，政府将土地确权给村集体所有，属于违法行政。请求：撤销辽宁省高级人民法院（2014）辽行终字第00268号行政裁定，确认争议林地属国家所有。

**辽中县政府答辩称：**（1）李焕明请求确权的林地，辽中县政府于2007年3月28日已作出《处理决定》，并经人民法院生效判决予以确认。（2）根据李焕明向辽中县政府提交的《申请林地权属情况说明》可知，其请求确权的林地与2007年辽中县政府作出确权的林地属同一块林地。（3）辽中县政府作出的《答复书》没有对李焕明产生新的权利义务，不应进入诉讼程序。

**最高人民法院经审查认为：**《最高人民法院关于执行〈中华人民共和国行政诉讼法〉若干问题的解释》第一条第二款第（五）项之规定，"驳回当事人对行政行为提起申诉的重复处理行为"不属于人民法院行政诉讼的受案范围。本案中，李焕明系李井全之子，李井全生前曾向辽中县政府就本案争议林木、林地权属申请确权，辽中县政府作出《处理决定》，将涉案林木、林权确权归乌伯牛村集体所有，《处理决定》并经行政复议决定和人民法院生效判决予以确认。作为继承人，李焕明在其父亲去世之后，再次对已确权的林地权属提出确权请求，实质是对辽中县政府就李井全申请林木、林地确权作出的《处理决定》不服的申诉行为。辽中县政府针对李焕明的申诉作出《答复书》，内容仅仅是告知李焕明，涉案林地已确权并经行政复议决定和生效行政判决确认的事实，属于驳回李焕明对《处理决定》提出申诉的重复处理行为，未对李焕明的权利义务产生新的不利影响。因此，二审裁定认为被诉《答复书》不属于行政诉讼受案范围，依法有据。针对李焕明申请再审提出的理由，最高人民法院认为，本案被诉对象是辽中县政府作出的《答复书》，李焕明提出的"依据1953年《公私合作造林合同》，涉案土地应属国家所有""涉案林地没有变更登记手续或政府批准文件，政府确权给村集体所有违法"等申请再审理由，是对辽中县政府作出的《处理决定》不服提出的质疑，与本案无直接的关联性，不属于本案审查范围。据此，李焕明申请再审理由不能成立，本院不予支持。

综上，李焕明的再审申请不符合《中华人民共和国行政诉讼法》第九十一条第（一）、（三）、（四）项规定的情形。依照《最高人民法院关于执行〈中华人民共和国行政诉讼法〉若干问题的解释》第七十四条的规定，裁定驳回李焕明的再审申请。

### 裁判解析

根据《中华人民共和国行政诉讼法》第五十一条规定，人民法院在接到起诉状时，对符合本法规定的起诉条件的，应当登记立案；对当场不能判定是否符合本法规定的起诉条件的，应当接收起诉状，出具注明收到日期的书面凭证，并在7日内决定是否立案；不符合起诉条件的，作出不予立案的裁定。因此，人民法院判断公民、法人或者其他组织起诉是否符合受理条件的依据是《中华人民共和国行政诉讼法》及其司法解释的相关规定。行政机关作出的行政行为对当事人诉权的交代，与《中华人民共和国行政诉讼法》及其司法解释的规定不一致时，人民法院应当按照《中华人民共和国行政诉讼法》及其司法解释的规定，审查判断起诉是否应当予以受理，而不是行政机关对诉权的交代。本案中，本诉行政行为是辽中县政府于2013年4月18日作出的《答复书》，《答复书》的内容是告知李焕明，其请求确权的林地，辽中县政府于2007年已经作出确权决定。并未对涉案林地权属重新作出新的处理决定。根据《最高人民法院关于执行〈中华人民共和国行政诉讼法〉若干问题的解释》第一条第二款第（五）项之规定，该《答复书》属于"驳回当事人对行政行为提起申诉的重复处理行为"，不属于行政诉讼的受案范围。尽管沈阳市人民政府对《答复书》的复议申请进行审查，并作出行政复议决定维持该答复，沈阳市政府的已受理行为，并不能改变《答复书》不属于行政诉讼受案范围的事实，更不能改变《中华人民共和国行政诉讼法》和司法解释的有效规定。鉴于此，二审撤销一审判决，裁定驳回李焕明的起诉，符合法律规定。

【合议庭成员：郭修江　汪国献　范向阳】

【主审法官：郭修江】

【执笔人：郭修江　陆　阳　熊俊勇】

## 32 二审改变一审裁判理由维持其结果具有合法性

【裁判要旨】《中华人民共和国行政诉讼法》第八十九条第一款第（一）项规定："原判决、裁定认定事实清楚，适用法律、法规正确的，判决或者裁定驳回上诉，维持原判决、裁定。"一审裁定理由不当、结果正确的，二审改变一审理由，裁定驳回上诉，维持一审裁定结果，不违反上述规定。

*最高人民法院案号：（2015）行监字第1276号*

再审申请人（一审原告、二审上诉人）：李守龙。

李守龙因诉吉林省吉林市人民政府（以下简称吉林市政府）、磐石市人民政府（以下简称磐石市政府）、磐石市教育局撤销信访复核意见书一案，向吉林市中级人民法院提起行政诉讼，吉林市中级人民法院于2015年5月27日作出（2015）吉中行立初字第14号行政裁定，对李守龙的起诉不予立案。李守龙不服上诉，吉林省高级人民法院于2015年8月6日作出（2015）吉行立终字第61号行政裁定，驳回上诉，维持原裁定。李守龙申请再审。

**案件基本事实**：1980年10月起，李守龙在原红光中学总务处工作。1982年11月群众举报其有经济问题，磐石市教育局党委派调查组调查，同时宣布停止李守龙在红光中学所任职务，学校未给李守龙安排具体工作，但工资待遇不变。1984年8月，李守龙向学校提出在经济问题没有结论之前暂不上班的要求，学校同意并与之签订为期一年的离岗协议（1984年9月1日~1985年8月31日）。1985年2月，李守龙到校工作，一个月后离岗，开始自谋职业。离岗协议期满后，李守龙未与学校续签协议，亦未到岗工作。1987年2月11日，磐石市教育局对李守龙的问题作出《教育局党委关于李守龙同志经济问题处理决定》，决定解除对李守龙的经济怀疑。1987年3月27日，红光中学召开党员支部大会，同意教育局党委《关于李守龙同志经济问题处理决定》，一致同意李守龙党员登记。李守龙在党员登记表上签字同意支部意见，并在"整党中的主要收获及今后努力方向"一栏中自述，已经自谋职业。1987年开始李守龙先后开办了全州旅馆、磐石液化气站，1987年5月20日将党组织关系转入原磐石县工商局。1992年10月，李守龙在山东省诸城市摩托车厂工作。2008年李守龙到磐石市教育局要求办理退休未果后开始上访，上访反映的主要问题是：1983年接受组织调查至今未有结论；请求恢复工作，恢复名誉、赔偿经济损失。磐石市教育局2013年7月25日作出《关于李守龙信访问题的处理意见》（以下简称《信访处理意见》），答复李守龙："你的经济问题磐石市教育局党委于1987年2月11日已经作出定性结论。你从1987年脱离教育系统自谋职业属实。因此对你提出的恢复工作、赔偿经济损失的要求不予支持。"李守龙不服申请复查，磐石市人民政府于2013年9月25日作出《关于李守龙信访事项复查意见书》（以下简称《信访复查意见》），维持磐石市教育局的处理意见。李守龙提出信访复核申请，吉林市政府2014年2月20日作出《关于李守龙信访事项的复核意见书》（以下简称《信访复核意见》），对李守龙的复核请求不予支持。李守龙不服《信访复核意见》，向吉林省吉林市中级人民法院提起行政诉讼。

一审裁定认为：李守龙起诉事项属于行政机关内部管理行为，不属于行政诉讼受案范围。依照《中华人民共和国行政诉讼法》第十三条第（三）项、第四十九条第（四）项规定，裁定不予立案。

二审裁定认为：行政机关依据《信访条例》对信访事项作出的处理意见、复查意见、复核意见和不再受理决定，信访人不服提起行政诉讼的，人民法院不予受理。李守龙请求撤销吉林市政府作出的《信访复核意见》，该《信访复核意见》是吉林市政府依据《信访条例》处理信访事项的行为，且该《信访复核意见》对李守龙权利义务未产生实际影响,不属于行政案件受案范围。依照《中华人民共和国行政诉讼法》第八十九条第一款第(一)项之规定,裁定驳回上诉,维持原裁定。

**李守龙申请再审称**:(1)本案属于行政案件受案范围,应予立案;(2)二审裁定认定一审适用法律不当,应予立案审理,裁定驳回上诉维持原判,属于适用法律错误;(3)《信访复核意见》剥夺了李守龙享受退休待遇的权利,二审裁定认为该意见对李守龙的权利义务未产生实际影响,属于认定事实错误。请求:撤销一、二审裁定,裁定由吉林省高级人民法院依法立案审理。

**最高人民法院经审查认为**:二审生效裁定以《信访复核意见》对李守龙的权利义务未产生实际影响,不属于行政案件受案范围为由,裁定驳回上诉维持原裁定,事实清楚,适用法律、法规正确,审判程序合法,依法应予维持。李守龙申请再审理由不能成立。

一、关于信访复核意见是否属于行政诉讼受案范围问题

根据《最高人民法院关于执行〈中华人民共和国行政诉讼法〉若干问题的解释》(以下简称《若干解释》)第一条第二款第(五)项规定,驳回当事人对行政行为提起申诉的重复处理行为,不属于人民法院行政诉讼的受案范围。《最高人民法院关于不服县级以上人民政府信访行政管理部门、负责受理信访事项的行政管理机关以及镇(乡)人民政府作出的处理意见或者不再受理决定而提起的行政诉讼人民法院是否受理的批复》(〔2005〕行立他字第4号,以下简称4号批复)亦明确规定:"对信访事项有权处理的行政机关根据《信访条例》作出的处理意见、复查意见、复核意见和不再受理决定,信访人不服提起行政诉讼的,人民法院不予受理。"本案中,磐石市教育局党委于1987年对李守龙经济问题作出明确处理,李守龙自1985年底脱离教育系统自谋职业,2008年李守龙因申请办理退休手续未获批准开始上访。针对李守龙的上访事项,磐石市教育局作出《信访处理意见》。磐石市人民政府作出《信访复查意见》,吉林市人民政府作出的《信访复核意见》。上述信访答复均是对1987年磐石市教育局党委对李守龙经济问题作出处理及李

守龙1985年底经组织同意自愿离职相关事实的重申,直接影响其权利义务的是发生在上世纪80年代的相关事实,被诉《信访复核意见》未对李守龙作出任何新的处理决定。因此,该意见系对李守龙申诉作出的重复处理行为,对李守龙的权利义务不产生实际影响。依照上述规定,李守龙对吉林市人民政府作出的《信访复核意见》提起诉讼不属于行政诉讼受案范围,一、二审裁定不予立案,依法有据,最高人民法院应予支持。

二、关于二审裁定是否存在适用法律错误问题

《中华人民共和国行政诉讼法》第八十九条规定:"人民法院审理上诉案件,按照下列情形,分别处理:(一)原判决、裁定认定事实清楚,适用法律、法规正确的,判决或者裁定驳回上诉,维持原判决、裁定;(二)原判决、裁定认定事实错误或者适用法律、法规错误的,依法改判、撤销或者变更。"本案中,一审以李守龙起诉事项属于行政机关内部管理行为,不属于行政诉讼受案范围为由,裁定不予立案;二审则是以李守龙所诉《信访复核意见》对李守龙权利义务未产生实际影响,不属于行政诉讼受案范围为由,一、二审裁定理由不同,但是,不予立案的结果都是完全一致的。在此情形下,二审裁定在说理部分指出一审裁定说理存在的问题,裁定驳回上诉,维持一审不予立案的结果,并无不当。李守龙以二审适用法律错误为由申请再审,最高人民法院不予支持。

三、关于二审裁定是否存在认定事实错误问题

《中华人民共和国行政诉讼法》第九十一条第(三)项规定,原判决、裁定认定事实的主要证据不足,当事人申请再审的,人民法院应当再审。也就是说,如果原审判决、裁定认定直接影响到裁判结论正确与否的相关事实,缺乏基本证据予以支持的,人民法院应当予以再审。本案中,一、二审裁定仅仅是根据李守龙起诉时陈述的事实以及提供的被诉《信访复核意见》等相关证据,对其起诉是否符合法定条件进行分析,并未认定其他与李守龙陈述和提供证据不一致的任何事实。因此,李守龙认为二审裁定认定事实错误,没有事实根据。李守龙提出,二审认定《信访复核意见》对李守龙的权利义务未产生实际影响,属于认定事实错误。最高人民法院认为,李守龙的上述主张是对二审裁定相关表述的错误认识。二审裁定的上述表述并非事实认定,

只是根据《信访复核意见》内容，对该行为性质的法律判断。李守龙以此为由申请再审，理由不能成立。

综上，李守龙的再审申请不符合《中华人民共和国行政诉讼法》第九十一条第（三）、（四）项规定的情形。依照《最高人民法院关于执行〈中华人民共和国行政诉讼法〉若干问题的解释》第七十四条的规定，裁定驳回李守龙的再审申请。

### 裁判解析

《中华人民共和国行政诉讼法》第八十九条第一款规定："人民法院审理上诉案件，按照下列情形，分别处理:（一）原判决、裁定认定事实清楚，适用法律、法规正确的，判决或者裁定驳回上诉，维持原判决、裁定;（二）原判决、裁定认定事实错误或者适用法律、法规错误的，依法改判、撤销或者变更;（三）原判决认定基本事实不清、证据不足的，发回原审人民法院重审，或者查清事实后改判;（四）原判决遗漏当事人或者违法缺席判决等严重违反法定程序的，裁定撤销原判决，发回原审人民法院重审。"从法律条文规定看，二审对一审判决、裁定的监督与裁判方式是清楚明了的。但是，审判实践中如何把握，却并非易事。例如，一审事实清楚，适用法律错误，但是裁判结果并无不当的，二审应当如何审理和裁判，实践中就存在难以取舍的情况。目前，主要有两种做法：一是依照《中华人民共和国行政诉讼法》第八十九条第一款第（二）项规定，变更一审裁定的法律适用，裁定撤销一审裁判，重新作出一个与一审裁判结果相同的裁判；二是依照《中华人民共和国行政诉讼法》第八十九条第一款第（一）项规定，裁定驳回上诉，维持一审裁判。实践中之所以会产生两种不同的裁判方式，主要原因在于对二审的监督纠错功能和二审终审价值的理解不同。二审功能既要依法监督和纠正一审事实认定、法律适用、审判程序方面存在的问题，又要实现两审终审、有效化解争议的职能作用，二者不可偏废。但第一种方式片面强调监督和纠错功能，而第二种方式则过于强调两审终审和纠纷解决功能。笔者认为，正确的做法应当是，在裁判说理和法律适用时，依法指出一审裁判的问题，但是，在裁判主文部分仍应当根据《中华人民共和国行政诉讼法》第八十九条第一款第（一）项规定，驳回上诉，维持一审裁判。这样的做法，既在说理部分指出一审存在的问题，发挥二审监督和纠错的功能，又在裁判结果上维护司法权威，可以更好地实现二审终审和有效化解争议的职能作用。相比较而言，第一种方式撤销一审裁判重新作一个与一审裁判主文完全相同的判决结果，既影响人民法院裁判的权威性，也没有实际意义；第二种裁判方式如果仅仅是简单驳回上诉维持原裁判，二审的监督和纠错功能没有发挥。当然，指出问题同时又驳回上诉维持原裁判结果，在适用法律上可能会存在争议，因为《中华人民共和国行政诉讼法》第八十九条第一款第（一）项规定，只有一审判决、裁定认定事实清楚，适用法律、法规正确的情形下，才能判决或者裁定驳回上诉，维持原判决、裁定。既然已经存在适用法律错误的情形，继续《中华人民共和国行政诉讼法》八十九条第一款第（一）项规定，是否符合该项规定的法定适用条件，实践中会存在异议。笔者认为，应当正确理解该项规定，认定事实清楚、适用法律正确，并非是说只要一审判决裁定存在一丁点瑕疵就必须要撤销重作。这里的事实清楚、适用法律正确，应当是指主要事实清楚，适用法律的主要方面不存在问题。如果仅仅是次要事实认定不准确、不清楚，或者适用法律有误但没有改变案件定性，没有影响到案件处理结果的正确性的，仍应当属于符合该项法定适用条件的情形。就本案而言，一审裁定认为李守龙起诉事项属于行政机关内部管理行为不妥，但是，就法律适用的定性而言，其所诉行为不属于行政诉讼受案范围，应当裁定不予立案是没有错误的。二审在说理部分纠正一审的说理，认为李守龙起诉事项属于行政机关依据《信访条例》对信访事项作出的重复处理行为，不属于行政诉讼的受案范围，纠正说理错误后，依旧维持一审裁定处理结果，不违反《中华人民共和国行政诉讼法》第八十九条第一款第（一）项和第（二）项的规定。

【合议庭成员：郭修江　苏　戈　范向阳】

【主审法官：郭修江】

【执笔人：郭修江　陆　阳　熊俊勇】

## 33 诉讼中行政机关负责人出庭应诉问题

【裁判要旨】《中华人民共和国行政诉讼法》第三条第三款规定:"被诉行政机关负责人应当出庭应诉。不能出庭的,应当委托行政机关相应的工作人员出庭。"根据上述规定,行政机关负责人出庭应诉是其法定义务。但是,行政机关负责人确因正当事由不能出庭的,经向法庭书面报告具体情况,委托相关工作人员到庭应诉,不违反《中华人民共和国行政诉讼法》的上述规定。

最高人民法院案号:(2015)行监字第1681号

再审申请人(一审原告、二审上诉人):赵士才。

被申请人(一审被告、二审被上诉人):辽宁省辽阳市人民政府。住所地:辽宁省辽阳市文圣区新城路。

法定代表人:裴伟东,市长。

赵士才诉辽宁省辽阳市人民政府(以下简称辽阳市政府)不予受理行政复议决定一案,辽宁省辽阳市中级人民法院于2014年11月17日作出(2014)辽阳行初字第00002号行政判决,驳回赵士才的诉讼请求。赵士才不服上诉,辽宁省高级人民法院于2015年4月3日作出(2015)辽行终字第00088号行政判决,判决驳回上诉,维持原判。赵士才申请再审。

**案件基本事实:** 赵士才于2014年1月13日以辽宁省灯塔市人民政府(以下简称灯塔市政府)为被申请人向辽阳市政府提出行政复议申请,请求事项为:(1)要求被申请人认真执行《城市房屋拆迁管理条例》或《国有土地上房屋征收与补偿条例》等上位法规定;(2)被申请人于2007年作出的《灯塔市采煤沉陷区城镇居民"住宅"拆迁补偿安置办法》与国法秘函(2003)306号等上位法规定相抵触,要求予以废止;(3)要求辽阳法制办牵头,公开举行听证会,聘请国土资源、房地产、城乡规划、法制办、人大、政法委和法律专家参加,按照大家评议结果,确定申请人全家补偿安置标准;(4)要求按照《辽宁省行政复议证据规则》第十九条第(一)项及法律法规规定,认真调查处理被申请人渎职拆迁,造成财政损失3亿元行为。辽阳市政府经审查认为,赵士才提出的行政复议申请不符合《中华人民共和国行政复议法》规定的受案范围,根据该法第二条、第六条、第十七条的规定,于2014年1月14日作出《不予受理行政复议申请决定书》[辽市行复不字(2014)1号,以下简称1号《复议决定》],决定不予受理,并以特快专递方式送达给赵士才。赵士才不服,提起行政诉讼。

**一审判决认为**:关于赵士才要求辽阳市政府按照其复议申请的请求事项履行行政职责的诉讼请求,不是本案的审查范围,不予支持;关于赵士才要求灯塔市政府行政负责人亲自出庭应诉的诉讼请求无法律依据,不予支持。综上,辽阳市政府作出的1号《复议决定》事实清楚,证据充分,适用法律正确,应予以维持。依照《最高人民法院关于执行〈中华人民共和国行政诉讼法〉若干问题的解释》第五十六条第(四)项的规定,判决驳回赵士才的诉讼请求。赵士才提起上诉。

**二审判决认为**:赵士才向辽阳市政府提交的复议请求事项中第1项、第4项复议请求不是针对具体行政行为提出的,不符合《中华人民共和国行政复议法》第二条、第六条规定的受理条件。第2项请求系对抽象行政行为的复议,根据《中华人民共和国行政复议法》第七条的规定,单独就抽象行政行为提起行政复议,复议机关不予受理。第3项请求是要求复议机关以听证方式审理案件,是对复议机关审理案件方式的要求,与复议事项无关。综上,辽阳市政府作出的1号《复议决定》,认定事实清楚,适用法律正确,一审法院驳回赵士才的诉讼请求并无不当。依照修改前的《中华人民共和国行政诉讼法》第六十一条第（一）项的规定，判决驳回上诉，维持原判。

**赵士才申请再审称**：（1）一、二审判决驳回赵士才的诉讼请求存在明显错误。赵士才在一审中提供的四个证据目录，足以证明灯塔市政府滥用职权拆迁，造成财政损失三个亿，同时造成赵士才合法权益受损的事实。（2）辽阳市政府作出不予受理的复议决定，违反了《中华人民共和国行政复议法》第六条的规定，赵士才行政复议请求属于行政复议受理范围。（3）辽阳市政府未公开履行听证程序，违反了相关法律规定。（4）提供的新证据证明赵士才房屋面积及补偿安置标准。请求：（1）撤销一、二审行政判决；（2）要求灯塔市政府履行补偿安置行政职责；（3）判决辽阳市政府公开履行听证程序，重新确定赵士才的补偿安置标准；（4）要求辽阳市政府和灯塔市政府的主要负责人亲自出庭应诉。

辽阳市政府未提交书面答辩意见。

**最高人民法院经审查认为**：辽阳市政府作出的1号《复议决定》认定事实清楚，适用法律正确，一、二审判决驳回赵士才的诉讼请求，并无不当。

一、被诉行政复议决定合法性问题

《中华人民共和国行政复议法》第二条规定，公民、法人或者其他组织认为具体行政行为侵犯其合法权益的，可以向行政机关提出行政复议申请。根据第七条第（二）项规定，公民、法人或者其他组织认为行政机关的具体行政行为所依据的县级以上地方各级人民政府及其工作部门的规定不合法，在对具体行政行为申请行政复议时，可以一并向行政复议机关提出对该规定的审查申请。根据上述规定，公民、法人或者其他组织针对具体行政行为提起的行政复议申请属于行政复议受案范围；在对具体行政行为申请行政复议时，可以一并对该行政行为所依据的规章以下的规范性规定的合法性提出审查申请。本案中，赵士才提出了四项复议请求，第1项请求属于提出意见建议的行为，第3项请求是对复议过程程序性的要求，第4项请求属于行使检举控告权利的行为，这三项复议请求均不是针对具体行政行为提出的，不属于行政复议受案范围。第2项复议请求要求废止灯塔市政府作出的《灯塔市采煤沉陷区城镇居民"住宅"拆迁补偿安置办法》，属于单独对抽象行政行为的合法性提出审查申请的行为，亦不属于行政复议受案范围。赵士才主张复议机关未履行听证程序。根据《中华人民共和国行政复议法实施条例》第三十三条规定，对重大、复杂的案件，申请人提出要求或者行政复议机构认为必要时，可以采取听证的方式审理。本案是不予受理的情形，不属于重大、复杂的案件，行政机关可以选择是否采取听证的方式进行审理，未听证并不违反法定程序。综上，辽阳市政府依据《中华人民共和国行政复议法》第十七条规定，决定不予受理，并无不当。

二、行政负责人出庭应诉问题

《中华人民共和国行政诉讼法》第三条第三款规定："被诉行政机关负责人应当出庭应诉。不能出庭的，应当委托行政机关相应的工作人员出庭。"根据上述条款规定，被诉行政机关负责人因公务未能出庭，委托相关工作人员到庭应诉，不违反《中华人民共和国行政诉讼法》的规定。赵士才主张辽阳市政府和灯塔市政府的行政负责人不出庭应诉违法，理由不能成立。

三、关于新证据问题

根据《中华人民共和国行政诉讼法》第六条规定，人民法院审理行政案件，对行政行为是否合法进行审查。也就是说，对被诉行政行为的合法性进行审查，是行政诉讼的审判职责。本案中，被诉行政行为是辽阳市政府作出的不予受理复议决定，并不涉及征收补偿是否合法问题。赵士才主张有新证据，证明其被征收房屋的面积和安置补偿标准，与被诉不予受理复议决定并无关联性，不属于本案审查范围。因此，赵士才以提供新证据为由申请再审，理由不能成立。

四、一、二审将灯塔市政府列为第三人不当

《中华人民共和国行政诉讼法》第二十九条第一款规定："公民、法人或者其他组织同被诉行政行为有利害关系但没有提起诉讼，或者同案件处理结果有利害关系的，可以作为第三人申请参加诉讼，或者由人民法院通知参加诉讼。"本案审查的对象是复议机关不予受理决定的合法性问题，不审查原行政行为的合法性，故灯塔市政府与本案被诉行政行为没有利害关系，一、二审判决将其列为本案第三人不当，应予纠正。

综上，赵士才的再审申请不符合《中华人民共和国行政诉讼法》第九十一条第（二）、（三）、（四）、（五）项规定的情形。依照《最高人民法院关于执行〈中华人民共和国行政诉讼法〉若干问题的解释》第七十四条的规定，裁定驳回赵士才的再审申请。

### 裁判解析

《中华人民共和国行政诉讼法》第三条第三款规定："被诉行政机关负责人应当出庭应诉。不能出庭的，应当委托行政机关相应的工作人员出庭。"行政负责人出庭应诉成为被告行政机关的一项法定义务。2015年4月22日发布的《最高人民法院关于适用〈中华人民共和国行政诉讼法〉若干问题的解释》（法释〔2015〕9号）第五条规定："行政诉讼法第三条第三款规定的'行政机关负责人'，包括行政机关的正职和副职负责人。行政机关负责人出庭应诉的，可以另行委托一至二名诉讼代理人。"2015年10月13日，中央全面深化改革领导小组第十七次会议讨论通过《关于加强和改进行政应诉工作的意见》，对行政机关负责人出庭应诉提出要求。2016年6月27日，《国务院办公厅关于加强和改进行政应诉工作的意见》（国办发〔2016〕54号）明确指出："被诉行政机关负责人要带头履行行政应诉职责，积极出庭应诉。不能出庭的，应当委托相应的工作人员出庭，不得仅委托律师出庭。对涉及重大公共利益、社会高度关注或者可能引发群体性事件等案件以及人民法院书面建议行政机关负责人出庭的案件，被诉行政机关负责人应当出庭。经人民法院依法传唤的，行政机关负责人或者其委托的工作人员不得无正当理由拒不到庭，或者未经法庭许可中途退庭。"2016年8月16日，《最高人民法院关于行政诉讼应诉若干问题的通知》（法〔2016〕260号）对行政机关负责人出庭应诉进一步作出规定："准确理解行政诉讼法和相关司法解释的有关规定，正确把握行政机关负责人出庭应诉的基本要求，依法推进行政机关负责人出庭应诉工作。一是出庭应诉的行政机关负责人，既包括正职负责人，也包括副职负责人以及其他参与分管的负责人。二是行政机关负责人不能出庭的，应当委托行政机关相应的工作人员出庭，不得仅委托律师出庭。三是涉及重大公共利益、社会高度关注或者可能引发群体性事件等案件以及人民法院书面建议行政机关负责人出庭的案件，被诉行政机关负责人应当出庭。四是行政诉讼法第三条第三款规定的'行政机关相应的工作人员'，包括该行政机关具有国家行政编制身份的工作人员以及其他依法履行公职的人员。被诉行政行为是人民政府作出的，人民政府所属法制工作机构的工作人员，以及被诉行政行为具体承办机关的工作人员，也可以视为被诉人民政府相应的工作人员。""行政机关负责人和行政机关相应的工作人员均不出庭，仅委托律师出庭的；或者人民法院书面建议行政机关负责人出庭应诉，行政机关负责人不出庭应诉的，人民法院应当记录在案并在裁判文书中载明，可以依照《中华人民共和国行政诉讼法》第六十六条第二款的规定予以公告，建议任免机关、监察机关或者上一级行政机关对相关责任人员严肃处理。"从上述规定可以看出，党和国家对行政机关负责人出庭应诉工作高度重视，行政机关负责人必须依法履行出庭应诉的法定职责义务。但是，同时也可以看出，并非行政机关负责人每案必须出庭应诉。如果有正当理由，确实不能出庭应诉，并在庭前向人民法院作出书面说明的，经人民法院同意，也可以委托行政机关工作人员到庭参加诉讼。此时，行政机关负责人不到庭参加诉讼活动，不违反《中华人民共和国行政诉讼法》的规定。本案中，两被告行政机关负责人因故未到庭参加庭审，庭前已向相关人民法院作出说明，且委托工作人员到庭参加诉讼活动，不属于违反法定程序情形。需要进一步说明的是，根据《中华人民共和国行政诉讼法》的规定，行政机关负责人出庭应诉，具有独立的诉讼地位，如果行政机关负责人到庭，人民法院应当在裁判文书的诉讼参加人中予以列明，被告行政机关的行政首长出庭应诉的，直接列为"法定代表人"；副职出庭应诉的，可直接援引《中华人民共和国行政诉讼法》规定，称之为"行政机关负责人"。

【合议庭成员：郭修江　汪国献　高　珂】

【主审法官：郭修江】

【执笔人：郭修江　陆　阳　熊俊勇】

## 34 资产评估报告的审查及处理

**【裁判要旨】** 人民法院对作为证据的资产评估报告，应当依法严格审查。审查的依据是《资产评估准则》等法律规范的规定，审查的内容包括评估机构和人员的资质、评估目的、评估程序、评估基准日的确定、评估对象的现状和法律权属调查、评估方法的确定、评估工作的具体流程和工作记录等。评估机构和人员提供虚假评估报告妨碍行政诉讼的，人民法院应当依照《中华人民共和国行政诉讼法》规定依法予以处罚；对妨碍诉讼活动行为的处罚，不限于一、二审阶段，也包括立案、再审复查、执行等阶段。

**最高人民法院案号：（2015）行监字第 1921 号**

再审申请人（一审被告、二审上诉人）：辽宁省新民市人民政府（以下简称新民市政府）。

被申请人（一审原告、二审被上诉人）：魏淑英、齐帅。

再审申请人新民市人民政府（以下简称新民市政府）与被申请人魏淑英、齐帅强制拆除地上物并行政赔偿一案，沈阳市中级人民法院于2014年12月15日作出（2014）沈中行初字第250号行政判决，确认强制拆除行为违法，新民市政府赔偿魏淑英、齐帅地上种植物损失1155800元。新民市政府不服该判决提起上诉。辽宁省高级人民法院于2015年4月24日作出（2015）辽行终字第81号行政判决，驳回上诉，维持原判。新民市政府申请再审。最高人民法院于2015年11月5日立案审查，并于2015年12月16日下午在第二巡回法庭第二法庭组织各方当事人进行询问，再审申请人新民市政府的委托代理人张浩、迟红英，被申请人魏淑英、齐帅及委托代理人张志强，沈阳嘉森森林资源资产价格评估事务所（以下简称嘉森评估所）周士杰到庭参加询问活动。

**案件基本事实**：魏淑英、齐帅在新民市前营子村东侧有7.2亩承包地，2008年之前即开始在承包地上从事苗木、风景树繁育、销售活动。京沈铁路客运专线途经新民市七个乡、镇、街道，在新民市境内的线路长度为55.655公里，魏淑英、齐帅的承包土地在该工程用地范围之内。为配合京沈铁路客运专线工程建设，2009年6月25日和2013年12月18日，新民市政府两次发布公告，禁止在项目用地范围内抢栽抢建。2013年12月21日，新民市政府发布《京沈铁路客运专线（新民段）项目建设征地拆迁补偿实施方案》，附件中关于紫叶稠李的补偿标准为每株50元。2014年3月9日，新民市政府组织人员对魏淑英、齐帅承包地上的苗木进行核查，确认承包地上栽种有3年生紫叶稠李23116株。嘉森评估所丛日健、裴海峰、张纪强三人参加了核查工作。2014年3月9日，新民市政府发布《关于清除京沈客专铁路沿线非法抢栽抢建地上物和设施的通知》，要求抢栽抢建的当事人自通告发布之日起3日内自行清除抢栽抢建的地上物和设施，逾期不自行清除的，公安机关及有关执法部门将依据相关法律法规规定，予以强制清除。2014年3月13日，新民市政府对魏淑英、齐帅7.2亩承包地上的紫叶稠李实施了强制清除。2014年10月17日，国土资源部下发《关于新建北京至沈阳铁路客运专线（沈阳、阜新、朝阳段）工程建设用地的批复》（国土资函〔2014〕528号），同意将包括涉案承包地在内的共计1101.3334公顷集体所有农用地转为建设用地，并办理征地手续。2014年11月7日，辽宁省国土资源厅作出《转发国土资源部关于新建北京至沈阳铁路客运专线（沈阳、阜新、朝阳段）工程建设用地批复的函》（辽国土资函〔2014〕218号）。

**魏淑英、齐帅诉称**：其在位于新民市前营子村东侧有7.2亩承包地，从2007年开始即从事苗木、风景树繁育、销售经营，魏淑英、齐帅有权在自己的承包地上栽植林木并获得经营收益，种植的树木不属于抢栽苗木，也没有骗取地上物补偿款的故意，新民市政府仅以2009年6月25日下达公告，并以树苗不足5年为由不予补偿的行为严重侵害了魏淑英、齐帅的合法权益。故请求确认新民市政府于2014年3月13日强制拆除魏淑英、齐帅地上物的行为违法，判令赔偿经济损失14万元。

**新民市政府答辩称：**该府于2009年6月25日下达了土地预征收公告并要求征地范围内的农户不得抢栽抢建作物及新增地上附着物。魏淑英、齐帅树苗种植于2011年，违反了下发的有关公告的要求，按照国土资源部《关于完善征地补偿安置制度的指导意见》（国土资发〔2004〕238号）第三条第（九）项之规定，抢栽树木不在征地补偿范围内，新民市政府对魏淑英、齐帅抢栽树木实施的强制清除行为符合法律规定。魏淑英、齐帅的诉讼请求没有事实基础和法律依据，其主张不能成立，请求依法驳回其诉讼请求。

**一审判决认为：**《辽宁省实施〈中华人民共和国土地管理法〉办法》第二十四条第二款规定："自征地公告发布之日起，突击栽种的树木、青苗和抢建的建筑物、构筑物等，不予补偿。"对集体土地上抢建、抢种行为的认定，应该以土地征收并发布征地公告为前提。新民市政府提交的证据不能证明魏淑英、齐帅使用的土地已经由有权机关批准征收并发布了征地公告。同时，根据魏淑英、齐帅提供的证据可以证明其在2008年以前即一直从事繁育销售木苗的经营活动，在京沈客运专线征地拆迁前魏淑英、齐帅并未改变原种植种类，亦未实施抢栽抢建行为，新民市政府以魏淑英、齐帅2009年6月后存在抢栽抢种为由实施强制拆除行为缺少事实依据，应当确认违法。因新民市政府的违法强拆行为造成了魏淑英、齐帅的财产损失，根据《中华人民共和国国家赔偿法》第四条第（二）项的规定，魏淑英、齐帅有取得赔偿的权利。关于赔偿范围，根据新民市政府提供的《关于齐帅所有紫叶稠李调查情况的说明》（以下简称《紫叶稠李情况说明》）可以证明，魏淑英、齐帅被强制拆除的地上物为三年生紫叶稠李，数量为23116株。关于赔偿数额，因苗木已经灭失，不具备评估条件，可参照新民市政府在征地过程中适用的补偿方案所规定的标准判决赔偿。根据补偿方案附表一（果树、杂树、林木等补偿标准表）记载，紫叶稠李补偿标准为每株50元，故新民市政府应赔偿紫叶稠李苗木损失23116株×50元/株=1155800元。综上，依照《最高人民法院关于执行〈中华人民共和国行政诉讼法〉若干问题的解释》第五十七条第二款第（二）项、《中华人民共和国国家赔偿法》第四条第（二）项之规定，判决：确认新民市政府对魏淑英、齐帅地上物实施的强制拆除行为违法；新民市政府在本判决生效之日起15日内赔偿魏淑英、齐帅地上种植物损失1155800元。

**二审判决认为：**新民市政府虽然在二审中提交了涉案土地获得征地批复的证据，但该证据不能证明被诉具体行政行为即强制清除地上物的行为具备合法性。新民市政府主张应当按照国土资源部《关于完善征地补偿安置制度的指导意见》（国土资发〔2004〕238号）第三条第（九）项的规定，认定魏淑英、齐帅栽种的紫叶稠李苗木属于抢栽、抢种，因新民市政府并未提供在征地依法报批前，将征地情况书面告知被魏淑英、齐帅的相关证据，故依此规定认定魏淑英、齐帅的行为属于抢栽、抢种仍缺乏事实依据。同时，根据魏淑英、齐帅提供的证据可以证明，其在2008年以前即一直从事繁育销售苗木的经营活动，在本次征地拆迁前并未改变原种植种类，亦未实施抢栽、抢种行为。新民市政府仅以涉案苗木为3年生为由认定其属于抢栽、抢种，进而实施强制清除行为明显缺乏事实依据和法律依据，并且新民市政府在实施强制清除行为时没有采取证据保全、没有对具有使用价值的苗木采取妥善的保管措施，致使损失扩大亦属不当，一审法院据此确认该行为违法符合法律规定，应予维持。关于赔偿数量和金额，一审法院根据新民市政府提供的《紫叶稠李情况说明》和补偿方案附表一（果树、杂树、林木等补偿标准表），确认被强制清除的地上物为三年生紫叶稠李，数量为23116株，补偿标准为每株50元，新民市政府应赔偿魏淑英、齐帅紫叶稠李苗木损失1155800元并无不当，应予维持。综上所述，被诉强制清除行为违反法律、法规规定，应属违法。造成的损失，应予赔偿。新民市政府的上诉理由和请求缺乏事实依据和法律依据，不予支持。一审判决认定事实清楚，证据充分，适用法律正确，审判程序合法，应予维持。依照《中华人民共和国行政诉讼法》第六十一条第（一）项的规定，判决：驳回上诉，维持原判。

**二审判决生效后**：新民市政府委托嘉森评估所对魏淑英、齐帅的紫叶稠李进行价格评估。嘉森评估所于2015年8月28日出具了《京沈客专项目涉及齐帅所有紫叶稠李资产价值评估报告书》（沈嘉林评字〔2015〕第530号，以下简称530号《评估报告》），认定魏淑英、齐帅的紫叶稠李苗木价格为每株5元，评估技术人员为周士杰、张继亮。新民市政府将《评估报告》作为新证据，向最高人民法院申请再审，请求撤销一、二审行政判决，改判补偿魏淑英、齐帅损失115800元。事实和理由为：（1）新民市政府确认魏淑英、齐帅承包地上有23116株紫叶稠李，只是对客观事实的记载，不能显示植物密度的合理性。（2）补偿方案中紫叶稠李每株50元的补偿标准，是针对同类成树，不适用魏淑英、齐帅种植的树苗。（3）新民市政府委托嘉森评估所对魏淑英、齐帅的树苗进行评估，结论是种植树苗价格为每株5元。

**最高人民法院驳回再审申请裁定认为**：新民市政府在未取得征地批复、未发布征地公告的情况下，认定魏淑英、齐帅栽种的紫叶稠李属于抢栽抢种，并予以强制清除，缺乏事实和法律依据，一、二审判决确认违法，双方并无异议，本院亦予确认。新民市政府违法强制清除造成魏淑英、齐帅的财产损失，应当依法赔偿。

一、关于紫叶稠李的株数问题

《最高人民法院关于行政诉讼证据若干问题的规定》第五十三条规定："人民法院裁判行政案件，应当以证据证明的案件事实为依据。" 2014年9月16日，嘉森评估所出具《紫叶稠李情况说明》，内容为：嘉森评估所接受新民市土地房屋征收办公室委托，2014年3月9日与新柳街道、前营子村委会派员共同进行调查，认定齐帅所有紫叶稠李苗龄3年，总株数为23116株。该调查结果系苗木核查过程中形成的资料，新民市政府亦予认可，并作为己方证据向一审法院提交，一审庭审质证过程中，双方当事人均未对该证据的真实性、合法性提出质疑。一审采纳该证据，认定魏淑英、齐帅被强制清除的紫叶稠李株数，并无不当。新民市政府再审申请称，《紫叶稠李情况说明》

不能显示植物密度的合理性，否定该证据的证明效力，但没有提供足以推翻该证据的反证，且在本院询问过程中新民市政府的委托代理人称，不再对紫叶稠李的株数提出异议。故对新民市政府有关紫叶稠李株数的申请再审理由，不予支持。

二、关于赔偿标准问题

《中华人民共和国国家赔偿法》第三十六条第（八）项规定，侵犯公民、法人和其他组织的财产权造成损害的，按照直接损失给予赔偿。所谓直接损失，是指受到损害财产的市场价值。新民市政府违法强制清除魏淑英、齐帅栽种的紫叶稠李，应当按照紫叶稠李的市场评估价格予以赔偿。在紫叶稠李已经被强制清除，无法根据现状进行评估的情况下，一、二审判决参照新民市政府征收补偿方案规定的每株 50 元的标准予以赔偿，体现了市场价格赔偿的基本原则，判决结果并无不当。新民市政府主张补偿方案中每株 50 元的补偿标准系针对紫叶稠李成树的补偿标准，但是，从补偿方案的表述看，并不能得出该结论，且新民市政府亦未提供其他相关证据证明其主张。新民市政府将 530 号《评估报告》作为"新的证据"向本院提交。根据《最高人民法院关于行政诉讼证据若干问题的规定》第五十二条规定，再审"新证据"是指以下证据：（一）在一审程序中应当准予延期提供而未获准许的证据；（二）当事人在一审程序中依法申请调取而未获准许或者未取得，人民法院在第二审程序中调取的证据；（三）原告或者第三人提供的在举证期限届满后发现的证据。本案中，新民市政府在一、二审程序中，均未对涉案的紫叶稠李价格申请评估，在二审判决生效后，委托评估机构作出的评估结论，明显不属于应当再审的"新证据"。

三、关于评估报告的真实性问题

嘉森评估所接受新民市政府的委托作出的 530 号《评估报告》，严重违反评估程序，评估结论没有事实依据，不具有真实性，不能作为认定涉案紫叶稠李赔偿价格的依据。嘉森评估所作出的 530 号《评估报告》，属于提供虚假证明材料，妨碍人民法院审理案件的行为，根据《中华人民共和国行政诉讼法》第五十九条第一款第（二）项以及第二款的规定，对嘉森评估所及其主要负责人、直接责任人员应当处以罚款处罚。

综上，新民市政府的再审申请不符合《中华人民共和国行政诉讼法》第九十一条第（二）、（三）项规定的情形。依照《最高人民法院关于执行〈中华人民共和国行政诉讼法〉若干问题的解释》第七十四条的规定，裁定：驳回新民市政府的再审申请。

最高人民法院同时作出（2015）行监字第1921号罚款决定，认为嘉森评估所出具虚假评估报告，妨碍了人民法院公正审理案件，应当承担法律责任。张汝伯作为嘉森评估所的法定代表人，周士杰、张继亮作为评估报告书的评估技术人员，分别是提供虚假材料单位的主要负责人和直接责任人，亦应当对该行为承担法律责任。对嘉森评估所罚款人民币1万元整；对张汝伯、周士杰、张继亮各罚款人民币2000元整。

## 裁判解析

当前在民事诉讼和行政诉讼中，虚假评估及虚假鉴定等行为较为泛滥，严重妨碍了人民法院对案件的公正审理。人民法院对作为证据提交的评估报告应当进行严格审查。本案中，新民市政府以530号《评估报告》作为"新证据"申请再审，故对于该评估报告真实性、合法性的审查，成为再审审查中的焦点问题。根据《中华人民共和国行政诉讼法》第三十三条规定，证据包括书证、物证、视听资料、电子数据、证人证言、当事人的陈述、鉴定意见、勘验笔录及现场笔录。其中，鉴定意见是指接受委托或者聘请的鉴定人，运用自己的专门知识和技能，利用专门的仪器和设备，对案件中某些专门性问题进行分析、鉴别和判断后作出的书面意见。长期以来，部分法院将鉴定结论视为科学判断或者专门性知识，认为法院无法判断，因此直接认可其证据效力。但是，鉴定意见也具有一定的主观性，也会因主客观的各种原因，出现错误，应当允许当事人对鉴定结论提出异议，人民法院对当事人提出的异议应当认真审查。新修改的《中华人民共和国行政诉讼法》第三十三条将"鉴定结论"修改为"鉴定意见"，也表明了对于该种证据，法院应当结合案件的全部证据，综合审查判断的意向。评估报告是指注册资产评估师根据资产评估准则的要求，在履行必要评估程序后，对评估对象在评估基准日特定目的下的价值发表的、由其所在评估机构出具的书面专业意见。从证据分类而言，评估报告可视为鉴定意见。对于评估报告，也须经法庭审查属实，才能作为认定案件事实的根据。本案中，530号《评估报告》确定的紫叶稠李评估价格为每株5元，与新民市政府补偿方案中确定的每株50元，差距达到10倍。为弄清10倍差距的原因，承办法官通过网络查询、电话咨询等方式进行核查。核查后发现，根据生长年限和树冠形状的不同等，紫叶稠李的市场价格差距非常大，而根据当事人向法庭提供的相关材料，难以证明评估报告的价格具有合理性。为此，法官决定进行询问，并通知评估人员到庭接受质询。庭审过程中，承办人按照《资产评估准则》的规定，围绕评估程序逐条进行审查，其中重点围绕评估目的、基本程序、评估基准日的确定、评估对象的现状和法律权属调查、评估方法的确定、评估工作的具体流程和工作记录等问题进行询问，要求评估人员逐一予以举证说明。在法官依法审查、步步紧逼的追问下，最后评估人员不得不承认，其无法提供开展过现场调查、询价、制作工作底稿等基本工作程序的证据，亦无法证明评估报告的结论具有基本的事实根据。经审查，530号《评估报告》存在以下七个方面的问题。（一）评估目的不当。根据《资产评估准则——评估程序》第十一条的规定，注册资产评估师应当首先明确评估目的。530号《评估报告》中确定的评估目的为："核定齐帅所有的紫叶稠李资产总价值，客观、公正作出征收紫叶稠李的补偿标准，为委托方征收补偿提供依据。"该评估目的与客观事实存在冲突。首先，辽宁省高级人民法院已于2015年4月24日作出二审判决，确认新民市政府强制清除紫叶稠李的行为违法，需进行赔偿而非补偿；其次，新民市政府已于2013年制定了京沈客专项目（新民段）征地拆迁补偿实施方案，明确了包括紫叶稠李在内的各种地上物的补偿标准，530号《评估报告》即便是要确定新的补偿标准，目的也应当是纠正既往的补偿标准，而不是在补偿方案之外另立新标准。（二）缺少现场调查程序。根据《资产评估准则——评估程序》第六条的规定，现场调查属于基本评估程序，注册资产评估师不得随意删减基本评估程序。嘉森评估所称，涉案紫叶稠李的现场调查工作就是该所于2014年3月9日开展的调查工作。第一，2014年3月9日嘉森评估所进行的调查在其接受本次资产评估委托之前，且2014年的调查并非基于资产价值评估为目的开展的调查。新民市政府在二审及再审申请中均明确，2014年的调查仅系逐户普查的程序性资料，该调查不能替代本次评估中的调查程序。第二，2014年3月9日参与调查的人员系嘉森评估所的丛日健、裴海峰、张纪强三人，与完成本次评估的人员完全不同。第三，2014年3月9日的调查表，对于紫叶稠李仅有"树龄3年，树高1.2米"的描述，缺乏地径、胸径、冠幅、分枝数量等具体状态的陈述和记载。第四，2014年3月9日调查的影像资料只有数张现场照片，无拍摄地点、拍摄时间、比例尺等信息，无法准确还原涉案紫叶稠李的全貌。故530号《评估报告》缺少现场调查程序。（三）评估基准日错误。530号《评估报告》中确定的评估基准日为2015年8月28日，该评估基准日并非涉案紫叶稠李被强制清除的时间。在本院询问中，嘉森评估所称自2013年以来，苗木市场价格逐年走低。评估报告以2015年8月作为评估基准日，涉案紫叶稠李在被强制清除时的价值难以准确体现。（四）询价对象与评估对象情况不符。根据《资产评估准则——评估程序》第十九条的规定，注册资产评估师应当通过多种方式进行调查，获取评估业务需要的基础资料，了解评估对象现状，关注评估对象法律权属。涉案紫叶稠李系3年生，在2012年春季经过一次平茬。嘉森评估所称在评估时系以1年生的苗条作为询价对象，未将涉案紫叶稠李按3年树龄的整树作为询价对象，询价对象严重失实。（五）评估结论没有基本事实根据。530号《评估报告》采用的评估方法是市价法。根据《资产评估准则——评估程序》第二十二条至第二十四条的规定，注册资产评估师应当根据业务需要收集评估资料，并进行必要分析、归纳和整理，形成评定估算的依据，其中评估资料应包括查询记录、询价结果、行业资讯、分析资料等形式。嘉森评估所在询问中称评估技术人员进行了市场询价，但不能提供准确的询价对象、询价方式、询价过程以及评估师如何通过具体的分析、计算和判断，形成初步评估结论及最终评估结论。评估结论没有任何事实依据。（六）无询价过程等工作底稿。根据《资产评估准则——工作底稿》的规定，注册资产评估师执行资产评估业务，应当编制和管理工作底稿。工作底稿包括管理类工作底稿和操作类工作底稿，其中，操作类工作底稿应当包括市场调查及数据分析资料、相关的历史和预测资料、询价记录、其他专家鉴定及专业人士报告等内容。嘉森评估所称开展了网络及电话询价、咨询行业专家等工作，但在询问中承认并未制作和保存任何工作底稿，无法证明其开展了相关询价、咨询专家等工作。（七）评估结论没分析说明。根据《资产评估准则——评估报告》第六条的规定，评估报告中应当提供必要信息，使评估报告使用者能够合理理解评估结论。530号《评估报告》的结论为，涉案紫叶稠李的现行市场价格为每株5元，但是在新民市政府2013年制定的征地拆迁补偿实施方案中，紫叶稠李补偿价格为每株50元，二者价格存在十倍差距，但是评估报告中对此差距未作任何说明和分析。综上，嘉森评估所严重违反评估程序，在缺乏基础的现场调查、询价咨询、资料分析情况下，编造数据，出具的530号《评估报告》不具有真实性。该虚假的评估报告书，违背了评估报告应当客观真实、恪守诚信的职业要求，干扰了诉讼秩序，妨碍了人民法院公正审理案件，应当承担法律责任。

  根据《中华人民共和国行政诉讼法》第五十九条的规定，诉讼参与人或者其他人伪造、隐藏、毁灭证据或者提供虚假证明材料，妨碍人民法院审理案件的，人民法院可以根据情节轻重，予以训诫、责令具结悔过或者处1万元以下的罚款、15日以下的拘留。这里的诉讼参与人是指所有参与诉讼活动的人，不限于《中华人民共和国行政诉讼法》第四章规定的诉讼参加人，还应当包括证人、鉴定人、勘验人和翻译人员等。嘉森评估所接受新民市政府的委托，出具评估报告，其身份可以比照等同为鉴定人。嘉森评估所提供评估报告，是新民市政府申请再审的主要证据，构成了《中华人民共和国行政诉讼法》规定的妨碍法院审理案件的行为。本案通过对提供虚假证明材料的评估事务所进行处罚，表明对虚假诉讼、诉讼失信等行为的处罚不仅限于案件当事人，也包括鉴定人、证人在内的其他诉讼参与人。行政机关参与行政诉讼，亦应秉承诚信诉讼原则，依法行使诉讼权利。本案中，行政机关在一、二审败诉后，又委托评估机构进行评估，并申请再审，虽不违反法律规定，但其未对评估报告的真实性进行严格审查，有违诚信原则。但是鉴于没有直接证据能够证明行政机关与评估机构之间存在串通合谋出具虚假评估报告的合意，故仅对评估机构进行处罚。本案对评估机构的处罚，同时也是对行政机关的警示。根据《中华人民共和国行政诉讼法》第五十九条的规定，伪造、隐藏、毁灭证据或者提供虚假证明材料，妨碍人民法院审理案件的，应当予以处罚。有一种观点认为，该项处罚适用的时间节点就是人民法院审理案件期间，也就是案件的一、二审期间。笔者认为，对该条的适用期间应当做扩大解释，诚信诉讼应贯穿于整个诉讼过程之中，不应局限在一、二审阶段，也包括立案、再审复查、执行等在内的各个诉讼阶段。在以往的行政审判实践中，对有妨害行政诉讼行为的行政机关或者其他单位，一般只处罚具体的工作人员，而在幕后决策的单位主要负责人往往没有予以处罚。新修改的《中华人民共和国行政诉讼法》在第五十九条第二款明确规定，人民法院对有前款规定的行为之一的单位，可以对其主要负责人或者直接责任人员依照前款规定予以罚款、拘留；构成犯罪的，依法追究刑事责任。本案不仅依照《中华人民共和国行政诉讼法》的规定对评估机构顶格处罚，体现了人民法院在诉讼中对诉讼失信行为予以重拳出击，严厉打击的决心。同时，对评估机构的法定代表人以及作出评估报告的评估技术人员作出罚款处理，体现了新《中华人民共和国行政诉讼法》对处罚对象的调整。

【合议庭成员：郭修江　范向阳　董　华】

【主审法官：郭修江】

【执笔人：郭修江　陆　阳　熊俊勇】

## 35 被诉行政行为主要事实清楚的理解

**【裁判要旨】** 行政行为"证据确凿",是人民法院判决驳回原告诉讼请求的法定要件之一。被诉行政行为"主要证据不足的",人民法院可以判决予以撤销。"证据确凿",是指行政行为认定的主要事实清楚,证据充分;"主要证据不足",是指行政行为认定的主要事实不清,缺乏证据佐证。行政行为的主要事实,应当是行政行为适用法律规范所要求的法律要件事实。法律要件事实清楚,证据充分,就可以认定案件的主要事实清楚。法定要件事实之外的其他事实认定不清或者错误的,不构成案件主要事实不清、证据不足,应予撤销的情形。

**最高人民法院案号:(2015)行监字第 2086 号**

再审申请人(一审原告、二审上诉人):辽宁省阜新蒙古族自治县太平镇奇金台村喇嘛店东、西村民组。

委托代理人:王利辉,辽宁铜鹊律师事务所律师。

被申请人(一审被告、二审被上诉人):辽宁省阜新蒙古族自治县人民政府。住所地:阜新蒙古族自治县文化路东段。

法定代表人:吴青林,县长。

委托代理人:郭宝元,阜新蒙古族自治县国土资源局地籍管理站工作人员。

委托代理人:马琳,北京绍嘉律师事务所律师。

被申请人(原审第三人):辽宁省阜新蒙古族自治县太平镇奇金台村民委员会。

法定代表人:薛亚利,主任。

委托代理人：陈建华，村委会工作人员。

再审申请人辽宁省阜新蒙古族自治县太平镇奇金台村喇嘛店东、西村民组（以下简称东、西村民组）全体村民因诉被申请人辽宁省阜新蒙古族自治县人民政府（以下简称阜新县政府）、原审第三人辽宁省阜新蒙古族自治县太平镇奇金台村民委员会（以下简称奇金台村委会）土地确权行政裁决一案，不服辽宁省高级人民法院于2015年8月28日作出的（2015）辽行终字第182号行政判决，向最高人民法院申请再审。最高人民法院于2015年11月19日立案，依法组成合议庭进行审查，并于2015年12月28日下午在第二巡回法庭第二法庭，组织各方当事人进行询问。再审申请人东、西村民组全体村民的诉讼代表人赵志民、赵志义及其共同的委托代理人王利辉，被申请人阜新县政府的委托代理人郭宝元、马琳，奇金台村委会的委托代理人陈建华，到庭参加询问活动。案件现已审查终结。

**案件基本事实**：1977年11月，为解决奇金台大队用电问题，于寺公社和奇金台大队与阜新矿务局平安煤矿协商，从东、西村民组调拨330亩土地，给平安煤矿农场使用，作为供电补偿。1984年农场被撤销，平安煤矿将农场土地及厂房、设施等交付给太平乡政府管理。1985年，太平乡政府将争议土地移交给奇金台村委会管理。自1985年至2013年，争议地一直由奇金台村委会发包给村民承包经营，并收取土地承包费。1993年开始，东、西村民组多次找乡（镇）领导，要求返还争议土地。2014年4月16日，东、西村民组向阜新县政府申请土地确权。阜新县政府进行过调查，在调解不成的情况下，于2014年5月4日作出《行政处理决定书》[阜蒙地行决字（2014）004号，以下简称004号确权决定]，以奇金台村委会自1985年至今统一发包管理使用争议地已经30年，依照《确定土地所有权和使用权的若干规定》第二十一条规定，决定将争议土地所有权确定归奇金台村农民集体所有，并由其管理使用。东、西村民组不服，向阜新市人民政府申请行政复议。阜新市人民政府于2014年6月5日作出阜政行复决字（2014）10号行政复议决定，维持阜新县政府作出的004号确权决定。东、西村民组全体村民仍不服，于2014年6月19日向阜新市中级人民法院提起行政诉讼。

一审判决认为：根据《中华人民共和国土地管理法》第十六条、《辽宁省土地权属确定和争议处理办法》第四条的规定，阜新县政府对东、西村民组全体村民与奇金台村委会之间的土地权属争议，具有作出确权决定的法定职权。阜新县政府作出的004号确权决定，认定事实清楚，证据充分，程序合法，适用法律、法规正确。东、西村民组的诉讼请求及理由根据不足，不予支持。该案经审判委员会讨论决定，依照修改前的《中华人民共和国行政诉讼法》第五十四条第（一）项的规定，判决维持阜新县政府作出的004号确权决定。

二审判决认为：阜新县政府作出的004号确权决定，认定事实清楚，证据充分，程序合法，适用法律法规正确，一审判决予以维持并无不当。奇金台村委会自1985年起至今通过统一发包的方式管理使用争议土地已达20年以上，虽然东、西村民组自1993年起曾多次找乡（镇）领导要求返还该争议土地，但根据《确定土地所有权和使用权的若干规定》第二十一条规定，阜新县政府仍然有权根据具体情况确定土地所有权，并非"在二十年期满之前所有者曾向现使用者或有关部门提出归还的"，土地所有权就归东、西村民组所有。因此，东、西村民组关于自1993年起多次要求返还争议土地，争议土地应归其所有的主张不能成立。本案中，东、西村民组与奇金台村委会对争议土地四至并无争议，且东、西村民组作为本案土地确权的申请人也在现场参与了指界，故东、西村民组提出县政府提供的争议土地现场照片及勘测图没有指界人签字，没有相邻地权利人确认一节，理由亦不能成立。综上，一审判决认定事实清楚，证据充分，适用法律正确，程序合法；东、西村民组的上诉理由缺乏事实依据和法律依据，不予支持。依照《中华人民共和国行政诉讼法》第八十九条第一款第（一）项之规定，判决驳回上诉，维持一审判决。

东、西村民组申请再审称：（1）一、二审判决认定1977年奇金台大队统一调拨330亩土地不属实。争议的330亩土地原属东、西村民组所有，没有证据证明奇金台大队从其他村民组统一调拨了土地,陈云峰、赵国华、霍明、杜长才等人所出具的证明,不具有法律效力,且未被一审法院采信。(2)阜新县政府调查程序违法。本案现场照片、勘测图没有注明出处和见证人,也没有边界相邻人的确认,东、西村民组虽有人在场,但没有经过村民推荐产生,不能作为村民代表参加调查。(3)适用《确定土地所有权和使用权的若干规定》第二十一条规定将争议土地确权归奇金台村委会,属于适用法律错误。证人高忠信、齐凤林的证言足以说明,东、西村民组在20年内一直主张土地所有权,奇金台村委会并未实际经营20年。请求:撤销一、二审判决;撤销被诉004号确权决定。

**阜新县政府答辩称**:一、二审判决认定事实清楚、适用法律正确。根据调查情况及相关证据,阜新县政府依据《中华人民共和国土地管理法》第十六条,《辽宁省土地权属确定和争议处理办法》第四条、第三十五条,《确定土地所有权和使用权的若干规定》第二十一条及《中华人民共和国村民委员会组织法》第八条之规定,作出004号确权决定,将争议土地确定归奇金台村委会农民集体所有,并将土地确定给村委会管理。东、西村民组再审申请提出的因其在20年内一直主张土地所有权及现场照片、勘测图没有出处和见证人等理由,二审判决已作出了明确解释。请求驳回申请人的再审申请。

奇金台村委会在询问中答辩称:同意阜新县政府的答辩意见。

**最高人民法院经审查认为**:根据《中华人民共和国土地管理法》第十六条的规定,阜新县政府具有作出土地确权决定的法定职权。阜新县政府从有利于生产生活,有利于维护当地的社会稳定的角度出发,以争议土地的历史和现实使用状况为依据,依法作出004号土地确权决定,该确权决定主要事实清楚,证据充分,适用法律、法规正确,一、二审判决依照修改前的《中华人民共和国行政诉讼法》第五十四条之规定予以维持,并无不当。东、西村民组申请再审理由不能成立,本院依法不予支持。

一、关于事实认定问题

东、西村民组申请再审称,一、二审判决对诉争土地的来源认定有误,争议的330亩土地原属东、西村民组所有，并不存在从其他村民组调拨土地的事实。本院认为，一、二审判决对争议土地来源的事实认定，与004号确权决定相同，即："1977年11月于寺公社和奇金台大队与平安煤矿协商，为解决奇金台大队用电问题，奇金台大队统一调拨300余亩土地作为补偿，划拨给平安煤矿建农场。"阜新县政府在一审时提供了数份询问笔录、证明材料及奇金台村委会的陈述作为证据，用以证明上述事实，但这些证据均未被一审判决采信。本院询问过程中，阜新县政府、奇金台村委会亦未提供证明1977年奇金台大队从东、西村民组之外的其他村民组调拨土地，或者与东、西村民组进行过土地调换的相关证据。一审判决在对证据的认定部分，采信了东、西村民组提供的原太平乡党委书记、乡长高忠信（1991年~1998年任职）、原太平乡党委书记齐凤林（1998年~2001年任职）的证言，证明"东、西村民组在1978年调给平安煤矿农场土地共330亩……争议的330亩土地就是东、西村民组的"。故争议土地应为1977年由东、西村民组调拨给平安煤矿，004号确权决定及一、二审判决对此节事实认定为由奇金台大队统一调拨，文字表述不准确，本院予以指正。但是，由于004号确权决定及一、二审判决，均是以《确定土地所有权和使用权的若干规定》第二十一条规定，决定将争议土地所有权确定归奇金台村委会，该条规定的适用条件与争议土地原先属于哪一个集体组织并无直接关联。因此，004号确权决定和一、二审判决认定事实上的表述不准确，不属于案件主要事实不清问题，并不足以否定确权决定和一、二审判决结果的合法性。东、西村民组以此为由申请再审，理由不能成立。

二、关于调查指界程序问题

根据辽宁省人民政府办公厅2004年5月17日转发辽宁省国土资源厅《关于加强集体土地所有权管理工作的意见》的规定，集体土地所有权确权工作程序包括：现状调查、权属调查、编制地籍图、公告、缮制和颁发集体土地所有权证书。其中，权属调查要求指界人由农民集体依法推荐产生，指界后再开展界线调查，调查成果须由指界人签字，再依据有关法律、法规、规章和相关文件精神，对调查结果予以确认。本案中，阜新县政府在土地界线调查程序中，现场照片、勘测图没有注明出处，亦没有见证人、边界相邻人的签字确认，虽有东、西村民组的村民在场，但并非村民通过法定程序推荐产生的村民代表，故调查程序违反了上述规定，一、二审判决对此未予明确指正，确有不当。但是，本案各方当事人对争议土地四至没有异议，阜新县政府调查指界程序上的瑕疵，并不足以否定004号确权决定的处理结果的正确性。因此，东、西村民组以此为由申请再审，理由仍不能成立。

三、关于适用法律问题

《确定土地所有权和使用权的若干规定》第二十一条规定："农民集体连续使用其他农民集体所有的土地已满二十年的，应视为现使用者所有；连续使用不满二十年，或者虽满二十年但在二十年期满之前所有者曾向现使用者或有关部门提出归还的，由县级以上人民政府根据具体情况确定土地所有权。"也就是说，即便争议土地原先属于其他集体经济组织所有，但是，作为现使用者的集体经济组织连续使用争议土地已满20年的，土地确权时，县级人民政府应当将争议土地确定归现使用的集体经济组织所有；如果一个集体经济组织使用另一集体经济组织的土地已满20年，但原土地所有者在20年内曾提出归还请求的，则由县级以上人民政府决定土地所有权的归属，也并非必须将争议土地的所有权确定归原所有者。本案中，争议土地1985年起即由奇金台村委会管理经营，迄今已近30年。期间，奇金台村委会将争议土地长期发包给东、西村民组承包经营，东、西村民组向奇金台村委会缴纳承包费用。在20世纪90年代之前，东、西村委会并未积极主张权利。阜新县政府经过调查、调解，综合考虑争议土地的历史和使用现状，依据《确定土地所有权和使用权的若干规定》第二十一条规定，将土地所有权确定给奇金台村委会，具有事实和法律根据，并不存在适用法律错误的问题。东、西村委会主张004号确权决定及一、二审判决适用法律错误，该项申请再审理由不能成立。

综上，东、西村民组的再审申请不符合《中华人民共和国行政诉讼法》第九十一条第（三）、（四）项规定的情形。依照《最高人民法院关于执行〈中华人民共和国行政诉讼法〉若干问题的解释》第七十四条的规定，裁定驳回东、西村民组的再审申请。

## 裁判解析

《中华人民共和国行政诉讼法》第六十九条规定："行政行为证据确凿，适用法律、法规正确，符合法定程序的，或者原告申请被告履行法定职责或者给付义务理由不成立的，人民法院判决驳回原告的诉讼请求。"第七十条第（一）项规定，被诉行政行为"主要证据不足的"，"人民法院判决撤销或者部分撤销，并可以判决被告重新作出行政行为。"根据第八十九条第一款第（三）项规定，人民法院审理上诉案件，"原判决认定基本事实不清、证据不足的，发回原审人民法院重审，或者查清事实后改判。"根据第九十一条第一款第（三）项规定，"原判决、裁定认定事实的主要证据不足、未经质证或者系伪造的"，人民法院应当再审。从上述规定可以看出，主要事实清楚，证据充分，是一、二审、申请再审审查等程序中，认定被诉行政行为合法、有效的基本条件。但是，关于"主要事实清楚"的理解实践中却比较混乱，有人认为"主要事实清楚"是指案件的事实过程基本清楚，笔者认为，这种认识是错误的。所谓"主要事实清楚"，应当是指法律要件事实清楚、证据充分。法律要件事实是指被诉行政行为或者一、二审裁判文书适用法律规范所要求的基本事实。无论是被诉行政行为，还是一、二审裁判文书，认定事实必须与适用法律所要求的要件事实相一致，只有法律要件事实清楚、证据充分，才达到了案件主要事实清楚的程度。非要件事实不清甚至认定错误，不影响裁判结果的，不属于"主要事实清楚"应予撤销的情形。本案中，一、二审对诉争土地的来源认定确实有误，但是，诉争土地来源问题，并非本案被诉行政行为适用法律的要件事实。本案被诉土地确权决定是以一个集体经济组织连续使用另一集体经济组织的土地超过20年未提异议为由确定土地权利归属的，争诉土地来源问题并不影响被诉行政行为的合法性。因此，该项事实认定错误，不能作为再审的理由。

【合议庭成员：郭修江　汪国献　张志弘】

【主审法官：郭修江】

【执笔人：郭修江　陆　阳　熊俊勇】

## 36 审查再审申请程序中的调解问题

【裁判要旨】根据《中华人民共和国行政诉讼法》第六十条规定，人民法院审理行政机关依法享有自由裁量权的案件可以调解。调解贯穿于行政诉讼程序的任何阶段，申请再审的审查程序中，经调解达成一致意见的，人民法院可以制作调解书，调解书主文明确生效判决不再执行。

行政案件调解过程中，应当在遵循自愿、合法原则，不得损害国家利益、社会公共利益和他人合法权益的前提下，注重总结调解方式和方法，提高调解成功率。

**最高人民法院案号：（2015）行监字第 2157 号**

再审申请人（一、二审第三人）：吉林炭素厂附属企业总公司。住所地：吉林省吉林市昌邑区和平街 70 号。

法定代表人：王有安，总经理。

委托代理人：秦艳洪，工会主席。

委托代理人：王颖，北京市尚元律师事务所律师。

被申请人（一审原告、二审上诉人）：吉林省吉林市吉林高新区新北街道办事处大红土村村民委员会。住所地：吉林省吉林市吉林高新区新北街道办事处大红土村。

法定代表人：刘英，代主任。

委托代理人：赵振铎。

委托代理人：常志宏，吉林巡达律师事务所律师。

一审被告（二审被上诉人）：吉林省吉林市人民政府。住所地：吉林省吉林市松江中路65号。

法定代表人：张焕秋，市长。

委托代理人：翟相昱，吉林省吉林市国土资源局工作人员。

委托代理人：修保，吉林保民律师事务所主任。

吉林高新区新北街道办事处大红土村村民委员会（以下简称大红土村）诉吉林省吉林市人民政府（以下简称吉林市政府）及吉林炭素厂附属企业总公司（以下简称炭素公司）土地确权行政裁决一案，吉林市中级人民法院于2014年5月27日作出（2014）吉中行初字第11号行政判决，驳回大红土村的诉讼请求。大红土村上诉，吉林省高级人民法院于2015年10月9日作出（2014）吉行终字第21号行政判决，撤销一审判决，撤销吉林市政府作出的土地确权决定，由吉林市政府协调妥善处理。炭素公司申请再审。

**案件基本事实**：1971年2月，吉林炭素厂的前身国营二〇一厂与吉林市郊区孤店子乡大红土生产大队签订《协议书》，约定二〇一厂使用大红土村集体土地44垧，用作工厂的农副业基地，土地所有权归大红土大队，如需收回土地，应提前一年告知工厂。1971年4月，乡、区、吉林市革委会在《关于二〇一厂在大红土大队西大沟山荒地建立农副业基地的报告》上先后签署同意用地的意见。1971年协议签订之后，吉林炭素厂在44垧土地基础上拓荒，并在该地块偏北方位，占用约185亩土地，陆续建成炭素分厂、鱼池、职工宿舍等建筑工程。吉林炭素厂的前身吉林炭素厂劳动服务公司，具体负责对该农副业基地的管理。1977年9月，吉林炭素厂与大红土村签订《转让土地所有权协议书》，约定大红土村向吉林炭素厂转让80垧土地的所有权和使用权。1979年12月，经实测确认，吉林炭素厂陆续使用、开垦的土地面积为1065亩。1980年1月7日，村、厂双方再次签订《转让土地使用权协议书》，约定吉林炭素厂拥有1065亩土地的长期使用权，但不得转让。1980年6月5日，吉林省人民政府作出第163号《使用土地批准书》，"同意吉林炭素厂补办从1971年以来陆续在郊区孤店子公社大红土大队荒地上开垦的1065市亩耕地的使用手续，将来土地规划连片时，要服从整体规划，进行合理调剂"。1983年3月10日，村、厂双方又签订了《关于孤店子公社大红土大队要求提前终止土地合同的协议书》，除约定收回、续用、调串部分土地（与争议土地无关）之外，重申吉林炭素厂对1065亩土地具有长期使用权，但不得转让。1985年11月19日，村、厂双方再次签订《吉林炭素厂劳动服务公司有偿征用孤店子镇大红土村土地的协议书》，约定吉林炭素厂向大红土村支付征地费12万元，补办炭索分厂、鱼池、职工宿舍等占用185亩土地的征用手续。1985年12月9日，吉林市郊区人民政府作出第58号《使用土地批准书》，明确"经省农牧厅批复，同意吉林炭素厂建综合厂补办占用孤店子镇大红土村旱田35市亩、荒地150市亩，其他按协议执行"。1990年12月1日制作的20余份《地块档案》中，一份《地块档案》将大红土村范围内的183.01亩地权记载为"国有"，使用土地单位为"松江炭素厂分厂"；其余《地块档案》地权记载为"集体"，使用土地单位均为"大红土村"。1995年4月28日，因土地侵权纠纷，经吉林炭素厂申请，吉林市船营区土地管理局作出《土地侵权案件裁决书》[吉船土监字（1995）3号]，裁决吉林碳素厂对争议的71公顷土地享有使用权；责令大红土村停止侵权，退出侵占的土地。2012年，因城市建设用地的需要，经吉林省人民政府批准，涉案土地被依法征收，再次引发村、厂之间土地权属争议。吉林炭素厂提出确权申请，2013年3月15日，吉林市政府作出本案被诉的《土地权属争议处理决定》，根据《确定土地所有权和使用权的若干规定》第十六条第二款第（一）、（二）项的规定，决定吉林炭素厂使用的大红土村1065亩农场土地（包括吉林市郊区人民政府批准征用的185亩）为国有土地；以上土地使用权已由吉林市船营区土地管理局作出的《土地侵权案件裁决书》[吉船土监字（1995）3号]予以确认，并已发生法律效力，吉林市政府不再重新确认。大红土村不服申请行政复议，吉林省人民政府作出吉政复决地字（2013）140号行政复议决定，维持吉林市政府作出的《土地权属争议处理决定》。大红土村仍不服，提起本案诉讼。

**一审判决认为**：大红土村与吉林炭素厂对吉林市政府提供的关于争议土地相关情况的证据真实性无异议，对吉林省人民政府为吉林炭素厂颁发《使用土地批准书》的事实无争议。大红土村与吉林炭素厂签订过土地转移协议，又经过县级以上人民政府批准使用，符合《确定土地所有权和使用权的若干规定》第十六条规定的情形，吉林市人民政府依据上述规定处理本案权属争议并无不当。依照修改前的《中华人民共和国行政诉讼法》第五十四条第（一）项《最高人民法院关于执行〈中华人民共和国行政诉讼法〉若干问题的解释》第五十六条第（四）项之规定，判决驳回大红土村的诉讼请求。大红土村不服上诉。

**二审判决认为：**（1）大红土村对1985年12月经吉林市郊区人民政府批准征用185亩，之后将该征用部分登记为国有土地一事没有异议。村、厂双方争议的土地面积应是880亩而不是1065亩，吉林市政府及一审判决关于争议土地面积为1065亩的事实认定存在错误。（2）在土地登记簿记载880亩地权为集体的前提下，欲从事非农建设，应当先办理土地征用、征收审批，尔后对集体土地的所有权人和集体土地的使用权人分别进行安置补偿。吉林市政府以确权方式处理本案争议，在行政程序方面存在不当之处。（3）根据村、厂双方所签协议、行政裁决等多份证据，应当认定吉林炭素厂对争议的880亩集体土地具有长期使用权。（4）吉林市政府引用《确定土地所有权和使用权的若干规定》第十六条第二款对本案争议进行处理，在法律适用方面不够全面。（5）一审判决认定事实不清，依法应当改判。依照《中华人民共和国行政诉讼法》第八十九条第一款第（三）项，第七十条第（一）、（二）、（三）、（六）项之规定，经吉林省高级人民法院审判委员会讨论决定，判决撤销吉林市中级人民法院（2014）吉中行初字第11号行政判决；撤销吉林市人民政府《土地权属争议处理决定》；该土地纠纷由吉林市人民政府协调妥善处理。

**吉林炭素厂申请再审称：**（1）根据《中华人民共和国行政复议法》第三十条第二款规定，本案属于行政机关最终裁决的案件，不属于行政诉讼的受案范围，人民法院应当依法裁定驳回大红土村的起诉。（2）二审判决未对其认定的事实和结论进行分析论证，只是以"存在不当之处""不够全面"等模糊概念推定出判决结果，认定事实不清，适用法律错误。争议土地属于国有土地，因与大红土村存在权属争议申请确权，吉林市政府适用《确定土地所有权和使用权的若干规定》作出被诉土地确权决定，行政程序、适用法律并无不当。(3) 二审判决"土地纠纷由吉林市政府协调妥善处理"，没有法律根据。请求：撤销二审判决，驳回大红土村的起诉，维持吉林省人民政府的最终复议裁决。

**大红土村答辩称：**(1) 吉林炭素厂所述不是事实，本案争议土地中的185亩直至1985年才办理了土地征用手续，其余880亩未办理过征用手续，一直属于大红土村集体所有。(2) 二审判决要求吉林市政府"协调妥善处理"，是指征地款项的处理，在土地权属明确、无需再议的情况下，土地征收法律规定明确，不存在无法可依问题。(3) 根据《中华人民共和国行政复议法》第三十条第一款规定，土地确权决定经复议后可以依法向人民法院提起行政诉讼，本案确权决定不是省级人民政府作出的，不适用第二款规定。二审判决事实清楚，适用法律准确，吉林炭素厂的再审申请理由不能成立，不应得到支持。

**吉林市政府答辩称：**(1) 被诉《土地权属争议处理决定》认定事实清楚，适用法律正确，程序合法。根据有效证据证明的事实，吉林市政府依据《确定土地所有权和使用权的若干规定》第十六条第二款以及《土地权属争议调查处理办法》第三条、第二十七条、第三十条以及《国务院办公厅转发国土资源部、农业部关于依法保护国有农场土地合法权益意见的通知》（国办发〔2001〕8号）和《国土资源部、农业部关于加强国有农场土地使用管理的意见》（国土资发〔2008〕202号）的规定，作出被诉《土地权属争议处理决定》，合法有效。(2) 二审判决认定事实不妥。吉林炭素厂请求确权的争议地面积是1065亩，尽管在确权过程中争议双方认为其中185亩不再是争议焦点，但仍然是本案争议土地的一部分；本案争议土地未办理过土地登记手续，也没有建立过土地登记簿，1990年12月的《地块档案》是全国土地详查时产生的调查资料，并非权属资料，不是土地登记簿；吉林市政府根据申请启动土地确权，经审查、受理、调查、调解、决定等程序，作出被诉确权决定，行政程序并无不当；解决土地权属纠纷，除适用《中华人民共和国土地管理法》及其实施条例以及《确定土地所有权和使用权的若干规定》《土地权属争议调查处理办法》等法律、法规和规章外，目前没有其他更直接可以适用的法律规范，吉林市政府作出的确权决定不存在法律适用方面不全面的问题。（3）二审判决"该土地纠纷由吉林市人民政府协调妥善处理"欠妥。吉林市政府依法作出被诉《土地权属争议处理决定》，如果法院认为存在问题，应当依法作出判决予以纠正，吉林市政府也将依据生效判决认真改正，二审判决在未明确被诉确权决定在认定事实和适用法律等方面存在错误的前提下，将本案交回吉林市政府"协调妥善处理"，判决欠妥。

经最高人民法院主持调解，2016年1月26日大红土村（甲方）、吉林炭素厂（乙方）、吉林市政府（丙方）三方自愿达成如下协议，并当庭予以签字确认：（1）因争议土地被征用，甲、乙双方均放弃争议土地权属的任何权利。（2）对880亩争议土地的补偿款，甲、乙双方同意按照如下比例分配：甲方获得补偿款的45%；乙方获得补偿款的55%。丙方负责按此比例，在协议签订之日起10日内给付甲、乙双方。（3）本协议自三方签字之日起生效。

**最高人民法院认为**：上述协议，符合《中华人民共和国行政诉讼法》第六十条以及其他相关法律的规定，本院予以确认。吉林省高级人民法院作出的（2014）吉行终字第21号行政判决不再执行。本调解书经各方当事人签收后，即具有法律效力。

## 裁判解析

根据《中华人民共和国行政诉讼法》第六十条第一款规定，人民法院审理行政案件，不适用调解。但是，行政赔偿、补偿以及行政机关行使法律、法规规定的自由裁量权的案件可以调解。对调解适用于行政赔偿、行政补偿案件和行政机关依法享有自由裁量权的案件，土地确权案件能够调解，审判实践中并无争议。实践中争议的主要问题是，人民法院在审查再审申请的程序中是否可以调解，调解达成协议，是否可以制作调解书。有一种观点认为，只有在一审、二审和再审程序中才可以适用调解，审查再审申请程序不能调解，因为审查再审申请程序不属于正式的诉讼程序，未进入再审，不能否定生效判决。因此，即便在审查再审申请过程中各方当事人达成调解协议，也要先提审该案，在再审程序中，制作调解书，替代原生效判决。我们认为，这种认识过于机械，是不正确的，审查再审申请程序中，可以调解并制作调解书。主要理由是：第一，根据《中华人民共和国行政诉讼法》第六十条规定，调解应当适用于全部诉讼过程中。根据现行《中华人民共和国行政诉讼法》并参照《中华人民共和国民事诉讼法》的规定，审查再审申请程序已经是一个独立的诉讼程序，当事人在法定期限内申请再审，人民法院必须受理、审查并作出是否再审的裁定。申请再审程序的诉讼化改造，为调解的适用铺平了道路。第二，诉讼程序中，双方当事人自愿达成调解协议，放弃生效判决的执行，是处分自己权利的行为，不违反法律规定。当事人自愿放弃生效判决的执行，不同于通过国家权力撤销生效判决，并非一定要在再审程序才能进行。第三，再审审查程序中，人民法院也有权对调解协议进行审查，调解协议违反自愿、合法原则，损害国家利益、社会公共利益和他人合法权益的，人民法院将不同意调解，以此确保调解协议的合法性。第四，准许审查再审申请程序中调解，能够提高审判效率，节约司法成本，及时化解争议。

本案的成功调解，主要有以下几方面的经验：第一，吃透案情，准备充分。组织调解之前，合议庭必须认真阅卷，充分把握争议的核心问题，并与原审承办法官进行沟通，充分了解案件发生的历史背景和纠纷现状，为调解做好充分的准备。第二，抓住机遇，事半功倍。进行调解工作，必须抓住时机，一举突破。本案中，收到本院举行询问的通知后，吉林市委、市政府通过吉林市中级人民法院提出，希望在询问的前一天与法官面谈。我们就及时抓住这一难得机会，与吉林市政府副市长、秘书长及政府法律顾问进行开诚布公的沟通交流。通过座谈我们对吉林市政府关于本案的基本意见及态度有了充分的了解。为能够最终达成协议，我们还要求吉林市政府要为庭审做好充分准备，并积极做好吉林炭素厂协调和解的让步工作。吉林市政府连夜召开会议，组织国土、法制等相关部门对案情作更深入的研究，同时派人进一步做好吉林炭素厂协调工作。庭前活动为第二天调解成功奠定了坚实的基础。第三，辨法析理，形成压力。庭审过程中，一定要准确归纳案件争议焦点，给各方当事人充分质辩的机会，通过对焦点问题的质辩，让各方感受到各自主张存在的问题，双方各退一步，从而为下一步达成调解协议创造条件。第四，申明利害，各个击破。在各方当事人均表示同意法院组织调解后，法庭采取背靠背的方式分别做各方工作，从事实和法律上，分别向各方单方面阐明其可能存在的诉讼风险和面临的不利形势，探寻各方调解的底线。背靠背的调解可以进行多轮，不断拉近双方诉求的距离。同时，通过单方交流，法官能够将在双方当事人面前不便阐述的意见进行表达，有利于拉近各方与法官之间的感情，取得双方当事人的信任，从而为达成调解协议奠定基础。第五，突出重点，命中要害。法庭要充分认识案件调解工作的重点，突出重点做好工作。本案中，由于吉林市政府的配合，相对而言吉林炭素厂降低协调条件的工作容易做一些，庭审中的工作重点应当是大红土村。为此，法庭抓住本案争议的880亩土地在20世纪70年代初仍属荒山地，由炭素厂开荒后一直经营管理使用这一基本事实，根据《中华人民共和国宪法》第九条第一款关于"矿藏、水流、森林、山岭、草原、荒地、滩涂等自然资源，都属于国家所有，即全民所有"的规定，向大红土村阐明，不协调解决可能存在的诉讼风险，从而使大红土村逐步降低诉求。第六，晓之以理，动之以情。调解是要通过事理分析、利益平衡，最终达到感情上的互谅互让，从而实现和谐解决纠纷。本案中，通过阅卷、交谈，法庭了解到，村、厂之间互为邻里，虽有矛盾，但长期以来相互帮助，相互支持，过去的感情基础并不差。为此，法庭在阐明是非曲直、晓之利害关系的同时，引导双方念及过去的感情，换位思考，充分体谅对方的困难，各自多做一些让步，力争达成调解协议，彻底化解矛盾。通过情、理的说服工作，拉近了双方的距离，形成了理性的调解氛围，这对成功调解具有非常重要的作用。

【合议庭成员：郭修江　高　珂　张志弘】

【主审法官：郭修江】

【执笔人：郭修江　陆　阳　熊俊勇】

## 37 集体土地征收补偿标准诉讼的裁决前置程序

【裁判要旨】《中华人民共和国土地管理法实施条例》第二十五条第三款规定:"对补偿标准有争议的,由县级以上地方人民政府协调;协调不成的,由批准征用土地的人民政府裁决。"《最高人民法院关于审理涉及农村集体土地行政案件若干问题的规定》第十条规定:"土地权利人对土地管理部门组织实施过程中确定的土地补偿有异议,直接向人民法院提起诉讼的,人民法院不予受理,但应当告知土地权利人先申请行政机关裁决。"对集体土地征收补偿标准不服,未经裁决直接提起行政诉讼的,不符合法定立案条件。

**最高人民法院案号:(2016)最高法行申 330 号**

再审申请人(一审起诉人、二审上诉人):高正等 175 人。

诉讼代表人:高正、王国栋、李其武、李桂华,黑龙江省哈尔滨市道里区新发镇建国村拐棍李屯村民。

上述 175 位再审申请人的共同委托代理人:那业林,黑龙江那业林律师事务所律师。

高正等 175 人诉黑龙江省哈尔滨市人民政府(以下简称哈尔滨市政府)征收补偿标准一案,哈尔滨市中级人民法院于 2015 年 6 月 30 日作出(2015)哈行立字第 28 号行政裁定,对高正等 175 人的起诉不予立案。高正等 175 人不服上诉,黑龙江省高级人民法院于 2015 年 12 月 14 日作出(2015)黑高立行终字第 22 号行政裁定,驳回上诉,维持一审裁定。高正等 175 人申请再审。

**案件基本事实**：2005年12月3日，国土资源部作出《关于哈尔滨市城市建设农用地转用和土地征收的批复》（国土资函〔2005〕1118号），同意哈尔滨市将高正等人的承包地转为建设用地，并办理征地手续。2006年，哈尔滨市政府依据《中华人民共和国土地管理法》和《哈尔滨市控制开发区内集体土地改变用途的规定》（1997年哈尔滨市人民政府第6号令，以下简称6号政府令）等法律、法规和规范性文件，制定了哈尔滨经济技术开发区（703所）征地补偿方案，并签订统征协议，支付土地补偿安置款。王国栋等人不服征地补偿安置标准，向黑龙江省政府征地裁决办公室申请裁决，该办于2008年6月告知王国栋等人，引发征地补偿安置争议的批准机关不是黑龙江省政府，因此不予受理其申请。根据国务院法制办、国土资源部在关于征地补偿安置标准争议协调裁决座谈会议确定的"属于国务院批准征地的争议由县、市人民政府协调处理"的会议精神，哈尔滨市国土资源局于2010年3月12日作出《关于王国栋等反映哈尔滨经济技术开发区（703所）征地补偿安置问题的答复意见》[哈国土征处字（2010）4号]，对王国栋等人反映的征收补偿标准问题作出答复，认为哈尔滨经济技术开发区（703所科研试验基地）项目征地补偿安置工作中适用法律准确，政策依据充分，征地补偿安置标准按规定执行，对答复意见不服，可通过法律途径诉求。2015年6月24日，高正等175人提起本案诉讼，认为征收补偿标准低，请求判令哈尔滨市政府按照黑龙江省国土资源厅、黑龙江省物价局文件进行补偿。

**一审裁定认为**：高正等175人所争议征地行为发生在2006年，依据《最高人民法院关于执行〈中华人民共和国行政诉讼法〉若干问题的解释》（以下简称《若干解释》）第四十一条关于起诉期限的规定，高正等175人的起诉已经超过起诉期限。依据《中华人民共和国行政诉讼法》第五十一条第二款规定，裁定不予立案。高正等175人不服，提起上诉。

**二审裁定认为**：根据《若干解释》第四十一条规定，哈尔滨市政府征用土地行为发生在2006年，而高正等175人于2015年6月提起行政诉讼，已经超过法定起诉期限，一审裁定不予立案正确。依照《中华人民共和国行政诉讼法》第八十九条第一款第（一）项的规定，裁定驳回上诉，维持一审裁定。

**高正等175人申请再审称：**（1）一、二审以起诉超过法定起诉期限为由裁定不予立案，违反修改后的《中华人民共和国行政诉讼法》。2015年5月1日新法实施后，法院才对不服土地征收补偿决定争议作为行政案件受理。高正等175人在新法实施后的当月提起行政诉讼，超过起诉期限的原因不在高正等175人。（2）根据《中华人民共和国土地管理法实施条例》规定，"对征地补偿安置标准有争议的，由批准征用土地的人民政府裁决"。本案被征收的土地是国务院审批的，而国务院没有设立裁决机构，无法进行裁决。高正等175人多次向法院提起诉讼，因不符合起诉的前置程序，法院不予立案。（3）哈尔滨市政府在征收高正等175人土地过程中，没有依法发布公告、依法签订土地征收安置补偿协议，没有依据《中华人民共和国土地管理法》《中华人民共和国农村土地承包法》及黑龙江省、哈尔滨市当时的土地征收补偿政策规定依法征收。请求：撤销一、二审裁定，依法提审本案，责令黑龙江省高级人民法院立案审理。

**最高人民法院经审查认为：**《中华人民共和国土地管理法实施条例》第二十五条第三款规定："对补偿标准有争议的，由县级以上地方人民政府协调；协调不成的，由批准征用土地的人民政府裁决。"《最高人民法院关于审理涉及农村集体土地行政案件若干问题的规定》第十条规定："土地权利人对土地管理部门组织实施过程中确定的土地补偿有异议，直接向人民法院提起诉讼的，人民法院不予受理，但应当告知土地权利人先申请行政机关裁决。"《若干解释》第四十一条第一款规定："行政机关作出具体行政行为时，未告知公民、法人或者其他组织诉权或者起诉期限的，起诉期限从公民、法人或者其他组织知道或者应当知道诉权或者起诉期限之日起计算，但从知道或者应当知道具体行政行为内容之日起最长不得超过2年。"本案一审高正等175人提出的诉讼请求是：责令哈尔滨市政府对其重新作出合理合法的安置补偿。该诉讼请求的实质是对2006年哈尔滨市政府依据1997年哈尔滨市人民政府

6号政府令制定的征收补偿标准不服提起的诉讼。根据上述行政法规和司法解释规定，被征收人不服征地补偿标准，应当先行申请行政机关裁决，对裁决不服的，才能够向人民法院提起行政诉讼。本案中，高正等175人不服征地补偿标准多次申请裁决，2010年3月12日，哈尔滨市国土资源局就其申请作出书面答复意见。即便将该答复意见视为行政机关对征地补偿标准争议作出的裁决，至2015年5月高正等175人提起诉讼，依然超过了2年的法定起诉期限。一、二审裁定对其起诉不予立案，并无不当。至于高正等175人提出，修改后的《中华人民共和国行政诉讼法》实施之后，法院才受理土地征收补偿案件，曾多次向法院提起行政诉讼法院不予受理，高正等175人并未提供充分证据证明上述事实的存在，其该项再审申请理由，本院不予支持。

关于高正等175人提出哈尔滨市政府没有依法发布征收公告、没有依法签订土地征收安置补偿协议、适用失效法规等主张，属于征地补偿行为的实体合法性问题。因本案一、二审系以高正等175人起诉超过法定期限为由，裁定不予立案，并未涉及征地补偿行为实体处理的合法性问题。高正等175人以此为由申请再审，理由不能成立。

综上，高正等175人的再审申请不符合《中华人民共和国行政诉讼法》第九十一条第（一）、（四）项规定的情形。依照《最高人民法院关于执行〈中华人民共和国行政诉讼法〉若干问题的解释》第七十四条的规定，裁定驳回高正等175人的再审申请。

### 裁判解析

《中华人民共和国土地管理法实施条例》第二十五条第三款规定："对补偿标准有争议的，由县级以上地方人民政府协调；协调不成的，由批准征用土地的人民政府裁决。"《国务院法制办公室关于依法做好征地补偿安置争议行政复议工作的通知》（国法〔2011〕35号）规定："被征地集体经济组织和农民对有关市、县人民政府批准的征地补偿、安置方案不服要求裁决的，应当依照行政复议法律、法规的规定向上一级地方人民政府提出申请。"《征用土地公告办法》第十五条第一款规定:"因未按照依法批准的征收土地方案和征地补偿、安置方案进行补偿、安置引发争议的,由市、县人民政府协调;协调不成的,由上一级地方人民政府裁决。"《最高人民法院关于审理涉及农村集体土地行政案件若干问题的规定》第十条规定:"土地权利人对土地管理部门组织实施过程中确定的土地补偿有异议,直接向人民法院提起诉讼的,人民法院不予受理,但应当告知土地权利人先申请行政机关裁决。"根据上述规定,对补偿标准有争议,或者因征收补偿、安置引发争议的,当事人均应当先向上一级人民政府申请裁决,对裁决不服才能够向人民法院提起行政诉讼。未经裁决程序直接起诉的,不符合法定起诉条件,人民法院裁定不予立案,已经立案的,裁定驳回起诉。

【合议庭成员:郭修江　汪国献　李明义】

【主审法官:郭修江】

【执笔人:郭修江　陆　阳　熊俊勇】

# 三、判决规则

## 38 行政赔偿损失的酌定

■ 【裁判要旨】行政赔偿案件中,双方当事人均不能证明损失具体数额的,人民法院可以根据生活经验和常理,结合案件具体情况,合理酌定损失数额,予以行政赔偿。

最高人民法院案号:(2015)行监字第 42 号

再审申请人(一审原告、二审上诉人):李玉明。

被申请人(一审被告、二审被上诉人):辽宁省沈阳市和平区人民政府。住所地:辽宁省沈阳市和平区十一纬路 76 号。

法定代表人:田家,区长。

李玉明诉辽宁省沈阳市和平区人民政府(以下简称和平区政府)行政赔偿一案,沈阳市中级人民法院于 2014 年 8 月 19 日作出(2013)沈中行初字第 204 号行政赔偿判决,责令和平区政府赔偿李玉明物品损失 2 万元;驳回其他诉讼请求。李玉明上诉,辽宁省高级人民法院于 2014 年 12 月 12 日作出(2014)辽行终字第 274 号行政赔偿判决,驳回上诉维持原判。李玉明申请再审。

**案件基本事实**:和平区政府在 2012 年 4 月至 9 月期间针对李玉明的房屋实施强制措施,造成李玉明屋内物品损失。李玉明不服提起行政诉讼,沈阳市中级人民法院作出（2012）沈中行初字第153号行政判决，确认和平区政府强制措施违法。李玉明不服上诉，辽宁省高级人民法院作出（2013）辽行终字第131号终审行政判决，驳回上诉，维持原判。李玉明向沈阳市中级人民法院提起了行政赔偿诉讼，请求赔偿损失。

**一审判决认为**：李玉明提供的证据不能证明其财产损失的具体情况，根据李玉明提交的证据，酌定由和平区政府赔偿其物品损失2万元；李玉明主张房屋装修费损失属房屋安置补偿范畴，且李玉明已对强拆房屋行为提起诉讼，故对该请求不予处理。李玉明主张的经营损失不属于国家赔偿范围，对该请求不予支持。依照《中华人民共和国国家赔偿法》第二十八条第（四）项、《最高人民法院关于执行〈中华人民共和国行政诉讼法〉若干问题的解释》第五十六条第（四）项之规定，判决和平区政府于判决生效之日起10日内赔偿李玉明物品损失2万元；驳回李玉明的其他诉讼请求。

**二审判决认为**：根据《中华人民共和国国家赔偿法》第十五条第一款规定，人民法院审理行政赔偿案件，赔偿请求人和赔偿义务机关对自己提出的主张，应当提供证据。李玉明认为，一审认定事实不清，诉请人民法院查明其具体损失数额，没有依据。李玉明为证明其损失存在，提供了包括《童铃药材有限公司销售出库单》在内的相关书证。但除该"出库单"外，其余均为李玉明自列清单，不符合有关证据规则的规定，一审判决未予认定正确。一审依据李玉明提供的童铃药材有限公司销售出库单记载的进药价格，酌定赔偿其损失2万元，符合法律规定。依照《中华人民共和国行政诉讼法》第六十一条第（一）项之规定，判决驳回上诉，维持原判。

**李玉明申请再审称**：（1）针对和平区政府的违法行为，再审申请人向沈阳市中级人民法院提起行政赔偿诉讼，诉讼请求包括烧毁药材损失、房屋装修损失、屋内物品损失、无法经营的盈利损失等，合计人民币4058005元。沈阳市中级人民法院判决赔偿2万元没有依据。（2）在本案二审期间，和平区政府提供的2012年6月27日、7月29日没有公章的出警记录，属于伪证。

（3）宣判前判决结果是审判机密，被告在判决之前就知道结果，一、二审法院法官的行为侵犯了再审申请人的合法权益。综上，请求依法撤销辽宁省高级人民法院（2014）辽行终字第274号行政判决和沈阳市中级人民法院（2013）沈中行初字第204号行政判决，判决和平区政府赔偿再审申请人全部经济损失4058005元，诉讼费由被申请人承担。

**最高人民法院经审查认为**：根据《中华人民共和国国家赔偿法》第四条规定，行政机关违法采取行政强制措施造成当事人财产损失的，依法应当承担行政赔偿责任。和平区政府在房屋征收过程中对被征收人李玉明的房屋实施强行断电、断水等强制措施，上述行政行为已经被辽宁省高级人民法院（2013）辽行终字第131号生效行政判决确认违法，和平区政府对由此给李玉明造成的财产损失应予赔偿。《最高人民法院关于行政诉讼证据若干问题的规定》第五条规定，在行政赔偿诉讼中，原告应当对被诉具体行政行为造成损害的事实提供证据。据此，李玉明应当对和平区政府违法实施强制措施行为对其造成的财产损失承担举证责任。为证明其损失，李玉明向一、二审法院提供了相应证据。但是，这些证据不足以证明其所主张的损失。其中，烧毁、丢失中药材清单为其自列清单，房内物品损失为其单方提供的照片，二者均没有其他相关证据予以佐证，无法证明其所称损失。药品进货单为《童玲药材有限公司销售出库单》，记录了自2007年至2012年间，李玉明从河北省安国市童玲药材有限公司购买中药材的数量和价格，所有单据票面数额合计约15000元，且进货单所列药材至和平区政府违法采取强制措施时的存量是多少，没有相关证据予以证明。李玉明要求一、二审法院调取的出警记录，仅是其个人报警时所称损失，未经公安机关核实确认，亦不能作为证明房内物品实际损失的证据。李玉明在二审庭审中承认，已于2012年6月初从被征收的房屋搬走。根据生活经验和常理，作为一个理智的人，通常不可能在即将被强制拆迁、无人居住、使用的房屋内留存大量贵重物品。因此，在李玉明没有充分证据证明其损失的情况下，一、二审判决根据案件具体情况，酌定和平区政府赔偿李玉明2万元，符合本案基本事实，判决结果并无不当。

李玉明要求赔偿房屋装修及停业损失，不属于本案违法强制措施造成的损失,应当通过征收补偿等其他法定途径予以解决,一、二审判决对其该部分赔偿请求不予支持,依法有据。李玉明提出判决前一、二审法院法官泄露审判机密,侵犯其合法权益,但未提供充分证据证明,本院不予支持。

综上,李玉明的再审申请不符合《中华人民共和国行政诉讼法》第九十一条第(三)项、第(五)项规定的情形。依照《最高人民法院关于执行〈中华人民共和国行政诉讼法〉若干问题的解释》第七十四条的规定,裁定驳回李玉明的再审申请。

### 裁判解析

根据《最高人民法院关于行政诉讼证据若干问题的规定》第五条规定,在行政赔偿诉讼中,原告应当对被诉具体行政行为造成损害的事实提供证据。修改后的《中华人民共和国行政诉讼法》第三十八条第二款规定,在行政赔偿、补偿的案件中,原告应当对行政行为造成的损害提供证据。在原告提供证据不足以证明其损失存在的,人民法院应当结合案件的具体情况,酌定当事人的实际损失,而不是简单判决驳回当事人的行政赔偿请求。本案中,李玉明提出400余万元的行政赔偿请求,但其所举证据难以证明上述损失的存在,根据案件具体情况,其房屋中存在少量物品损失是可能的。根据其所提交的从河北省安国市童玲药材有限公司购买中药材的数量和价格,结合案件实际,一、二审法院酌定其损失为2万元,判决和平区政府予以赔偿,合情、合理、合法,应当予以支持。

【合议庭成员:郭修江　汪国献　苏　戈】

【主审法官:郭修江】

【执笔人:郭修江　陆　阳　熊俊勇】

## 39 行政行为违法未侵犯原告合法权益案件的判决方式

■ 【裁判要旨】为贯彻执行行政诉讼法解决行政争议的立法目的,避免循环诉讼,在被诉行政行为程序违法,但未侵犯原告实体合法权益的情形下,人民法院应当依照《中华人民共和国行政诉讼法》第七十四条第一款第(二)项之规定,判决确认被诉行政行为违法,保留其效力,而不应撤销被诉行政行为,要求其重新作出行政行为。

最高人民法院案号:(2015)行监字第78号

再审申请人(一审原告、二审上诉人):刘文霞。
委托代理人:孙宝岩,辽宁冠雄律师事务所律师。
被申请人(一审被告、二审被申请人):辽宁省人民政府。住所地:沈阳市皇姑区北陵大街45号。
法定代表人:陈求发,代省长。

刘文霞诉辽宁省人民政府(以下简称辽宁省政府)行政复议不予受理一案,沈阳市中级人民法院于2014年9月18日作出(2014)沈中行初字第198号行政判决,驳回刘文霞的诉讼请求。刘文霞不服上诉,辽宁省高级人民法院于2014年12月23日作出(2014)辽行终字第00292号行政判决,驳回上诉,维持原判。刘文霞申请再审。

**案件基本事实:** 2014年5月5日,刘文霞向辽宁省政府申请行政复议,认为辽宁省教育厅未依法履行对沈阳大学科技工程学院的安全事项检查,致使沈阳大学科技工程学院未做到安全教育、安全管理、保护学生安全的义务，造成其儿子董权铭在校被害身亡，请求确认辽宁省教育厅不作为行为违法。2014年5月13日，辽宁省政府作出书面告知，告知刘文霞，其申请事项不属于《中华人民共和国行政复议法》第六条规定的行政复议范围。刘文霞不服，于2014年6月27日提起诉讼，请求判令辽宁省政府依法受理其行政复议申请。

**一审判决认为：**《中华人民共和国行政复议法》第十二条规定："对县级以上地方各级人民政府工作部门的具体行政行为不服的，由申请人选择，可以向该部门的本级人民政府申请行政复议，也可以向上一级主管部门申请行政复议。"本案中，辽宁省政府具有作出被诉书面告知刘文霞，其申请事项不属于行政复议范围的法定职权。《辽宁省学校安全条例》是对教育行政部门的学校安全工作进行了抽象的、一般性的规定。对于一般性义务，不能直接转化为公民的请求权。因此，刘文霞申请事项不属于行政复议的受案范围。2014年5月6日，辽宁省政府收到刘文霞的复议申请后，书面告知其申请不属于行政复议范围并送达刘文霞，被诉行政复议告知行为符合《中华人民共和国行政复议法》第十七条的规定。依照《最高人民法院关于执行〈中华人民共和国行政诉讼法〉若干问题的解释》第五十六条第（四）项的规定，判决驳回刘文霞的诉讼请求。

**二审判决认为：**本案的争议焦点有两个，一是刘文霞申请复议的事项是否属于行政复议的受理范围；二是辽宁省政府采用书面告知方式是否符合法律规定。关于第一个焦点问题，一审判决认为，《辽宁省学校安全条例》对于教育行政部门学校安全工作方面的规定，系抽象的、一般性的规定，刘文霞申请复议的事项不属于行政复议受理范围，观点正确。关于第二个焦点问题，《中华人民共和国行政复议法》第十七条第一款规定："行政复议机关收到行政复议申请后，应当在五日内进行审查，对不符合本法规定的行政复议申请，决定不予受理，并书面告知当事人。"据此，复议机关决定不予受理后，应当采用书面方式告知当事人，但并未要求必须采用行政复议决定书的方式进行告知，辽宁省政府书面告知刘文霞，不违反法律规定。依照《中华人民共和国行政诉讼法》第六十一条第（一）项的规定，判决驳回上诉，维持原判。

**刘文霞申请再审称：** 因辽宁省教育厅没有依法履行对沈阳大学科技工程学校的安全事项检查的法定职责，刘文霞向辽宁省政府申请行政复议。辽宁省政府以告知书形式书面答复刘文霞，认为其所申请事项不属于行政复议范围。辽宁省政府的告知行为，违反《中华人民共和国行政复议法》第十七条规定。仅告知不属于行政复议范围，未告知不予受理决定内容的，应当判决撤销。辽宁省教育厅的行政行为属于不履行法定职责行为，根据《中华人民共和国行政复议法》第二条、第六条第（十一）项规定，属于行政复议范围，人民法院应当判决责令辽宁省政府受理复议申请。

**最高人民法院经审查认为：** 根据《中华人民共和国行政复议法》第二条和第六条第（十一）项的规定，公民、法人或者其他组织认为具体行政行为侵犯其合法权益的，属于行政复议的范围。应当注意的是，属于行政复议范围的具体行政行为，应当是对特定公民、法人或者其他组织合法权益造成侵害或者产生不利影响的行为。如果具体行政行为对辖区内所有管理对象产生了同等的不利影响，没有人有区别于他人的特别权益受到侵害，该具体行政行为实质上属于不可申请行政复议的行政行为。本案中，刘文霞认为，辽宁省教育厅未按《辽宁省学校安全条例》规定，履行对辖区内学校安全事项的检查监督义务，侵犯了其合法权益。但是，辽宁省教育厅不履行该项法定职责的行为，对辖区所有学校学生生命健康安全产生了同等的不利影响。刘文霞的儿子董权铭作为沈阳大学学生，与其他学生受到的不利影响并无区别。董权铭在学校被害身亡，并非辽宁省教育厅不履行对学校安全检查监督义务行为的直接法律后果，而是董权铭的同学王尔聪的犯罪行为所致，属于不履责行为的反射利益。因此，刘文霞认为辽宁省教育厅不履责行为侵犯其合法权益，缺乏事实根据。辽宁省政府做出的行政复议不予受理行为认定辽宁省教育厅不履责行为不属于行政复议范围，依法有据，最高人民法院应予支持。

刘文霞认为，辽宁省政府作出的复议决定仅告知辽宁省教育厅不履行对学校安全检查监督义务行为不属于行政复议范围，未告知不予受理决定内容，违反《中华人民共和国行政复议法》第十七条规定，应当判决撤销。最高人民法院认为，辽宁省政府对刘文霞复议申请作出的书面答复，未明确告知申请人行政复议不予受理决定的处理结果，未引用决定不予受理的相关法律条文，未告知申请人诉权和起诉期限，存在复议决定法律文书形式上不完善问题。但是，该答复所载内容已经能够清楚明确地表明，复议机关认为刘文霞的复议申请事项不属于行政复议受案范围不予受理的行政复议意见，撤销该答复缺乏法律根据，也没有实际意义，一、二审判决驳回刘文霞的诉讼请求并无不当。至于行政复议法律文书存在的形式问题，辽宁省政府在今后的行政复议过程中应当予以规范、完善。

综上，刘文霞的再审申请不符合《中华人民共和国行政诉讼法》第九十一条第（一）项规定的情形。依照《最高人民法院关于执行〈中华人民共和国行政诉讼法〉若干问题的解释》第七十四条的规定，裁定驳回刘文霞的再审申请。

### 裁判解析

根据《中华人民共和国行政复议法实施条例》第四十八条第一款第（二）项规定，复议机关受理行政复议申请后，发现该行政复议申请不符合《中华人民共和国行政复议法》和本条例规定的受理条件的，行政复议机关应当决定驳回行政复议申请。驳回复议申请属于行政复议的一种决定形式，应当由首部、案件号、当事人的基本情况、案件来源、事实认定、本机关认为、适用法律和复议决定的结果等部分构成。

本案被诉复议决定简单以通知方式代替行政复议决定书，缺乏复议决定书的基本要件，存在程序违法问题。由于本案发生在修改后的《中华人民共和国行政诉讼法》实施之前，以《最高人民法院关于执行〈中华人民共和国行政诉讼法〉若干问题的解释》第五十六条第（四）项"其他应当判决驳回诉讼请求的情形"判决驳回原告诉讼请求，尚有司法解释依据，最高人民法院对一、二审判决驳回原告诉讼请求结论并未予以纠正,而是裁定驳回了申请人的再审申请。但是,修改后的《中华人民共和国行政诉讼法》施行后,根据该法第六十九条的规定,驳回原告诉讼请求仅适用于"行政行为证据确凿,适用法律、法规正确,符合法定程序的,或者原告申请被告履行法定职责或者给付义务理由不成立的"情形,行政行为违反法定程序未侵犯当事人合法权益的,只能根据第七十四条第一款第(二)项的规定,判决确认被诉行政行为违法。因此,本案一审如果发生在《中华人民共和国行政诉讼法》实施后,合法判决形式应当是确认被诉行政行为违法,而不是驳回原告诉讼请求。

【合议庭成员:郭修江　董　华　范向阳】

【主审法官:郭修江】

【执笔人:郭修江　陆　阳　熊俊勇】

## 40 城镇居民是否享有集体土地使用权

【裁判要旨】城镇居民确因特殊历史原因,长期居住、生活在农村,并已取得集体土地上房屋使用证的,从尊重历史,有利于生产、生活的角度考虑,对其在《中华人民共和国土地管理法》实施之前,在房前屋后长期无偿种植使用的零星集体林地使用权和林木所有权,可以依法确认给城镇居民。但是,城镇居民在树木成材依法砍伐后,应当将林地交还集体经济组织。

**最高人民法院案号:(2015)行监字第 187 号**

再审申请人(一审原告、二审被上诉人):张广东。

被申请人(一审被告、二审原审被告):辽宁省葫芦岛市建昌县人民政府。

住所地:辽宁省建昌县建昌镇朝阳路一段。

法定代表人:王洪升,县长。

被申请人(一审第三人、二审上诉人):贺春林。

一审第三人:建昌县建昌镇建昌街村民委员会。

法定代表人:许茹,主任。

再审申请人张广东诉被申请人辽宁省葫芦岛市建昌县人民政府(以下简称建昌县政府)、被申请人贺春林、原审第三人建昌县建昌镇建昌街村民委员会(以下简称建昌街村委)林权行政处理决定一案,葫芦岛市中级人民法院于 2014 年 6 月 18 日作出(2014)葫行初字第 00040 号行政判决。贺春林不服该判决提起上诉。辽宁省高级人民法院于 2014 年 12 月 2 日作出(2014)辽行终字第 00262 号行政判决,撤销一审判决,驳回张广东的诉讼请求。张广东向最高人民法院申请再审。

**案件基本事实**：贺春林系城镇户籍，20世纪70年代末经批准在建昌街的集体土地上建房，并居住生活至今，1993年取得在集体土地上所建房屋的产权证书。20世纪80年代初，贺春林在其房前的集体闲置土地上种树，管理使用争议地至今。20世纪80年代初，贺春林在争议地范围内植树。2000年8月26日，建昌街村委与张广东签订一份承包协议，将包括贺春林种植树木的林地在内的土地承包给张广东。2000年9月4日，建昌街村委对贺春林下达通知，决定将争议林地收回，承包给本村村民治理使用。此后，贺春林与张广东之间产生林地使用权纠纷。2013年9月16日，贺春林以建昌街村委为被申请人，向建昌县政府申请确认争议林木林地权属。2013年12月5日，建昌县政府依据《中华人民共和国森林法》第十七条、第三条第二款，《林木林地权属争议处理办法》第三条、第八条（三）、（四）项、第十二条、第十七条之规定，作出建政林处字（2013）第5号林地权属处理决定（以下简称5号确权决定），决定争议林木归贺春林所有，林地归贺春林进行林业生产使用。2014年1月20日，张广东申请行政复议。2014年4月8日，葫芦岛市人民政府作出葫府法复字（2014）3号行政复议决定，维持建昌县政府5号确权决定。

**一审判决认为**：《中华人民共和国森林法》第二十七条第三款规定："农村居民在房前屋后、自留地、自留山植的林木，归个人所有"，但并无有效证据证明争议林地符合贺春林家房屋"四旁"植树用地特征。依据《中华人民共和国行政诉讼法》第五十四条第（二）项第一目之规定，判决撤销5号确权决定。张广东不服上诉。

**二审判决认为**：根据《中华人民共和国森林法》第十七条规定，建昌县政府具有作出本案被诉行政行为的法定职权。本案争议地属建昌街村委会所有的集体土地，贺春林自20世纪80年代初在争议地范围内植树。《中华人民共和国森林法》第二十七条第三款规定："农村居民在房前屋后、自留地、自留山植的林木，归个人所有"，《林木林地权属争议处理办法》第十二条规定：

"土地改革后营造的林木,按照'谁造林、谁管护、权属归谁所有'的原则确定其权属",建昌县政府依据上述规定,将争议地林木的所有权确认给贺春林所有,符合法律、法规规定。同时,《林木林地权属争议处理办法》第三条:"处理林权争议,应当尊重历史和现实情况,遵循有利于安定团结,有利于保护、培育和合理利用森林资源,有利于群众的生产生活的原则",以及林木与其生长占地不可分离的自然规律,建昌县政府将涉案林地使用权确认给贺春林,亦并无不当。5号确权决定中所提"争议林地符合农村'四旁'植树用地特征和适用前提条件"中的"四旁",是指农村的"道旁、沟旁、渠旁、宅旁"。从本案事实来看,争议地位置符合"道旁"和"沟旁"的地理特征,且位于贺春林房屋的前面,5号确权决定对此事实的认定并无不当。一审判决认定对此认定有误,应予纠正。依照《中华人民共和国行政诉讼法》第六十一条第(二)项、《最高人民法院关于执行〈中华人民共和国行政诉讼法〉若干问题的解释》第五十六条第(四)项之规定,判决:一、撤销葫芦岛市中级人民法院(2014)葫行初字第00040号行政判决;二、驳回张广东的诉讼请求。

**张广东申请再审称**:(1)二审判决适用法律错误。贺春林是城镇居民,不能适用《中华人民共和国森林法》中关于农民在房前屋后种植林木取得林权的规定,城镇居民只有在自家院内种植林木才能取得林权。(2)《林木林地权属争议处理办法》第十二条虽然规定"谁造林,谁管护,权属归谁所有",但同时规定"明知林地权属有争议而抢造的林木,或者法律、法规另有规定的除外"。贺春林抢栽林木,不能取得林权。(3)被诉行政行为争议林地四至范围不清。争议四至应以张广东与村委会签订的承包合同草图为准,建昌县政府确认的争议范围没有任何依据。(4)被诉行政行为程序违法。5号确权决定没有将张广东列为当事人,属程序违法。请求撤销二审判决,维持一审判决。

**最高人民法院经审查认为**:《中华人民共和国森林法》第十七条第二款规定,个人之间、个人与单位之间发生的林木所有权和林地使用权争议,由当地县级或者乡级人民政府依法处理。据此,建昌县政府对贺春林与建昌街村委会之间的林木及林地使用权纠纷,依法有权作出林权确权处理决定。张广

东提出的再审理由不能成立,理由分述如下:

一、关于《中华人民共和国森林法》第二十七条第三款的适用问题

《中华人民共和国森林法》第二十七条第三款规定:"农村居民在房前屋后、自留地、自留山种植的林木,归个人所有。城镇居民和职工在自有房屋的庭院内种植的林木,归个人所有。"本院认为,前款所称"农村居民",原则上应当是指在农村居住、生活并具有农业户籍的村民,不包括非农业户籍的城镇居民。但是,从尊重历史和现实,有利于生产、生活的角度考虑,对极个别确因特殊历史原因,长期居住、生活在农村,并已经依法取得农村集体土地上房屋所有权的城镇居民,应当予以特殊对待和区别处理。本案中,贺春林虽系城镇户籍,但自 20 世纪 70 年代末即开始在集体土地上建房、居住生活至今,并于 1993 年取得在集体土地上所建房屋的产权证书。20 世纪 80 年代初,贺春林在其房前的集体闲置土地上种树,管理使用争议地至今。根据上述事实,建昌县政府依照《林木林地权属争议处理办法》第十二条规定,将争议林地使用权和林木所有权确权给贺春林,并无不当。张广东主张贺春林系城镇居民,不能取得房前林地使用权和林木所有权,是对上述法律规范的错误理解,其该项申请再审理由不能成立。同时,应当指出的是,作为城镇居民,无权无限期地无偿占有使用集体经济组织所有的土地。本案中,贺春林未经建昌村委会同意,今后不得擅自在争议林地上补栽树木。在现有树木依法砍伐后,贺春林应当无偿将争议林地交还建昌街村委会。

二、关于是否存在贺春林抢种树木的事实问题

《林木林地权属争议处理办法》第十二条规定:"土地改革后营造的林木,按照'谁造林、谁管护、权属归谁所有'的原则确定其权属,但明知林地权属有争议而抢造的林木或者法律、法规另有规定的除外。"张广东主张贺春林抢造林木,所种林木不应属其所有。本院认为,本案的基本事实是:贺春林于 20 世纪 80 年代初在争议林地上种林,2000 年 8 月 26 日建昌街村委与张广东签订承包协议,由此引发本案争议。贺春林种植林木时间明显早于争议产生时间。因此,张广东提出贺春林明知林地权属有争议而抢栽林木,与本案基本事实相悖,本院不予支持。

### 三、关于争议林地四至范围问题

张广东主张争议林地四至范围应以其与村委会签订的承包合同草图为准,被诉林权确权决定关于争议地四至范围的认定错误。本院认为,所谓"争议林地",应当是指双方当事人存在权属争议的部分林地,没有争议的部分,不属于争议地范围。本案中,贺春林与建昌街村委会存在争议的林地是贺春林造林部分的土地。被诉林权确权决定以贺春林植树范围为界,确定争议林地范围,符合"争议林地"的基本含义。张广东主张应以其与建昌街村委会签订的承包合同草图确定争议林地范围,不符合"争议林地"的基本含义,有悖常理。

### 四、关于被诉林权确权决定程序是否合法问题

张广东主张建昌县政府的林权确权决定没有将其列为当事人,违反法定程序。本院认为,根据国务院制定发布的《全面推进依法行政实施纲要》(国发〔2004〕10号)的要求,行政机关应当依法保障利害关系人的知情权、参与权和救济权,做到程序正当。本案中,建昌县政府的林权处理决定结果,将直接影响张广东承包经营合同的效力,属于被诉林权确权决定行为的利害关系人。根据程序正当原则的要求,建昌县政府应当将张广东列为林权确权案件的当事人。但是,本案中,因建昌街村委会与张广东签订林地《承包协议书》,将贺春林正在使用的林地转包给张广东,并向贺春林下达了收回林地通知,进而产生本案林地使用权和林木所有权争议。贺春林为此以建昌街村委会为被申请人向建昌县政府申请林权确权。双方争议的核心问题是作为林地所有权人的建昌街村委会,在贺春林自20世纪80年代初在争议林地种树长期使用的情形下,是否有权将争议林地另行发包给他人。至于建昌街村委会将争议林地使用权发包给何人承包经营,并不影响案件的处理结果。同时,根据本案各方当事人认可的事实,张广东事实上参与了本案林权确权处理的过程,其知情权、参与权和救济权并未被剥夺。因此,张广东以此为由申请再审,理由不能成立。

综上,张广东的再审申请不符合《中华人民共和国行政诉讼法》第九十一条第(三)、(四)项规定的情形。依照《最高人民法院关于执行〈中华人民共和国行政诉讼法〉若干问题的解释》第七十四条的规定,裁定驳回

张广东的再审申请。

### 裁判解析

城镇居民在农村集体土地上建房，与我国基本土地制度不相符。但是，我国土地制度的建立和完善经历了一个从无到有的过程。《中华人民共和国土地管理法》施行之前，经城镇居民经村委会或者乡镇人民政府、市县人民政府及职能部门批准，在农村集体土地上通过建设、购买等方式享有房屋所有权，并长期居住使用至今的，人民法院不能简单予以否定。在法律、政策没有禁止性规定，基于对批准单位或者行政机关的信赖，城镇居民在农村集体土地上的房屋权利应当属于合法权益，理应受到法律的保护。本案中，贺春林在集体土地上建设的房屋即属此类情形，当地政府和人民法院认可贺春林房屋的合法性，就是一种尊重历史、符合现实的实事求是的态度。

城镇居民在农村集体土地上的房屋属于合法财产。那么，《中华人民共和国森林法》第二十七条第三款关于"农村居民在房前屋后种植的林木，归个人所有"的规定，是否可以适用于在农村居住生活的城镇居民呢？首先，《中华人民共和国森林法》第二十七条使用了"农村居民"而未使用"农民"或"村民"的概念，这为扩大理解该规定适用人群范围提供了条件。"农村居民"可以解释为在农村定居生活的人，当然包括生活、居住在农村集体土地上的城镇居民；其次，城镇居民与农村村民生在同一片蓝天下时，与村民应当享有同样的权利，在房前屋后的空地上种树，不仅是经济收入问题，主要还是美化、优化生活环境问题。村民可以种，生活在农村的城市居民也应当有权。第三，根据"谁造林、谁管护、权属归谁所有"的原则，城市居民在其房前屋后的农村集体土地上种植的树木，所有权应当属于种树的城市居民。第四，林地使用权的确权原则是应当将使用权确定给合法长期使用者。城市居民长期种树、管理使用的林地，当然依法应当确权给城市居民。但是，因历史原因适用房前屋后的集体空地，可以予以认可属于合法使用。土地制度完善之后的今天，城市居民未经土地所有权人——村集体经济组织的同意，自行占用集体土地种树的行为就不再属于合法用地的情形。因此，在确定城镇居民历史上在房前屋后集体所有的空地上种树享有该林地使用权的同时，应当对其使用权进行必要的限制，即只能是在历史上种树的范围内，且老树砍伐之后林地使用权应当交还集体土地的所有权人。本案中，被诉林地确权决定未作限制不妥，本院裁定对其作出补充。

【合议庭成员：郭修江　苏　戈　汪国献】

【主审法官：郭修江】

【执笔人：郭修江　陆　阳　熊俊勇】

# 41 诉请行政补偿而实际属于行政赔偿案件的处理

【裁判要旨】原告在起诉时提出行政补偿请求，而经审理认为应当属于行政赔偿问题，人民法院应当在一审庭审结束之前向原告释明，要求变更诉讼请求。原告坚持不变更，如果原告所称补偿实质属于赔偿的，人民法院可以根据原告提出损害事实情况，直接作出行政赔偿判决。

**最高人民法院案号：（2015）行监字第236号**

再审申请人（一审原告、二审上诉人）：李秀玲。

被申请人（一审被告、二审上诉人）：辽宁省沈阳市浑南区人民政府。住所地：辽宁省沈阳市浑南新区世纪路13号。

法定代表人：吕凡，区长。

委托代理人：王栋，沈阳国家大学科技城征收服务中心工作人员。

委托代理人：孙晓菊，辽宁国奥律师事务所律师。

再审申请人：李秀玲因诉沈阳市东陵区人民政府（以下简称东陵区政府）强制拆除行为违法并行政赔偿一案，向沈阳市中级人民法院提起行政诉讼。沈阳市中级人民法院于2013年12月18日作出（2013）沈中行初字第54号行政判决，确认东陵区政府的强制拆除行为违法并赔偿损失。李秀玲不服该判决提起上诉，辽宁省高级人民法院于2014年3月21日作出（2014）辽行终字第00040号行政判决，驳回上诉，维持原判。李秀玲不服终审判决，向最高人民法院申请再审。

**案件基本事实**：2008年9月，李秀玲与东陵区白塔镇毡匠村土地承包人刘丹签订农村土地租赁合同，租赁4.23亩土地。2010年3月12日，浑南新城管委会印发《关于加强"大浑南"地区土地开发建设管理工作的通知》，并于2010年7月1日发布拆迁公告。2011年后，李秀玲在其租赁的土地上建成大棚。2012年5月，东陵区政府组织人员对李秀玲所建大棚实施强制拆除。李秀玲不服起诉，请求确认强制拆除行为违法并行政赔偿。另查，民政部民函〔2014〕171号批复，批准辽宁省人民政府将沈阳市东陵区更名为浑南区。根据《中华人民共和国行政诉讼法》第二十六条第六款规定，本案被申请人变更为沈阳市浑南区人民政府。

**一审判决认为**：被告未在法定期限内向法院提交证据，无法证明其所实施的强拆行为的合法性，故对该强拆行为应当认定为违法；参照《关于印发浑南新城集体土地房屋及地上附着物拆迁补偿办法（暂行）的通知》（以下简称《补偿办法》）中温室果木最高的补偿标准每亩6000元对原告大棚青苗予以补偿；经法院现场查看，强拆发生地大棚建设普遍结构过于简单，故酌定按照《补偿办法》大棚补偿标准的20%计算赔偿。经一审法院审判委员会讨论决定，依照《最高人民法院关于执行〈中华人民共和国行政诉讼法〉若干问题的解释》第五十七条第二款第（二）项、《中华人民共和国国家赔偿法》第四条第（二）项之规定，判决：一、确认东陵区政府对李秀玲地上物实施的强制拆除行为违法；二、东陵区政府在本判决生效之日起15日内赔偿李秀玲地上种植物损失25380元；三、东陵区政府在本判决生效之日起15日内赔偿李秀玲大棚损失14101元。

**二审判决认为**：东陵区政府未在法定期限内提交证据，无法证明其所实施强制拆除行为的合法性，一审判决确认强制拆除行为违法正确。东陵区政府违法强拆行为造成的财产损失，应该予以赔偿。由于双方均不能证明因强拆行为造成的具体财产损失，且无法以评估的方式确认李秀玲地上物损失数额，一审以《补偿办法》作为本案判决赔偿的参考并无不当。对于青苗损失，东陵区政府提出一审判决按《补偿办法》中最高标准予以赔偿过高。因东陵区政府没有在强拆之前进行必要的证据保全,导致无法确定李秀玲地上物损失的实际情况,东陵区政府应承担举证不能的法律责任。一审依据李秀玲青苗种植情况,按《补偿办法》中最高补偿标准每亩 6000 元计算损失合理。对于大棚损失,东陵区政府提出李秀玲在明知禁止建设的情况下进行大棚建设应认定为抢建,不应判决赔偿。因东陵区政府没有证据证明涉案集体土地已经由有权机关批准征收并发布征地公告,对此上诉理由不予支持。对于李秀玲提出的大棚赔偿数额显失公平的问题,经一审法院现场查看,强拆发生地大棚建设普遍结构过于简单,不能证明其种植的作物需要种植在大棚内,且未投入使用,故一审酌定按照《补偿办法》大棚补偿标准的 20% 计算赔偿数额,并无不当。依照《中华人民共和国行政诉讼法》第六十一条第(一)项的规定,判决驳回上诉,维持原判。

**申请再审理由**:(1)本案是确认强拆行为并履行补偿职责之诉,一、二审漏诉漏判应赔款项。一审刻意回避了本案客观存在的征收土地行为,强拆行为只是征收行为的一个违法环节,强拆也不必然导致国家赔偿,申请人诉请补偿合法合理。一审判决认定"本案系赔偿案件",对本案诉请的"征地补偿"却未驳未判,剥夺了当事人的诉讼权利。(2)关于大棚的事实认定证据不足。二审判决认定"不能证明其种植的作物需要种植在大棚内,且未投入使用"的事实,没有任何证据,且与本案赔偿无关。二审认定赔偿标准按照《补偿办法》大棚补偿标准的 20% 计算没有依据,应该按照《补偿办法》附件 1、序号 2 的标准计算,不能低于该项标准的下限。(3)二审认定青苗补偿按照每亩 6000 元计算损失无据。申请人的果木树树龄已有 3 年以上,应在合理的种植范围内给予综合认定。请求:撤销沈阳市中级人民法院(2013)沈中行初字第 54 号行政判决第(二)、(三)项;撤销辽宁省高级人民法院(2014)辽行终字第 00040 号行政判决中维持一审判决第(二)、(三)项判决部分的内容。依法开庭审理或发回重审。

**最高人民法院经审查认为**:根据修改前的《中华人民共和国行政诉讼法》第三十四条及《最高人民法院关于执行〈中华人民共和国行政诉讼法〉若干问

题的解释》第二十六条之规定，被告对作出的行政行为负有举证责任，应当在收到起诉状副本之日起10日内提供作出行政行为时的证据，未提供的，视为没有证据。本案被申请人在收到起诉状副本和举证通知书后，无正当理由在法定举证期限内没有提交证明其强制拆除行为合法的证据，应认定被申请人的强拆行为没有证据。被申请人作出的强制拆除行为，严重违反法定程序，超越职权，且在本案申请再审审查的询问程序中，被申请人对其强拆行为的违法性已予认可。因此，原审法院确认强拆行为违法并无不当。针对申请人提出的几点申请再审理由分述如下：

一、关于是否存在漏判诉讼请求问题

根据《中华人民共和国国家赔偿法》第四条规定，行政机关违法采取行政强制措施造成当事人财产损失的，依法应当承担行政赔偿责任。《中华人民共和国行政强制法》第八条亦规定，因行政机关违法实施行政强制受到损害的，公民法人或者其他组织有权依法要求赔偿。本案申请人一审诉讼请求是，请求"确认被告对征用原告合法的地上青苗、种植大棚不予补偿就强拆的行为违法并依法补偿"。与确认强拆行为违法诉讼请求相对应的应当是行政赔偿，而非行政补偿。李秀玲一审提出的行政补偿请求，文字表述不当。通常情况下，一审法院应当先向原告释明，由原告自行将行政补偿请求变更为行政赔偿，然后由人民法院依法作出行政赔偿判决。但是，对于原告诉讼请求内容明显系行政赔偿，而非行政补偿的情形下，人民法院直接根据原告实质诉求，判决被告予以行政赔偿，更有利于原告合法权益的保护，有利于化解行政争议，有利于提高行政审判效率。本案中，李秀玲一审所谓"补偿"请求，主要内容是对违法强拆行为造成的地上附着物青苗及大棚损失的"补偿"，明显属于行政赔偿，而非行政补偿。因此，原审法院据此判决被申请人对申请人地上附着物损失进行赔偿，不违反《中华人民共和国行政诉讼法》的规定，更不存在遗漏诉讼请求的问题。

二、关于大棚损失的赔偿问题

《中华人民共和国国家赔偿法》第二条规定："国家机关和国家机关工作人员行使职权，有本法规定的侵犯公民、法人和其他组织合法权益的情形，造成损害的，受害人有依照本法取得国家赔偿的权利。"也就是说，国家赔偿只赔偿受害人因违法行为造成其"合法权益"的损失,违法利益损失不予赔偿。本案中,浑南新城管委会于 2010 年 3 月 12 日印发了《关于加强"大浑南"地区土地开发建设管理工作的通知》,并于 2010 年 7 月 1 日发布拆迁公告。这说明,2010 年涉案地块已被列入拟征收范围。申请人在明知对列入拟征收范围的地块禁止抢栽、抢建的情形下,于 2011 年开始大规模建设大棚,且根据申请人提供的照片也可以看出,其建造的大棚仅为水泥墩和细钢筋简单搭建,整体建设结构过于简单,根本无法用于正常的生产经营,明显属于违法抢建。违法抢建的大棚,不属于应予赔偿的"合法权益"范畴。原审判决考虑到被申请人强拆行为违法,参照《补偿办法》中大棚补偿标准的 20%对申请人大棚建设成本酌情予以赔偿,并无不当。申请人主张按照《补偿办法》的标准全额补偿,无事实和法律根据。

三、关于青苗损失赔偿问题

在被申请人违法强制清除地上附着物,申请人青苗损失无法计算的情况下,原审判决参照《补偿办法》中最高的每亩 6000 元补偿标准计算损失,已经充分保护了申请人的合法权益。申请人虽然对青苗补偿标准提出异议,但并未提出青苗损失的相关证据以及具体赔偿标准和数额,对其此项主张,本院亦不予支持。

综上,李秀玲的再审申请不符合《中华人民共和国行政诉讼法》第九十一条第(三)、(六)项规定的情形。依照《最高人民法院关于执行〈中华人民共和国行政诉讼法〉若干问题的解释》第七十四条的规定,裁定驳回李秀玲的再审申请。

## 裁判解析

行政征收案件中,由于行政机关违法实施强制行为,可能会使行政补偿案件转化为行政赔偿案件。但是,由于原告起诉时的诉讼请求表述不当,将本应转化为赔偿的诉讼请求,表述为请求补偿。人民法院首先应当向当事人释明,要求其更正,如果当事人坚持不予更正的,人民法院从实质解决行政争议的角度考虑,可以作出行政赔偿判决,确定赔偿数额。当事人以漏审行政补偿诉讼请求提起上诉或者申请再审的,人民法院不予支持;或者因疏忽,一审未经释明,直接判决予以行政赔偿的,尽管审判程序存在瑕疵,亦不宜在二审或者再审中予以改判。本案中,李秀玲起诉请求确认强制拆除行为违法,但是一并提起的损失救济问题却表述为请求"依法补偿",一、二审直接作出行政赔偿判决,李秀玲申请再审,理由不能成立。

根据《中华人民共和国行政诉讼法》第三十八条第二款规定,由于行政强制执行行为违法,实施强制执行过程中没有对相关物品进行登记造册,未进行现场录像、拍照,造成当事人财产损失无法计算的,应当由被告承担举证责任。但是,事实上被告也无法举证。在原、被告均不能举证的情况下,人民法院应当从保护当事人合法权益的角度考虑,结合案件的事实,充分运用法官自由心证,参考类似情况,确定损失数额,依法、公平、公正地作出行政赔偿判决,不得简单以没有证据证明损失的具体数额为由,判决驳回原告的行政赔偿请求。本案一、二审判决体现了上述处理原则。

【合议庭成员:郭修江 汪国献 苏 戈】

【主审法官:郭修江】

【执笔人:郭修江 陆 阳 熊俊勇】

## ㊷ "一事一申请"原则的适用

【裁判要旨】当事人申请政府信息项目较多时,受理机关可以要求其按照"一事一申请"的原则重新提出申请。受理机关未予答复的,人民法院可以判决受理机关按照上述规则限期作出答复。

最高人民法院案号:(2015)行监字第351号

再审申请人(一审原告、二审上诉人):常宏坤。

被申请人(一审被告、二审被上诉人):辽宁省锦州市义县人民政府。住所地:辽宁省锦州市义县义州镇南关路A1号。

法定代表人:苏贵宏,县长。

委托代理人:李智光,辽宁玉衡律师事务所律师。

常宏坤诉辽宁省锦州市义县人民政府(以下简称义县政府)不履行政府信息公开法定职责一案,锦州市中级人民法院于2014年9月15日作出(2014)锦行初字第00003号行政判决,责令义县政府于判决生效后30个工作日内对常宏坤的信息公开申请予以书面答复。常宏坤不服提起上诉,辽宁省高级人民法院于2015年2月5日作出(2015)辽行终字第14号行政判决,驳回上诉,维持原判。常宏坤不服,向本院申请再审。

**案件基本事实:** 2014年1月9日,常宏坤向义县政府申请公开23项信息,要求义县政府对其申请给予书面答复。义县政府经过审查认为常宏坤申请公开的信息一部分不属于政府信息,另一部分属于其他机关履行职责过程中制作或获取的信息,故口头告知常宏坤向其他相关部门调取。2014年3月7日,义县政府将部分其他相关部门收集整理的信息交予常宏坤，常宏坤认为材料不符合要求，诉至法院。

**一审判决认为：**义县政府收到申请后，认为常宏坤申请的信息一部分不属于政府信息，另一部分信息不属于义县政府应予公开的信息，属于其他机关履行职责过程中制作或获取的信息，仅口头告知常宏坤可以向相应部门调取，没有给予书面答复，违反法律规定。因此，被告的行为属于行政机关未依法履行信息公开义务。依照《中华人民共和国政府信息公开条例》第二十一条第（三）项、第二十四条第一款、第二款、第二十六条之规定，判决义县人民政府于判决生效后30个工作日内对常宏坤的信息公开申请予以书面答复。

**二审判决认为：**常宏坤提交的政府信息公开申请书中，共提出23项要求公开的信息，绝大多数申请系以提问方式表述，申请内容不明确，而且常宏坤未能合理说明其申请获取前述信息系根据自身生产、生活、科研等特殊需要。义县政府经审查认为，常宏坤申请公开的信息中第6、7、11、12、14~19、21、22项不属于政府信息，第1~5、8~10、13、20、23项属于其他机关履行职责过程中制作或获取的信息，故口头告知常宏坤可以向其他相关部门调取，并责成相应部门对其申请给予答复。根据《中华人民共和国政府信息公开条例》第二十一条第（三）项、第二十六条的规定，行政机关在能够按照申请人要求的形式提供信息时，应当按照其要求的形式予以提供，即使申请公开的信息不属于政府信息或不属于本行政机关公开的，也应当履行法定告知或者说明理由的义务。本案中，义县政府以口头形式答复常宏坤，不符合上述规定，一审判决义县政府按照常宏坤要求的形式对其提出的信息公开申请予以书面答复并无不当。鉴于常宏坤一次提出23项信息公开申请，涉及多个行政机关，属于比较复杂的情形，故一审法院考虑到本案的实际情况，判令义县政府在30个工作日内予以书面答复，亦无不当。依照《中华人民共和国行政诉讼法》第六十一条第（一）项的规定，判决驳回上诉，维持原判。

**常宏坤申请再审称：**（1）原审认定事实错误。被申请人应当是申请人申请的绝大多数政府信息的制作者或保存者,即政府信息公开的责任主体。因此,二审认定申请人申请的信息公开事项完全不是被申请人的政府信息的理由不能成立,是错误的。(2)原审适用法律不当。二审判决认为,"义县债务核查认定联合工作组"所形成的政府信息不属于政府信息是错误的。一审判决被告于裁判文书生效后30个工作日内对原告的信息公开申请予以书面答复,与《政府信息公开条例》第二十四条之规定不符,违背行政效率原则。(3)原审遗漏诉讼请求。一审法院未就申请人要求被申请人完整、准确地履行政府信息公开义务的诉讼请求予以裁判;未对申请人2014年3月20日向被申请人提出的政府信息公开申请事项予以合并审理,违反高效便民原则。请求:依法撤销辽宁省高级人民法院(2015)辽行终字第14号行政判决;依法改判锦州市中级人民法院(2014)锦行初字第00003号行政判决;支持申请人的诉讼请求。

**最高人民法院经审查认为**:常宏坤向义县政府申请公开政府信息,义县政府仅口头回复,未作书面答复,违反《政府信息公开条例》第二十一条第(三)项、第二十六条规定,一审判决义县政府在30个工作日内对常宏坤的政府信息申请予以书面答复,认定事实清楚,适用法律法规正确,审判程序合法。常宏坤申请再审,理由不能成立。针对申请人提出的几点再审申请理由分述如下:

一、关于原审认定事实问题

原审认定事实并未涉及申请政府信息公开的义务主体是否应当包含义县政府、常宏坤与所申请政府信息是否具有"三需要"的利害关系等内容。因此,常宏坤主张原审认定事实不清,没有事实根据。至于二审判决在说理部分关于"常宏坤23项政府信息公开申请,绝大部分申请以提问方式表述,申请内容不明确,未能说明申请获取相关信息是否因其自身生产、生活、科研等特殊需要"的阐述,符合案件的基本事实,阐述内容不违反法律、法规规定。本院还认为,根据《国务院办公厅关于做好政府信息依申请公开工作的意见》(国办发〔2010〕5号)第(三)项规定:"对一些要求公开项目较多的申请,受理机关可要求申请人按照'一事一申请'原则对申请方式加以调整:即一个政府信息公开申请只对应一个政府信息项目";"对将申请公开的政府信息拆分过细的情况,即申请人就一个具体事项向同一行政机关提出多个内容相近的信息公开申请,行政机关需要对现有的信息进行拆分处理才能答复,受理机关可要求申请人对所提申请作适当归并处理"。常宏坤将23项政府信息公开申请罗列于一张申请书中,要求公开分属多个行政机关制作或保存的政府信息,申请公开的信息类别和项目繁多,每个项目下又设有多个问题,造成义县政府既不能如需提供政府信息,又难以一一指明哪些申请属于政府信息公开内容,哪些申请不属于政府信息公开内容;哪些申请属于本机关公开的政府信息,哪些申请属于其他行政机关公开的政府信息。常宏坤的政府信息公开申请严重违背了"一事一申请"原则,义县政府可以要求常宏坤对其申请事项加以调整,按照"一个政府信息公开申请只对应一个政府信息项目"的要求重新提出政府信息公开申请。

二、关于原审适用法律问题

一审判决认为义县政府对常宏坤的政府信息公开申请口头答复不当,适用《政府信息公开条例》第二十一条第(三)项、第二十四条第一、二款,第二十六条规定,判决义县政府在判决生效后30日内对常宏坤作出书面答复,适用法律并无不当。二审判决驳回上诉,维持原判,亦不存在适用法律问题。常宏坤认为,其申请义县政府公开"义县债务核查认定联合工作组"所形成的政府信息,义县政府应当是公开义务机关,二审判决适用法律错误。最高人民法院认为,二审判决说理中的相关表述,只是对义县政府在口头答复时观点的重复,并非对政府观点的肯定。相反,二审判决认为,义县政府以此为由口头答复申请人,不符合《政府信息公开条例》的规定。常宏坤的该项申请再审理由,是对二审判决相关内容的错误理解。常宏坤还认为,原审判决义县政府在判决生效后30日内答复申请人,与《政府信息公开条例》第二十四条规定相悖。本院认为,判决被告限期履行法定职责,限定期限的具体时间,人民法院具有一定的裁量权。原审考虑常宏坤一次向义县政府申请23项政府信息公开,具有一定的复杂性,结合《政府信息公开条例》第二十四条关于政府信息公开办理期限可以在15日基础上再延长15日的规定,判决义县政府30日内作出答复,并不违反法律规定。

三、关于原审判决是否存在遗漏诉讼请求问题

本案一审判决主文为:义县政府于判决生效后30个工作日对常宏坤的政府信息公开申请予以书面答复。最高人民法院认为,该判决结果已经包含了

常宏坤对义县政府就其2014年3月20日申请政府信息公开答复行为不服的实体判决内容，原审在判决理由中对该部分内容未予进一步阐述，属于判决说理不充分、不全面问题，不属于遗漏诉讼请求问题。至于常宏坤提出二审未对一审收取100元邮寄费作出处理问题，属于诉讼费收取问题的处理，亦不属于遗漏诉讼请求问题，不能构成本案再审的法定事由。

综上，常宏坤的再审申请不符合《中华人民共和国行政诉讼法》第九十一条第（三）、（四）、（六）项规定的情形。依照《最高人民法院关于执行〈中华人民共和国行政诉讼法〉若干问题的解释》第七十四条的规定，裁定驳回常宏坤的再审申请。

## 裁判解析

政府信息公开案件已经成为当事人滥用诉权的重灾区。在依法保护公民知情权的同时，必须规范公民申请政府信息公开行为。《国务院办公厅关于做好政府信息依申请公开工作的意见》（国办发〔2010〕5号）第（三）项"一事一申请"原则作出明确规定。即，申请人一个政府信息公开申请，只对应一个政府信息项目；申请不符合该原则的，行政机关可以要求申请人按照上述要求，重新提出政府信息公开申请。"一事一申请原则"不仅是行政机关限制公民、法人或者其他组织滥用政府信息公开申请权的重要措施，同时也是从源头上防止或者减少当事人滥诉的有效手段之一。行政程序中，行政机关对当事人不坚持"一事一申请原则"的政府信息公开申请，按照国办发〔2010〕5号文件规定要求当事人重新提出申请，能够有效限制如本案当事人一个申请提出23项政府信息公开请求情形的发生。申请人对行政机关就违反"一事一申请原则"提出的政府信息公开申请未予答复或者答复结果不满意的，人民法院可以判决行政机关按照"一事一申请原则"要求重新提出政府信息公开申请，而不是笼统地要求行政机关对申请人的政府信息公开申请限期作出答复。

【合议庭成员：郭修江　高　珂　李明义】

【主审法官：郭修江】

【执笔人：郭修江　陆　阳　熊俊勇】

## 43 收回土地使用权损失补偿的计算

【裁判要旨】行政机关因公共利益需要,改变土地利用规划,收回当事人已竞得的国有土地使用权的,对当事人事先投入损失应当予以公平合理的补偿。行政机关为减少当事人损失,增加其利益的,应当从损失中予以扣减。

生效判决中的计算错误,应当依法予以补正,不宜再审改判。

**最高人民法院案号:(2015)行监字第 352 号**

再审申请人(一审原告、二审上诉人):大连经济技术开发区五洲房地产开发有限公司。住所地:大连经济技术开发区金源北里 27 栋 –2–4–2 号。

法定代表人:孙淑媛,董事长。

委托代理人:赵鹏飞,辽宁华夏律师事务所律师。

再审申请人(一审被告、二审上诉人):辽宁省清原满族自治县人民政府。住所地:清原满族自治县清原镇清河路 21 号。

法定代表人:刘培宏,县长。

委托代理人:李晓海,辽宁宝石律师事务所律师。

委托代理人:高峰,清原满族自治县人民政府法制办公室主任。

再审申请人(一审被告、二审上诉人):辽宁省清原满族自治县国土资源局。住所地:辽宁省清原满族自治县清原镇双龙街 7 号。

法定代表人:徐晓东,局长。

委托代理人:田铁石,辽宁满诚律师事务所律师。

再审申请人(一审被告、二审上诉人):辽宁省清原满族自治县城乡建设管理局。住所地：辽宁省清原满族自治县清原镇长岭街。

法定代表人：苏俊利，局长。

委托代理人：张孝忠，清原满族自治县城乡建设管理局法律顾问。

委托代理人：马晶，城管公用股股长。

大连经济技术开发区五洲房地产开发有限公司（以下简称五洲公司）诉辽宁省清原满族自治县人民政府（以下简称清原县政府）、清原满族自治县国土资源局（以下简称清原县国土局）、清原满族自治县城乡建设管理局（以下简称清原县城建局）行政补偿一案，抚顺市中级人民法院于2014年10月16日作出（2014）抚中行初字第12号行政判决，责令三被告共同补偿五洲公司4766268.80元，驳回五洲公司的其他诉讼请求。原、被告均不服上诉，辽宁省高级人民法院于2015年2月12日作出（2014）辽行终字第7号行政判决，驳回上诉，维持原判决。双方向最高人民法院申请再审。

**案件基本事实**：2002年9月27日，清原县国土局举行土地竞标出让会，竞标地块为清原县客运站北扩项目，该建设地块位于原客运站北侧，柴河路南侧，白云西街西侧，铁路4号楼东侧，占地面积15906.37平方米，总建筑面积为12570.35平方米，容积率0.79，建筑密度为26.3平方米，五洲公司中标。当日，清原县国土局与五洲公司签订《国有土地使用权出让合同》，清原县城建局给五洲公司颁发建设用地规划许可证、建设项目选址意见书和拆许字（2002）第8号《房屋拆迁许可证》，拆迁期限2002年9月30日至2002年12月30日。后因规划修改，需从五洲公司中标的土地中划出1.1万余平方米给客运公司建停车场。2003年10月23日，清原县国土局与五洲公司重新签订国有土地转让合同，出让土地面积为4415平方米。为弥补五洲公司损失，清原县城建局对客运站北扩项目规划作出修改，五洲公司实际建设面积比原规划面积增加1873.08平方米。2012年10月10日，五洲公司向清原县政府邮寄申请补偿的相关材料，清原县政府一直未予答复，五洲公司遂提起本案诉讼，请求判令被告补偿垫付的拆迁成本2058万元，补偿原告可得利益损失1319万元。一审中，经清原县政府申请，抚顺市中级人民法院委托辽宁中华信会计师事务所有限公司对五洲公司在清原县客运站北扩项目实施过程中与拆迁有关的财务账目进行审计，审计结果为：五洲公司已入账、未入账的拆迁安置费及延期补偿费共计 11447780.63 元。另查，根据被告提供的清原满族自治县价格认证中心对五洲公司多建设的房产价值及销售利润的鉴定意见，其销售利润为 1870.74 元／平方米。

**一审判决认为：** 根据《中华人民共和国行政许可法》第八条规定，为了公共利益的需要，行政机关可以依法变更或者撤回已经生效的行政许可，由此给公民、法人或者其他组织造成财产损失的，行政机关应当依法给予补偿。本案中，由于客运公司停车场建设的需要，被告对客运站北扩项目规划作出调整，并不违反法律规定。但在其调整规划收回土地前，五洲公司已对受让土地上的房屋进行了拆迁补偿，支付了拆迁补偿费用，被告对于收回土地范围内五洲公司所支付的拆迁费用应当予以补偿。由于各方当事人均没有证据证明在被告收回的土地上实际发生的拆迁费用，应当按收回土地占原出让土地面积的比例核算收回土地上的拆迁费用。五洲公司支付的总拆迁费用为 11447780.63 元，五洲公司中标时取得的土地面积为 15906.37 平方米，调整规划后五洲公司受让的土地面积为 4415 平方米，据此被告应承担收回土地上五洲公司所支付的相应拆迁费用为 8270314.53 元。考虑到项目成本增加，被告调整规划增加建设面积，五洲公司因此而获取的 3504045.70 元利益应当予以冲减。依照《中华人民共和国行政许可法》第八条第二款、《最高人民法院关于审理行政许可案件若干问题的规定》第十五条、《最高人民法院关于执行〈中华人民共和国行政诉讼法〉若干问题的解释》第二十七条第（四）项、第五十六条第（四）项之规定，判决三被告共同补偿五洲公司 4766268.80 元；驳回五洲公司其他诉讼请求。

**二审判决认为：** 根据《中华人民共和国行政许可法》第八条的规定，行政机关依法变更或者撤回已经生效的行政许可，由此给公民、法人或者其他组织造成财产损失的，行政机关应当依法给予补偿。本案中，因客运公司停车场建设需要，清原县政府及相关部门对客运站北扩项目规划作出调整，由于调整规划收回土地前，五洲公司已对受让土地上的房屋进行了拆迁补偿，支付了拆迁补偿费用,清原县政府等对于收回土地范围内五洲公司所支付的拆迁费用应当予以补偿。原审法院按照收回土地的面积与中标土地面积的比例计算拆迁补偿费并无不当。据此,清原县政府等应承担收回的1.1万余平方米土地的拆迁补偿费用为8270314.53元。清原县政府等在收回五洲公司受让的1.1万余平方米土地时,考虑到其开发项目成本增加等因素对规划进行了调整,增加了规划建设面积,五洲公司从中获得了相应的利益,得到了一部分补偿,该部分补偿应当在清原县政府等应承担的拆迁补偿费中扣除。原审判决清原县政府等给付五洲公司因收回土地原告多支付的拆迁补偿费4766268.80(8270314.53-3504045.70)元并无不当。依照《中华人民共和国行政诉讼法》第六十一条第(一)项的规定,判决如下:驳回上诉,维持原判。

**清原县政府、县国土局、县城建局申请再审称:**(1)对于拆迁费按再审申请人收回的土地占原出让土地面积比例计算,是不客观、不公正的。(2)一、二审判决遗漏重要事实。再审申请人的规划调整后,五洲公司从实际增加的建设面积中,获得的销售利润远远超过再审申请人收回的土地所应承担的拆迁费用。(3)原审不应将经过人民法院判决由五洲公司自行承担的延期补助费计入拆迁费总额。请求:撤销一、二审行政判决;依法驳回五洲公司的诉讼请求。

**五洲公司申请再审称:**(1)一、二审判决不支持关于利息的诉讼请求,属适用法律错误。(2)原审判决不支持必然可得利益的诉讼请求,属适用法律错误。请求:撤销一审判决第二判项,改判支持五洲公司关于利息和必然可得利益的诉讼请求。

**最高人民法院经审查认为:**五洲公司通过竞买方式依法取得清原满族自治县客运站北扩项目15906.37平方米土地开发建设使用的权利,并根据约定负责对规划范围内的各类房屋住户进行拆迁安置,一切拆迁费用由五洲公司承担。五洲公司完成了相关拆迁补偿安置工作,清原县政府及其职能部门因公共利益需要,决定改变原规划,从五洲公司中标的土地中划出11491.37平方米，无偿划拨给客运公司作为建设停车场用地。根据《中华人民共和国行政许可法》第八条第二款规定，清原县政府、县国土局、县城建局因改变土地利用规划、收回部分土地给五洲公司造成的财产损失，依法应当给予行政补偿，具体补偿数额应当以改变规划收回土地给五洲公司造成的实际损失为准确定。一、二审判决以收回土地面积占原规划用地总面积的比例确定清原县政府及其职能部门应当承担的拆迁安置费用，同时减去为五洲公司调整规划增加项目建设面积而获得的收益，最终计算出清原县政府、县国土局、县城建局应当承担的行政补偿数额，该行政补偿数额计算方式依法有据，科学合理，本院予以支持。双方申请再审的理由均不能成立。

一、关于以收回土地面积占原规划面积比例计算补偿数额问题

五洲公司通过竞买获得15906.37平方米用地规划许可后，根据约定对15906.37平方米规划范围内的房屋、构筑物等地上附着物实施拆迁，支付安置补偿费用。经辽宁省中华信会计师事务所有限公司专项审计，截至2012年6月30日五洲公司共发生与拆迁项目相关的已入账的拆迁补偿费、未入账的拆迁补偿费、拆迁安置费及延迟补偿费金额合计11447780.63元。2003年基于清原满族自治县客运公司扩建停车场项目的需要，收回五洲公司11491.37平方米土地使用权，五洲公司剩余用地面积为4415平方米。作为拆迁人的五洲公司，应当对其用地范围内的拆迁安置补偿费用承担支付义务，对于用地范围之外的其他被收回土地上所支付的拆迁安置补偿费用应当由政府承担，予以行政补偿。但是，由于拆迁安置补偿是在原批准规划用地15906.37平方米内整体进行的，专项审计未能将调整规划后留给五洲公司继续开发建设的4415平方米土地范围内的拆迁费用单独从全部安置补偿费用中分离出来。在此情形下，一、二审判决以规划调整后政府收回土地的面积占原规划用地总面积的比例，计算政府应当分担的拆迁安置补偿费数额，计算方法公平合理，并不存在清原县政府、县国土局、县城建局主张的不客观、不公正问题。根据上述计算方法，可以列出清原县政府、县国土局、县城建局因收回土地所应承担的拆迁补偿费的计算公式：拆迁安置补偿费用总支出除以总的拆迁安置补偿面积，得出每一平方米的平均拆迁安置补偿费用，然后再乘以收回土地的总面积，最终得出清原县政府、县国土局、县城建局应当承担的拆迁安

置补偿费用。具体算式是：(11447780.63元÷15906.37)×(15906.37-4415)=8270314.53元。

二、关于规划调整增加的建筑面积的计算问题

为公共利益需要，清原县政府收回五洲公司通过竞买获得的部分土地，造成五洲公司财产损失。为此，清原县政府及其职能部门调整规划，增加了由五洲公司继续保留开发的1、2号楼的建设面积，部分弥补了五洲公司根据约定实施房屋拆迁所多支出的费用。因此，对于这一部分获益，应当从清原县政府、县国土局、县城建局应承担的安置补偿费中减除。根据2002年的最初规划，五洲公司获得规划用地范围内1、2、3、4号楼开发建设的权利，其中，1号楼4025.43平方米、2号楼5423.74平方米、3号楼1230.18平方米、4号楼1891平方米，规划建设总面积是12570.35平方米。规划调整后，2003年1号楼建设面积增加至4125平方米。2008年2号楼建设面积增加至8527平方米。3号楼原有建设面积1230.18平方米因规划调整被取消，不再建设。4号楼原有建设面积1891平方米未改变，但经协商转让给清原县交通局开发建设，五洲公司从转让中已经获得相应的补偿。也就是说，经2003年和2008年两次规划调整后，五洲公司建设面积由原先的12570.35平方米，增加至14543平方米，增加建设面积1972.65平方米。根据原审查明的事实，每一平方米的单位销售利润为1870.74元，五洲公司因增加建设面积所获得的补偿应当是3690315.26元，减去该部分受益所得，清原县政府、县国土局、县城建局实际应当承担拆迁安置补偿费数额是4579999.27元。清原县政府、县国土局、县城建局主张，应当以实际建设总面积15236.65平方米作为计算五洲公司增加建设面积的基数，不应当以规划调整后批准的14543平方米作为基数。本院认为，上述理由不能成立。如果存在五洲公司突破规划调整批准的建设面积，擅自扩建行为，该行为属于违法建设行为，不属于五洲公司因规划调整经批准获取的合法权益。一、二审判决未将该部分建筑面积获利纳入应扣除的五洲公司因规划调整而获得的利益范畴，符合案件事实，依法有据，本院予以支持。应当指出的是，一、二审判决因笔误，错将对五洲公司增加的建设面积14543平方米表述为14443.43平方米，进而将因增加建设面积获得的补偿误写为3504045.70元，最终导致判决结果本应由清原县政府、县国土局、县

城建局向五洲公司支付行政补偿款4579999.27元,却错误表述为4766268.80元。对此,本院予以纠正,并责令辽宁省高级人民法院裁定补正。

三、关于延期补偿金是否应当计入拆迁费用总额问题

辽宁省中华信会计师事务所有限公司出具的辽中会审(2013)605号《专项审计报告》表述,总计11447780.63元的拆迁安置补偿费中包含了延期补偿金335753.33元。这部分延期补偿金系根据抚顺市中级人民法院、五洲公司提供的拆迁协议书及清原满族自治县人民法院的判决书,以楼房完工应配户截止日(2010年12月31日)进行计算得出的结论,并未包括该日期之后的延期补偿金。本院认为,由于规划调整2008年方才完成,《专项审计报告》以楼房完工应配户截止日作为计算延期补偿金的最终日期,具有一定的合理性,一、二审判决采信《专项审计报告》结论并无不当。清原县政府、县国土局、县城建局主张该部分延期补偿金不应计入拆迁安置补偿费用总金额,理由不能成立。

四、关于拆迁费利息是否应当计入拆迁费用总额问题

辽宁省中华信会计师事务所有限公司出具的辽中会审(2013)605号《专项审计报告》表述:"截至2012年6月30日,大连五洲公司共发生与拆迁项目相关的已入账的拆迁补偿费、未入账的拆迁补偿费、拆迁安置补偿费金额合计11447780.63元,截至2008年9月30日(拆迁工作截止日期)大连五洲公司共发生管理费用、应计利息金额合计4217154.52元。"《专项审计报告》并未将拆迁费利息计入拆迁安置补偿费用总额之中,且在关于利息支出的审计说明中亦明确:"本次审计中关于拆迁应计利息金额的计算,我们是以2002年10月1日~2008年9月30日拆迁起止期间内大连五洲公司已经实际支付的拆迁补偿费4160233.70元、未入账但实际支付的拆迁补偿费169152.00元,未入账但已实际支出的拆迁安置补偿费1473744.00元,合计金额5802864.70元为本金,以中国人民银行同期贷款利率及所支付资金占用期间计算的应计利息金额。经计算,应计利息金额为1649291.16元。"根据《专项审计报告》的上述表述,本案所谓应计利息并非实际发生的拆迁安置补偿费用,《专项审计报告》未将该部分金额直接列入拆迁安置补偿费用总额,符合案件事实。一、二审判决采信《专项审计报告》结论并无不当。五洲公司提出应将该部分利息计入拆迁安置补偿费用总额的主张,本院不予支持。

五、关于3、4号楼原建设面积是否经批准增加问题

五洲公司主张，在清原县政府决定收回11491.37平方米土地使用权之前，因产权不清问题，清原县政府曾进行过规划调整，根据五洲公司提交的0325号建设选址意见书和抚顺市发展计划投资处核发的049号临时计划通知书等证据，3号楼规划建设面积已经调整为7030平方米，4号楼建设面积调整为7300平方米，原审判决认为"不宜认定为规划变更"，不支持五洲公司的必然可得利益，属于适用法律错误。本院认为，调整规划应当按照我国规划法等相关法律、法规和规章的规定，遵循法定程序，报请规划部门进行审核批准，未经规划部门审查批准，不能认定规划变更的事实。本案中，五洲公司并未取得规划部门出具的同意调整3、4号楼规划建设面积的批准文件，五洲公司所举证据仅仅是反映了其自身、相关部门及领导拟调整规划的主观意愿，并未履行规划调整的相关法定审批手续，不足以证明3、4号楼规划调整的事实。对于五洲公司的该项申请再审理由，本院不予支持。

综上，清原县政府、县国土局、县城建局及五洲公司的再审申请不符合《中华人民共和国行政诉讼法》第九十一条第（三）、（四）项规定的情形。一、二审判决的笔误应予纠正，一审判决结果第一项应更正为"清原县政府、县国土局、县城建局共同向五洲公司支付行政补偿款4579999.27元"。对原审判决计算错误，辽宁省高级人民法院应当适用《中华人民共和国民事诉讼法》第一百五十四条第一款第（七）项之规定，出具书面裁定书予以补正。依照《最高人民法院关于执行〈中华人民共和国行政诉讼法〉若干问题的解释》第七十四条的规定，裁定驳回清原满族自治县人民政府、清原满族自治县国土资源局、清原满族自治县城乡建设管理局和大连经济技术开发区五洲房地产开发有限公司的再审申请。

## 裁判解析

《中华人民共和国行政许可法》第八条第二款规定："行政许可所依据的法律、法规、规章修改或者废止，或者准予行政许可所依据的客观情况发生重大变化的，为了公共利益的需要，行政机关可以依法变更或者撤回已经生效的行政许可。由此给公民、法人或者其他组织造成财产损失的，行政机关应当依法给予补偿。"因城乡规划变更，导致当事人

已经取得建设用地规划许可、建设工程施工许可不能实施，造成当事人财产损失的，行政机关应当依法予以补偿。《中华人民共和国土地管理法》第五十八条规定，为公共利益需要使用土地的，由有关人民政府土地行政主管部门报经原批准用地的人民政府或者有批准权的人民政府批准，可以收回国有土地使用权；收回国有土地使用权的，对土地使用权人应当给予适当补偿。本案中，因客运公司建设停车场为满足公共利益的需要，清原县政府规划部门改变原规划，收回五洲公司中标的部分土地，无偿划拨给客运公司建设停车场。五洲公司经批准的规划许可被废止，部分中标国有土地使用权被收回，依照《中华人民共和国行政许可法》第八条第二款和《中华人民共和国土地管理法》第五十八条第二款的规定，清原县政府及相关职能部门应当依法给予补偿。

因公共利益需要收回国有土地使用权应当依法给予的补偿，应当是收回土地时的市场价值的补偿。市场价值的数额，通常通过评估机构评估确定。当事人尚未取得国有土地使用权的，行政机关单方解除国有土地使用权出让协议的，应当对当事人前期投入的实际损失依法予以补偿。本案中，五洲公司对涉案土地进行了拆迁补偿，相应的拆迁补偿投入属于五洲公司的实际损失。经审计，五洲公司对于竞得地块的整体拆迁费用可以确定，人民法院按照收回土地占整个竞得地块面积的比例，计算五洲公司在收回土地上的拆迁费用，并按此数额予以补偿，计算方式和数额合乎情理，公平公正，不偏不倚。同时，为弥补五洲公司损失，清原县政府职能部门提高五洲公司剩余土地的容积率，这部分利益应当从补偿数额中予以减除，否则，五洲公司获得双份补偿亦不公正。

至于一、二审的数字计算错误问题，应当属于通过补正可以解决的错误，不属于再审的法定事由。因此，本案驳回再审申请的裁定中明确要求辽宁省高级人民法院出具书面裁定予以补正。

【合议庭成员：郭修江　汪国献　董　华】

【主审法官：郭修江】

【执笔人：郭修江　陆　阳　熊俊勇】

## 44 对"权属有争议的"不得颁证的理解

【**裁判要旨**】房屋登记机关不予办理登记的法定情形之一"权属有争议的",应当是指在登记机关审查、颁证过程中,客观上申请人申请办理转移登记的房屋存在权属争议的情形。

人民法院对法律规定"登记机关认为有必要进行公告"的裁量权,有权进行审查。行使裁量权违反法律目的的,应当认定属于滥用职权的行政行为。

**最高人民法院案号:(2015)行监字第353号**

再审申请人(一审被告、二审被上诉人、再审被申请人):辽宁省沈阳市房产局。住所地:沈阳市沈河区大西路187号。

法定代表人:纪凯,局长。

委托代理人:周溥,辽宁同文律师事务所律师。

委托代理人:线双江,沈阳市房产局工作人员。

被申请人(一审原告、二审上诉人、再审申请人):孙贺忠。

第三人(一、二审第三人、再审被申请人):孔祥伟。

委托代理人:姜乃芳。

孙贺忠诉沈阳市房产局房屋登记一案,沈阳高新技术产业开发区人民法院于2009年12月12日作出(2009)沈高开行初字第14号行政判决,驳回孙贺忠的诉讼请求。孙贺忠不服,上诉至沈阳市中级人民法院。沈阳市中级人民法院于2010年3月26日作出(2010)沈行终字第86号行政判决,驳回上诉,维持原判。孙贺忠不服申诉,沈阳市中级人民法院于2010年12月28日作出(2011)

沈中立行监字第 4 号驳回通知,驳回其申诉。辽宁省人民检察院抗诉,辽宁省高级人民法院于 2011 年 7 月 6 日作出(2011)辽立一行抗字第 4 号行政裁定,指令沈阳市中级人民法院进行再审。沈阳市中级人民法院于 2012 年 6 月 15 日作出(2011)沈中审行终再字第 9 号行政判决,维持原二审判决。孙贺忠不服申请再审,辽宁省高级人民法院于 2013 年 8 月 6 日作出(2013)辽行提字第 8 号行政判决,撤销原一、二审判决,确认沈阳市房产局为孔祥伟颁发房屋所有权证的行为违法。沈阳市房产局不服该判决,向最高人民法院申诉。

**案件基本事实**:1998 年 9 月 11 日,李丕峰以沈阳第十二建筑公司一分公司的名义与孙贺忠签订"铝合金加工承包合同",约定由孙贺忠承包孤家子住宅小区 3 号楼铝合金加工工程,承包费用以实际加工面积核算。2001 年 11 月 8 日,孙贺忠向沈阳市润峰物业有限公司(以下简称润峰物业)交纳了 4-5-6-3 号房屋(诉争房屋)2001~2002 年度的采暖费,次日交纳物业费、防盗门费等相关费用,此后孙贺忠一直在此房居住。2005 年 1 月 17 日,润峰物业作与孔祥伟签订购房合同约定:润峰物业经理李丕峰欠孔祥伟运输砂石款 72000 元,因无钱还款,将润峰物业 4-5-6-3 号房屋作价每平方米 1600 元抵给孔祥伟所有,余款人民币 41600 元由孔祥伟返还给李丕峰。2005 年 9 月 12 日,孔祥伟向高新技术产业开发区人民法院提起房屋使用权纠纷之诉,要求孙贺忠腾退诉争房屋。经沈阳市中级人民法院(2005)沈民(2)房终字第 908 号民事裁定认定:孔祥伟没有取得争议房屋的权属证书,也没有取得房屋钥匙,且在购房时即知道房屋有人居住,鉴于房屋作为不动产买卖的特殊性,孔祥伟与出卖方只形成了买卖合同的债的关系,没有形成特权属性,不具有排他效力,不能对抗孙贺忠的事实占有,孔祥伟只能依据购房合同向出卖方主张权利,故裁定驳回孔祥伟的起诉。2006 年 7 月至 9 月,孔祥伟与沈阳市东陵区五三乡孤家子村民委员会委托人共同持沈阳市东陵区五三乡孤家子村民委员会签订的房屋买卖合同、购房协议书、转让合同、公(私)房准住通知、契税完税证、孔祥伟交纳购房款收据、办理人员授权书及身份证明等材料,到沈阳市浑南新区房产局办理诉争房屋的所有权登记手续。2006 年 9 月 5 日,沈阳市浑南新区房产局向孔祥伟颁发了沈房权证浑南新区字第 0105××号房屋所有权证。2006 年 8 月 21 日,孙贺忠向高新开发区人民法院提起房屋确权之诉。案经沈阳市中级人民法院（2008）沈中民二终字第33号民事判决认定：根据物权变动原理，不动产物权的设立、变更、转让和消灭经依法登记发生效力，未经登记不发生效力，孙贺忠虽然已进住诉争房屋，但由于未履行登记行为，故尚未取得房屋所有权，物权行为尚未生效，且润峰物业否认与孙贺忠以房抵债的事实，孙贺忠既未提供双方存在债务关系的证据，也不能提供以房抵债的证据。润峰物业与孔祥伟之间的抵债行为双方均予认可，孔祥伟办理了房屋产权证书，物权行为已经生效，且房屋产权证书没有被撤销，孙贺忠主张确认权属，办理相关产权证的请求，不能得到支持，故判决驳回孙贺忠的诉讼请求。2009年1月19日，孙贺忠向辽宁省高级人民法院申请再审，同年9月3日，辽宁省高级人民法院作出（2009）辽立二民申字第250号民事裁定，认定：孙贺忠向润峰物业交纳争议房屋的2001年度采暖费、物业费、防盗门费的事实虽然属实，但除润峰物业原项目经理王宝聚证明李丕峰以争议房屋抵顶拖欠孙贺忠加工费的证实外，孙贺忠未能举证证明其与李丕峰之间存在债权债务关系，且润峰物业否认其与孙贺忠有以房抵债的事实，申请再审时仍缺乏证据支持，驳回孙贺忠的再审申请。另查明，2001年5月9日，沈阳市房产局委托沈阳市浑南新区房产局代发新划分规划区新建房屋的房屋所有权证。2005年7月至2006年8月，孙贺忠到沈阳市浑南新区房产局说明诉争房屋权属存在争议，该局建议孙贺忠走司法程序。孙贺忠提起本案诉讼，请求撤销给孔祥伟颁发的房屋所有权证。另查明，孔祥伟于2011年9月2日将位于浑南新区远航中路×号×××的诉争房屋卖给案外人刘胜国，并办理完过户手续。

**一审判决认为：**本案的争议焦点是孙贺忠向沈阳市房产局主张"诉争房屋权属有争议"能否构成沈阳市房产局中止为孔祥伟办理诉争房屋所有权证的条件，《中华人民共和国城市房地产管理法》第三十七条第（五）项中"权属有争议"，应当理解为司法机关、行政机关依职权告知的争议，对于非有权机关的告知不能构成行政机关实施行政行为的阻却。沈阳市房产局向孔祥伟颁发沈房权证浑南新区字第0105××号房屋所有权证的具体行政行为具有法定职权，事实依据充分，符合法定条件及法定程序，该具体行政行为合法。孙贺忠的诉讼请求不符合相关法律、法规的规定，不予支持。故判决驳回孙贺忠的诉讼请求。

**二审判决认为：** 根据2008年7月1日前有效的建设部《城市房屋权属登记管理办法》第八条第三款的规定及2008年7月1日施行的建设部《房屋登记办法》第四条的规定，沈阳市房产局具有负责本行政区域内房屋权属登记管理的职权。本案的房屋登记行为发生在2006年，沈阳市房产局答辩适用《房屋登记办法》第三十二条不当，应适用当时有效的《城市房屋权属登记管理办法》第十七条第二款"申请转移登记，权利人应当提交房屋权属证书以及相关的合同、协议、证明等文件"的规定。现沈阳市房产局提供的证据可以证明其为孔祥伟所办理的房屋权属登记，符合上述法律规范要求。本案主要焦点是孙贺忠向沈阳市房产局主张"诉争房屋权属有争议"能否构成沈阳市房产局中止为孔祥伟办理房屋登记的条件。《沈阳市城市房产管理条例》第二十条规定："房产交易必须符合国家规定的条件。有下列情形之一的房产禁止交易：……（三）司法机关、行政机关依法限制交易的。"《中华人民共和国城市房地产管理法》第三十八条规定："下列房地产，不得转让：……（五）权属有争议的"，这里的"权属有争议"，应当理解为主要是对转让方而言的，其权属存在争议就不允许转让；对被转让方而言，只要其不违反法律、法规禁止转让的情形就可以转让；对行政登记部门而言，申请人提供的材料符合房屋转移登记的要件且不存在权力机关（司法、行政机关）的限制就应该予以登记，而非权力机关的争议告知并不具备中止实施登记行为的条件。故判决驳回上诉，维持原判。

**再审判决认为：** 结合本案诉争房屋已经转卖给案外人的事实，本案需审查的第0105××号房屋所有权证已经不存在，所以孙贺忠要求依法撤销为孔祥伟颁发的房屋所有权证的诉讼请求不能支持。本案应审查沈阳市房产局向孔祥伟颁发房产证的行为是否合法。关于孙贺忠主张的诉争房屋权属有争议是否构成沈阳市房产局中止为孔祥伟办理房屋登记的条件问题。第一，关于《中华人民共和国城市房地产管理法》第三十七条第（五）项中"权属有争议的"提出主体及具体适用，相关的法律法规等并未作出具体解释和限定。依据行政机关依法行政的原则，如果本案诉争房屋的权属异议属于"司法机关和行政机关依法裁定、决定查封或者以其他形式限制房地产权利的"等法定情形,则沈阳市房产局不能为孔祥伟颁发房证。本案中孙贺忠作为自然人个体提出的异议,在没有法律明确规定的情况下,这种异议不能必然导致沈阳市房产局颁发房证行为的阻却。第二,孙贺忠以在沈阳市房产局的复印收费收据为证据,证明自己曾书面向沈阳市房产局提交过异议材料,但此异议材料在证明此诉争房屋权属的异议方面是否确凿有效,由沈阳市房产局进行审查。如沈阳市房产局认为提出异议人对自己的主张能提供相关确凿的证据予以佐证,或者孙贺忠在当时针对诉争房屋的确权民事诉讼中申请保全,为了保护公民的合法权益,沈阳市房产局则应暂停或者终止颁发房证的行为。否则,提出的异议不会被采纳,颁发房证的行为不会被阻却。第三,在颁发房证的过程中,沈阳市房产局只具有形式审查义务,如双方存在权属等实质方面的争议,需要通过诉讼等手段进行确定,如这种确定的结果与先行作出的行为结果不符,行政机关的颁证行为须依据相关的民事裁判文书予以变更。在孙贺忠与润峰物业、孔祥伟的房屋权属合同纠纷一案中,沈阳市中级人民法院作出的(2008)沈中民二终字第33号民事判决和辽宁省高级人民法院作出的(2009)辽立二民申字第250号民事裁定,驳回孙贺忠的诉讼请求,其中辽宁省高级人民法院的民事裁定是以孙贺忠的主张缺乏证据支持为由予以驳回的。第四,诉争房屋的原所有权人是孤家子村委会,孤家子村委会在转让诉争房屋时,孙贺忠并没有提供相关证据证明孤家子村委会对诉争房屋的权属存有争议。在法律对"权属有争议"未明确进行解释的情况下,辽宁省人民检察院对"权属有争议"作出自己的解释,具有一定的合理性。但据上述理由,孙贺忠提出的异议并不能必然导致沈阳市房产局颁发房证行为的阻却。关于适用法律问题,本案房屋登记行为发生在2006年,应适用当时生效的《城市房屋权属登记管理办法》第十七条第二款的规定,而不应适用《房屋登记办法》第三十二条的规定,属适用法律错误,原二审判决已经予以纠正。沈阳市房产局提供的证据可以证明其为孔祥伟办理的房屋权属登记,符合上述法律规范要求。关于颁证过程中是否缺少公告程序的问题,《城市房屋权属登记管理办法》第十条第二款规定:"本条第(三)项适用于登记机关认为有必要进行公告的登记。"可见,公告程序并不是房屋权属登记中的必经程序,只有行政机关认为"有必要"时才予以公告。公告的主动权掌握在行政机关手里，由行政机关视情况而定，别的主体不能硬性加以干涉。另，本案应适用修改前的《中华人民共和国城市房地产管理法》第三十七条，而不应适用2007年修改后的《中华人民共和国城市房地产管理法》第三十八条。原二审判决和抗诉书中引用的第三十八条应为第三十七条。综上，判决维持原二审判决。

**提审判决认为：** 本案的争议焦点是对房屋"权属有争议"应如何界定。因沈阳市房产局为孔祥伟颁发房屋所有权证的行为发生在2006年9月，故本案应适用行政行为发生时生效实施的《中华人民共和国城市房地产管理法》及《城市房屋权属登记管理办法》的相关规定。1995年《中华人民共和国城市房地产管理法》第三十七条规定：下列房地产，不得转让：……（二）司法机关和行政机关依法裁定、决定查封或者以其他形式限制房地产权利的；……（五）权属有争议的。从该条规定可以看出，第（二）项规定与第（五）项规定之间为并列关系，而非包含关系。因此，认定房屋权属有争议的法定条件不能局限于司法机关和行政机关依法裁定、决定查封或者以其他形式限制房地产权利的情形。原再审判决认为孙贺忠作为自然人个体提出的异议，不能必然导致被申诉人颁发房屋所有权证行为的阻却，这种理解是不正确的。本案中，针对涉案房屋的权属问题自2005年就产生争议，先后由孔祥伟和孙贺忠提起两轮民事诉讼，应当认定案涉房屋的权属存在争议，属于不得转让的法定情形。根据《城市房屋权属登记管理办法》第十条的规定，公告适用于登记机关认为有必要进行公告的登记，并不是房屋权属登记中的必经程序，但这种裁量权也不是完全不受限制。本案中，孙贺忠在发证前多次到办证机关告知房屋权属存在争议，应当属于"有必要"进行公告的情形，沈阳市房产局未履行公告程序，属于违反法定程序。申请人向登记机关主张房屋权属有争议的程序和要求，法律法规未作明确规定，因此，沈阳市房产局主张孙贺忠未提出书面申请，不能认定权属存在争议，理由亦不能成立。综上，被诉颁发房屋所有权证行为适用法律错误，程序违法，依法应予撤销，但由于案涉房屋在2011年9月已经转让给案外人刘胜国，本案被诉房屋所有权证已不存在，故应确认违法。依照《最高人民法院关于执行〈中华人民共和国行政诉讼法〉若干问题的解释》第七十八条、第五十七条第二款第（二）项的规定，判决：一、撤销沈阳市中级人民法院（2011）沈中审行终再字第9号、（2010）沈行终字第86号行政判决，撤销沈阳高新技术产业开发区人民法院（2009）沈高开行初字第14号行政判决；二、确认沈阳市房产局为孔祥伟颁发房屋所有权证的行政行为违法。

**沈阳市房产局申请再审称**：（1）辽宁省高级人民法院依据查明的事实认定沈阳市房产局在为孔祥伟进行房产登记时"明知"存在"权属争议"错误。涉案房屋在办理房产转移登记时不存在权属争议，也无任何人和机关向沈阳市房产局告知该房屋存在权属争议。孙贺忠向房产局提出异议时，孔祥伟的房产登记工作程序已经完成，且孙贺忠对该房屋没有取得所有权和产权，其称已经占有该房屋也没有得到房屋原产权人孤家子村委会认可，系属擅自占有，法律应不予保护。（2）辽宁省高级人民法院对是否适用公告程序认定错误。沈阳市房产局在办理涉诉房产登记时因孙贺忠未提出涉诉房屋存在权属争议及其证明材料，本案又无法律法规规定的其他应公告的情形。因此，沈阳市房产局未进行公告是正确的。辽宁省高级人民法院认为涉案产权证的办理应当属于有必要公告的情形，应适用公告程序的认定，系属对法律的违法扩大解释。（3）辽宁省高级人民法院依据1995年《中华人民共和国城市房地产管理法》第三十七条第（五）项规定，认定沈阳市房产局颁发涉诉房屋产权证行为违法，属于适用法律错误。（4）沈阳市房产局颁发涉诉房屋产权证的行为符合法律规定。登记机关对于符合法律规定的申请，必须依法受理并予以登记。本案中，孔祥伟与孤家子村委会的委托人共同持完整的办理房产证登记手续材料申请办证，依据当时适用的《中华人民共和国城市房地产管理法》及《城市房屋权属登记管理办法》的相关规定，房产局为孔祥伟办理房屋产权证，程序合法。请求：撤销辽宁省高级人民法院作出的（2013）辽行提字第8号行政判决，对该案发回重审或依法改判。

**孙贺忠辩称**：（1）沈阳市房产局刻意隐瞒孙贺忠提出过异议申请的证据。（2）依据《中华人民共和国城市房地产管理法》争议房产不得转让的相关规定，房产局在受理房屋异议登记申请后，应依职权审查。（3）涉案房屋在2001年

11月已由李丕峰以抵债方式转让给孙贺忠，孙贺忠交纳了2001年~2002年取暖费、防盗门费以及公共设备维修基金等费用，尽管未办理房产登记手续，孙贺忠已经实际取得房屋所有权。请求维持辽宁省高级人民法院作出的（2013）辽行提字第8号行政判决。

**孔祥伟称：**（1）孔祥伟基于与沈阳市润峰物业有限公司（以下简称润峰公司）之间形成的工程欠款，购买了争讼房屋，并交付了差价款和维修基金等费用。（2）孔祥伟向房产局提交了所有颁证所需材料，依法取得房产证。（3）本案民事、行政诉讼10年间，孙贺忠始终未能向法庭举证证明其在办证过程中提交过书面异议。请求撤销辽宁省高级人民法院作出的（2013）辽行提字第8号行政判决。

**最高人民法院经审查认为：**修改前的《中华人民共和国行政诉讼法》第五条规定，人民法院审理行政案件，对行政行为是否合法进行审查。本案被诉行政行为是沈阳市房产局于2006年9月5日给孔祥伟颁发房屋所有权证的行为。行政诉讼中，人民法院应当围绕被诉颁证行为的合法性，进行全面审查。结合申请再审程序中各方当事人争议焦点，本院就被诉颁证行为的合法性及原审生效判决相关问题，阐述如下意见：

一、关于对"权属有争议"的理解

沈阳市房产局作出被诉颁证行为时有效的1995年《中华人民共和国城市房地产管理法》第三十七条规定："下列房地产，不得转让：（一）以出让方式取得土地使用权的，不符合本法第三十八条规定的条件的；（二）司法机关和行政机关依法裁定、决定查封或者以其他形式限制房地产权利的；（三）依法收回土地使用权的；（四）共有房地产，未经其他共有人书面同意的；（五）权属有争议的；（六）未依法登记领取权属证书的；（七）法律、行政法规规定禁止转让的其他情形。"2001年修改的《城市房屋权属登记管理办法》（以下简称2001年《房屋登记办法》）第二十三条规定，属于违法建筑、临时建筑以及法律、法规规定的其他情形的，登记机关应当作出不予登记的决定。据此，房屋产权"权属有争议的"，登记机关应当不予登记。本案中，各方当事人对"权属有争议的"

如何理解产生分歧。本院认为,所谓"权属有争议的",应当是指在登记机关审查、颁证过程中,客观上申请人申请办理转移登记的房屋存在权属争议的情形。无论是登记机关主动发现,还是利害关系人提出异议,只要客观上申请转移登记的房屋权属存在争议的情形,登记机关就应当停止变更登记程序,不得办理转让登记手续。待相关权属纠纷依法解决之后,登记机关才能继续变更登记程序,并依照权属争议处理结果,依法对变更登记申请作出处理。

二、关于颁证期间孙贺忠是否提出权属异议的认定

原告对登记机关给他人办理房屋产权转移登记的行为不服提起行政诉讼,主张办理转移登记过程中曾向登记机关提出异议申请,应当对提出异议申请的事实承担举证责任。但是,参照《最高人民法院关于行政诉讼证据若干问题的规定》第四条第二款第(二)项的规定,因被告受理申请的登记制度不完备等正当事由不能提供相关证据材料并能够作出合理说明的,应当免除原告的举证责任。本案中,孙贺忠诉称:在登记过程中已向登记机关提出房屋权属异议,并提交了沈阳高新技术产业开发区人民法院于2005年1月24日作出的(2005)沈高新法民房初字第85号民事判决(以下简称85号民事判决)。沈阳市房产局和孔祥伟对此均予以否定。对该项事实,原本应当由孙贺忠提供证据予以证明,未提供证据证明的,对其主张的事实,人民法院应当不予认定。然而,在本院询问过程中,沈阳市房产局代理人陈述:在2005~2006年期间,沈阳市房产局对当事人提出权属异议申请的,没有登记造册。也就是说,在本案颁证过程中,沈阳市房产局并未建立完备的登记制度。由于沈阳市房产局没有建立完备的登记制度,孙贺忠提出异议申请,沈阳市房产局也没有相应的登记记录,更不会给孙贺忠出具收到相关异议申请的手续。在此情形下,要求孙贺忠提供证据证明其已经提出过申请,显然是勉为其难。推定孙贺忠主张的在沈阳市房产局给孔祥伟颁证过程中已经提出权属异议的事实成立,符合上述司法解释的规定。沈阳市房产局和孔祥伟否定上述事实,没有证据予以佐证,本案不予支持。

三、关于颁证期间涉案房屋客观上是否存在权属争议

本院认为,客观上存在争议,是指办理转移登记的房屋产权有可能不属于或者不完全属于转让一方所有,存在转让一方无权处分,办理转移登记可能侵犯他人合法权益的情形。1995年《中华人民共和国城市房地产管理法》第

三十七条第（五）项并未规定必须是已经提起诉讼或者申请仲裁才属于房屋"权属有争议的"情形；更未规定"权属有争议的"必须是法院已经对相关房屋产权采取查封措施的情形。但是，反过来说，如果相关当事人已经就申请转移登记的房产纠纷提起诉讼，则完全可以证明房屋权属有争议。本案中，沈阳高新技术产业开发区人民法院作出的85号民事判决，足以证明涉案房屋在颁证期间确实存在权属争议。该判决系孔祥伟诉孙贺忠腾退涉案房屋纠纷案。孔祥伟主张涉案房屋已经由沈阳市润峰物业有限公司抵债给他，属于其所有，并请求法院判令孙贺忠为其腾退房屋。沈阳高新技术产业开发区人民法院85号民事判决以沈阳市润峰物业有限公司用已经给付他人的房屋冲抵欠款，系民事欺诈行为，其与孔祥伟所签购房合同无效为由，判决驳回了孔祥伟请求孙贺忠腾房的诉讼请求。孙贺忠正是拿着这份判决，向沈阳市房产局提出了权属异议。该份判决足以证明孔祥伟申请办理转移登记的房屋产权客观上已经发生争议。孔祥伟上诉后，沈阳市中级人民法院作出（2005）沈民（2）房终字第908号民事裁定，以孔祥伟基于债权关系"不能对抗被上诉人（孙贺忠）已经占有、居住使用争议房屋4年的事实上的占有，上诉人（孔祥伟）只能依据购房合同向出卖人主张权利，而无权向被上诉人（孙贺忠）主张权利"为由，撤销一审判决，裁定驳回孔祥伟起诉。该案件一审民事判决和二审民事裁定尽管裁判方式不同，但是，均足以证明涉案房屋在颁证过程中客观上存在权属争议。据此，沈阳市房产局和孔祥伟认为颁证过程中不存在权属异议的主张不能成立。

四、关于公告程序的理解

2001年《房屋登记办法》第十条规定："房屋权属登记依以下程序进行：（一）受理登记申请；（二）权属审核；（三）公告；（四）核准登记，颁发房屋权属证书。""本条第（三）项适用于登记机关认为有必要进行公告的登记。"根据上述规定，"公告"程序确属登记机关的自由裁量权。但是，自由裁量权的行使应当符合立法目的的需要。2001年《房屋登记办法》第一条规定，为加强城市房屋权属管理，维护房地产市场秩序，保障房屋权利人的合法权益，根据《中华人民共和国城市房地产管理法》的规定，制定本办法。也就是说，是否公告，必须符合有利于"加强城市房屋权属管理，维护房地产市场秩序，保障房屋权利人的合法权益"的目的。2001年《房屋登记办法》第十条规定设立"公告"程序，目的就在于及时发现可能出现的权属争议，有效防止争议房产转移登记，以维护正常的房产交易秩序，保障产权人的合法权益。因此，在登记房屋权属可能存在异议的情况下，登记机关均应当适用"公告"程序，否则，构成违反法定程序。本案中，房屋的实际占有人孙贺忠已经提出权属异议，即便沈阳市房产局认为其权属异议不能成立，颁证过程中也应当予以"公告"，未适用"公告"程序，属于滥用程序裁量权的行为，原审生效判决认定被诉颁证行为违反法定程序并无不当。

五、关于确认违法判决形式

根据1995年《中华人民共和国城市房地产管理法》第三十七条第（五）项和2001年《房屋登记办法》第十条第一款第（三）项规定，沈阳市房产局在涉案房屋客观上存在权属争议、孙贺忠提出权属异议的情况下，继续为孔祥伟办理转让登记，且未适用"公告"程序，颁证行为主要事实不清、违反法定程序，应当予以撤销。但是，考虑到2011年9月2日孔祥伟已经将涉案房屋卖给了刘胜国，并已办理了过户登记手续，为保护善意第三人刘胜国的合法权益，根据《最高人民法院关于审理房屋登记案件若干问题的规定》第十一条第三款"被诉房屋登记行为违法，但判决撤销将给公共利益造成重大损失或者房屋已为第三人善意取得的，判决确认被诉行为违法，不撤销登记行为"的规定，原审生效判决确认沈阳市房产局的颁证行为违法，亦无不当。

综上，沈阳市房产局的再审申请不符合《中华人民共和国行政诉讼法》第九十一条第（三）、（四）项规定的情形。依照《最高人民法院关于执行〈中华人民共和国行政诉讼法〉若干问题的解释》第七十四条的规定，裁定驳回沈阳市房产局的再审申请。

### 裁判解析

法律解释应当符合立法目的，并结合法律条文的上下文，全面分析认定其含义，不得断章取义。根据当时有效的1995年《中华人民共和国城市房地产管理法》第三十七条规定，七种情形禁止转让登记，其中第（五）项是"权属有争议的"。那么，什么情况属于"权属有争议的"情形呢？存在三种不同解释：一是认为只有进入行政程序或者司法程序，行政机关或者司法机关采取查封措施，才属于"有权属争议"；二是认为只有权利人在变更登记过程中，向登记机关提出明确的异议，才属于"有权属争议"；三是只要变更登记过程中，客观上存在权属争议，就构成"有权属争议"。根据法律解释的基本原则，第一种解释显然不能成立，因为第三十七条第（二）项就有"司法机关和行政机关依法裁定、决定查封或者以其他形式限制房地产权利的"的规定，如果把第（五）项"权属有争议的"解释为与第（二）项完全相同的情形，第（五）项就没有存在的必要。第二种解释和第三种解释的实质区别是证明责任的承担问题。第二种意见将变更登记过程中是否存在"权属有争议"的证明责任转嫁给了权利人，只有权利人能够证明，在变更登记过程中向登记机关提出了权属异议，才构成"权属有争议"不予登记的情形。第三种意见则是将"权属有争议"的证明责任交给了登记机关，在变更登记的过程中，登记机关有义务查明是否存在权属异议，只要客观上存在权属异议的，都属于"权属有争议"不予登记的情形。实践中，在权利人未向登记机关提出异议，且通过书面审核无法发现存在权属争议的，要求登记机关必须发现客观存在的"权属有争议"事实，对登记机关而言确实有些勉为其难。为此，第二种解释是比较客观的，即，只有在变更登记过程中，权利人向登记机关提出异议，才能够认定属于"权属有争议"不予登记的情形。原则上，权利人应当对"权属有争议"承担举证责任。但是，参照《最高人民法院关于行政诉讼证据若干问题的规定》第四条第二款第（二）项规定，权利人因登记机关受理权属异议申请的登记制度不完备等正当事由，不能提供相关证据材料并能够作出合理说明的，应当由登记机关承担相应的证明责任。本案审理中，最终采纳了第二种解释，且参照行政诉讼证据司法解释的规定，将举证责任由权利人孙贺忠一方转移给登记机关，认定孙贺忠在变更登记过程中提出了权属异议，构成"权属有争议"不予登记的情形。

【合议庭成员：郭修江　范向阳　董　华】

【主审法官：郭修江】

【执笔人：郭修江　陆　阳　熊俊勇】

## 45 违法强制拆除房屋的行政赔偿

**【裁判要旨】** 行政机关违法强制拆除原告房屋,人民法院判决予以行政赔偿时,赔偿标准不得低于原告依照征收补偿方案可以获得的征收补偿标准。原告请求赔偿依照征收补偿方案可以获得的奖励,人民法院应当予以支持。

**最高人民法院案号：(2015)行监字第634号**

再审申请人（一审被告、二审被上诉人）：沈阳市和平区人民政府。住所地：沈阳市和平区十一纬路76号。

法定代表人：田家，该区区长。

委托代理人：韩耀竹、陈双春，辽宁华恩律师事务所律师。

被申请人（一审原告、二审上诉人）：范春生。

范春生诉沈阳市和平区人民政府（以下简称和平区政府）房屋行政强制并行政赔偿一案，沈阳市中级人民法院于2014年9月15日作出（2013）沈中行初字第112号行政判决，确认强制拆除行为违法；和平区政府在判决生效之日起30日内赔偿范春生房产损失1062900元、物品损失2万元；驳回范春生其他诉讼请求。范春生不服上诉，辽宁省高级人民法院于2015年1月5日，作出（2014）辽行终字第299号行政判决，部分改判。和平区政府不服，向最高人民法院申请再审。

**案件基本事实：** 范春生在原沈阳市东陵区（现沈阳市和平区）长白西路×号×××有一处房屋，证号沈房权证东陵字第0014×××号，建筑面积95平方米，颁证日期2000年3月23日。2000年7月28日，范春生与沈阳市东陵区西夹河联建办签订购销协议书，购买了位于沈阳市东陵区长白西一路1#楼×号车库。2007年5月24日辽宁省人民政府作出辽政地字（2007）181号《关于沈阳市实施市级规划批次用地批复》，将诉争房屋所在集体土地征为国有。和平区政府于2010年9月30日发布沈和拆公（2010）5号《征地拆迁公告》，决定对长白街道西夹河地区进行拆迁。因范春生与拆迁单位未能达成安置补偿协议，和平区政府于2011年1月对范春生的房屋、车库及鸽子笼实施了强制拆除。范春生不服提起本案诉讼，请求确认强制拆除行为违法并行政赔偿。

**一审判决认为**：根据《中华人民共和国土地管理法实施条例》第二十五条第三款的规定："……对补偿标准有争议的，由县级以上地方人民政府协调；协调不成的，由批准征收土地的人民政府裁决……"本案中，在对补偿标准有争议且未能达成补偿协议的情况下，和平区政府迳行实施强制拆除行为，程序违法。违法强拆行为造成范春生的财产损失，和平区政府应予赔偿。房屋、车库及鸽子笼的损失赔偿数额应以评估报告结论为准，赔偿1062900元。和平区政府未提供证据证明其在实施行政强制拆除过程中采取了证据保全措施，也不能证明其按照正当程序原则妥善保管了范春生的室内物品，对此和平区政府应该承担举证不能的法律责任。根据范春生提供的被拆除房屋室内照片，结合日常生活经验，考虑物品折旧等因素，酌定赔偿物品损失2万元。范春生提出按照《沈阳市人民政府办公厅关于进一步做好城市房屋拆迁补偿安置工作的通知》规定，和平区政府应按18元/平方米的标准赔偿临时安置补助费，因该标准是房屋补偿标准，不能直接作为赔偿的依据，且范春生未提供相关证据证明该部分损失实际发生，对其该项赔偿请求不予支持。依照《最高人民法院关于执行〈中华人民共和国行政诉讼法〉若干问题的解释》第五十七条第二款第（二）项，《中华人民共和国国家赔偿法》第四条第（四）项、第三十六条第（四）、（八）项，《最高人民法院关于审理行政赔偿案件若干问题的规定》第三十三条之规定，判决确认强制拆除行为违法；和平区政府在判决生效之日起30日内赔偿范春生房产损失1062900元、物品损失2万元；驳回范春生其他诉讼请求。

**二审判决认为：** 根据《最高人民法院行政审判庭关于农村集体土地征用后地上房屋拆迁补偿有关问题的答复》规定，行政机关征用农村集体土地之后，被征用土地上的原农村居民对房屋仍享有所有权，房屋所在地已被纳入城市规划区的，应当参照《城市房屋拆迁管理条例》及有关规定，对房屋所有权人予以补偿安置。本案中，辽宁省人民政府于2007年5月24日作出涉案土地的征地批复，但当时没有对地上房屋进行补偿。2010年9月30日，和平区政府发布《征地拆迁公告》，应视为2007年征地行为的延续，应当依照《中华人民共和国土地管理法》规定的土地征用程序进行补偿。但因涉案房屋所在地已被纳入城市规划区，故应当参照《城市房屋拆迁管理条例》及有关规定，对被征用土地上原农村居民所有的房屋予以补偿安置。因此，一审根据《中华人民共和国土地管理法实施条例》第二十五条第三款规定，认定强制拆除行为程序违法，符合法律规定。根据《中华人民共和国国家赔偿法》规定，国家机关违法行使职权侵犯公民、法人和其他组织的合法权益造成损害的，受害人有取得国家赔偿的权利。本案中，和平区政府的违法强制拆除行为造成了范春生的财产损失，范春生有权依法请求国家赔偿。一审中经评估，涉案房屋、车库、鸽子笼的评估价格为1062900元，应以此为基础予以赔偿。范春生主张，应当根据《沈阳市人民政府办公厅关于进一步做好城市房屋拆迁补偿安置工作的通知》规定，在评估价格基础上上浮30%予以赔偿。确定违法拆迁行政赔偿的数额时，应当考量相关安置补偿文件的规定，不能因违法行为而减少当事人应当得到的补偿利益。范春生的该项主张符合法律规定，应予支持。涉案房屋的赔偿数额应该适用上述文件规定，结合涉案房屋的区位等客观要素和本案的实际情况，应在市场评估价格基础上上浮25%为宜。根据资产评估明细表，住宅的评估值为790400元，涉案住宅的赔偿数额为988000元（790400元×25%+790400元=988000元）。涉案车库和鸽子笼不属于文件规定的上浮范围，应依评估结论作为赔偿数额，赔偿272500元（车库270000元+鸽子笼2500元=272500元）。和平区政府实施强制拆除过程中未采取证据保全措施、未妥善保管范春生的室内物品，一审法院酌定赔偿2万元，裁量合理，应予维持。和平区政府强制拆除房屋后，没有提供周转用房，也没有提供临时安置补助费，范春生无论租房还是自行解决住房，都会产生实际损失，和平区政府对此应予赔偿，一审判决驳回该项赔偿请求，适用法律不当，应予纠正。根据《沈阳市人民政府办公厅关于进一步做好城市房屋拆迁补偿安置工作的通知》，拆迁住宅房屋临时安置补助费为每平方米18元，按被拆迁房屋建筑面积计算，每户每月最低600元，最高不超过1000元。结合本案实际情况，租房损失应确定为每月900元。自2011年1月房屋被强制拆除之日至本判决作出之日，和平区政府应赔偿范春生租房损失43200元（900元×48个月=43200元）。依照《中华人民共和国行政诉讼法》第六十一条第（一）项、第（二）项，《中华人民共和国国家赔偿法》第四条第（四）项、第三十六条第（四）项、第（八）项，《最高人民法院关于审理行政赔偿案件若干问题的规定》第三十三条之规定，判决维持（2013）沈中行初字第112号行政判决的第一项，确认强制拆除行为违法；维持第三项，和平区政府在判决生效之日起30日内赔偿范春生物品损失2万元；撤销第二项，改判和平区政府赔偿范春生房屋损失988000元；和平区政府赔偿上诉人范春生租房损失43200元；维持第四项，驳回范春生的其他诉讼请求。

**和平区政府申请再审称：**（1）二审适用《最高人民法院行政审判庭关于农村集体土地征用后地上房屋拆迁补偿有关问题的答复》（〔2005〕行他字第5号），参照国有土地上房屋征收补偿标准予以赔偿错误。本案属于集体土地征收房屋拆迁，应参照《中华人民共和国土地管理法》有关征收集体土地房屋的补偿标准予以赔偿。（2）一、二审判决采信评估结论认定赔偿数额证据不足。本案评估基准日为2014年4月，而涉案房屋拆除的时间为2011年1月，评估时点的市场价值远远高于拆除时的市场价值，也高于评估时点同类地块上房屋的市场价值；评估时涉案房屋已不存在，无法进行现场勘查，但评估却采信了被申请人单方介绍的装饰装修情况；被申请人主张的车库、鸽子笼并未办理所有权证，评估时也一并进行了评估，程序违法；涉案房屋是为了安置村经济集体内居民的安置用房，根据国土资发〔2004〕234号《关于加强农村宅基地管理的意见》文件规定，只有户籍为该村的居民才有权购买并享有相关权利，而被申请人户籍并不在该村，购买该房本身就违法，应属无效，权属是否合法存在争议。（3）二审判决根据沈阳市人民政府办公厅发布的沈政办发〔2010〕98号《关于进一步做好城市房屋拆迁补偿安置工作的通知》（以下简称98号通知）将被申请人住宅房屋在评估价基础上再上浮25%予以赔偿，适用法律、法规错误。98号通知中所规定的上浮是针对正常拆迁安置时房屋的市场评估价格而言，并不适用于本案强制拆除后诉讼时的市场评估价格，二审判决扩大了98号通知的适用范围。（4）二审判决认定租房损失无证据支持，无法律依据。被申请人并未提供证据证明租房损失已经实际发生，二审以补偿安置费用标准作为租房损失依据，于法无据。请求：撤销原一、二审判决，依法改判。

**范春生询问中口头答辩称**：二审判决证据充分，遵循了填平补齐原则。如果违法赔偿付出的代价还要小于合法补偿付出的代价，就是鼓励违法。请求依法驳回和平区政府的再审申请。

**最高人民法院经审查认为**：和平区政府在未与被申请人就补偿安置达成协议、未经批准征用土地的人民政府作出安置补偿裁决的情况下，没有法律授权，即自行强制拆除被申请人房屋的行为，违反法定程序、超越法定职权，二审生效判决业已确认该行为违法，双方当事人对此并无异议，本院亦予以认可。房屋征收过程中，行政机关违法拆除被申请人房屋，造成相应的房屋价值、屋内物品以及因房屋被强制拆除而形成的房租等实际损失，行政机关依法应当予以赔偿。和平区政府申请再审的理由不能成立。分述如下：

一、关于参照国有土地上房屋征收补偿标准予以赔偿问题

《最高人民法院行政审判庭关于农村集体土地征用后地上房屋拆迁补偿有关问题的答复》（〔2005〕行他字第5号）规定："行政机关征用农村集体土地之后，被征用土地上的原农村居民对房屋仍享有所有权，房屋所在地已被纳入城市规划区的，应当参照《城市房屋拆迁管理条例》及有关规定，对房屋所有权人予以补偿安置。"《最高人民法院关于审理涉及农村集体土地行政案件若干问题的规定》（法释〔2011〕20号）第十二条第二款亦规定："征收农村集体土地时未就被征收土地上的房屋及其他不动产进行安置补偿，补偿安置时房屋所在地已纳入城市规划区，土地权利人请求参照执行国有土地上房

屋征收补偿标准的，人民法院一般应予支持，但应当扣除已经取得的土地补偿费。"最高人民法院上述答复意见和司法解释的精神实质是一致的，即，在集体土地征收过程中，如果未同时对被征收的集体土地上的房屋进行征收补偿，经过若干时间后，原坐落于集体土地上的房屋所在区域已经被纳入城市规划区，基本实现了城镇化，此时再对原集体土地上的房屋实施征收，可以参照国有土地上房屋征收补偿标准予以安置补偿。司法解释之所以作如此规定，其目的在于避免同区域内原集体土地上房屋征收补偿标准低于国有土地上房屋征收补偿标准，充分保障原集体土地上房屋权利人的合法权益。本案中，涉案房屋所在的集体土地于 2007 年 5 月被征为国有，但此时并未对地上房屋进行征收补偿。至 2010 年 9 月 30 日和平区政府发布沈和拆公（2010）5 号《征地拆迁公告》，决定对涉案房屋进行征收，2011 年 1 月和平区政府将涉案房屋予以强制拆除。征收时，涉案房屋坐落在已被征收的国有土地上，且所在区域已经纳入城市规划区，基本实现城镇化，完全符合最高人民法院上述答复和司法解释的适用条件。鉴于此，二审判决参照国有土地上房屋征收补偿标准予以行政赔偿，并无不当。

二、关于以决定赔偿时的市场评估价予以赔偿问题

《国有土地上房屋征收与补偿条例》第十九条规定："对被征收房屋价值的补偿，不得低于房屋征收决定公告之日被征收房屋类似房地产的市场价格。被征收房屋的价值，由具有相应资质的房地产价格评估机构按照房屋征收评估办法评估确定。"住房和城乡建设部发布的建房〔2011〕77 号《国有土地上房屋征收评估办法》第十条第一款规定："被征收房屋价值评估时点为房屋征收决定公告之日。"也就是说，在正常的征收补偿过程中，征收管理部门应当以房屋征收决定公告之日为评估时点，依法委托评估机构对被征收房屋进行市场价格评估，并据此予以补偿。行政法规和规章之所以选择征收公告之日作为评估时点，目的在于保障对被征收房屋价值的补偿不低于同时期类似房地产的市场价格，被征收人用获得的补偿款在市场上能够购买到与被征收房屋区位、结构、面积等相接近的房屋，被征收人的合法财产权益不因房屋征收而受到减损。根据这一立法目的，如果房屋征收决定的公告时间与征收补偿时间相隔时间过长，市场行情发生变化，以公告之日的市场价格进行补

不能确保被征收人获得足额补偿时，则应以补偿时的房屋市场价格确定房屋征收补偿数额。在违法强制拆除房屋的情形下，被征收人获得的行政赔偿数额不应低于赔偿时被征收房屋的市场价格。否则，因违法强制拆除房屋行为，行政机关作出的行政赔偿数额还要低于其合法征收支付的补偿数额，其实质效果是鼓励行政机关违法强制拆除。鉴于此，在违法强制拆除房屋的情形下，人民法院以决定赔偿时的市场评估价格对被征收人予以行政赔偿，符合房屋征收补偿的立法目的。和平区政府主张应当以拆除时房屋的市场评估价格予以赔偿，理由不能成立。至于和平区政府提出的评估价格远远高于评估时点同类地块房屋的市场价格问题，因其未提供充分证据予以证明，本院不予支持；由于和平区政府违法强制拆除，造成被申请人对房屋装修损失情况无法举证证明，评估机构根据被申请人单方介绍的装饰装修情况，在合乎情理的范围内作出评估，不违反行政诉讼证据采信规则，和平区政府对评估报告装修损失提出的质疑，理由不能成立；征收之前，和平区政府及相关政府职能部门并未将被申请人未办理所有权证的车库、鸽子笼认定为违法建筑，评估机构对车库、鸽子笼一并予以评估不违反法律规定，和平区政府以车库、鸽子笼没有产权证为由，对评估报告关于车库、鸽子笼损失认定提出质疑，同样理由不能成立；因被申请人已经取得涉案房屋所有权证书，和平区政府以被申请人户籍不属于土地所属村，无权购买涉案房产为由，主张涉案房屋权属存在争议，与事实不符，理由亦不能成立。

三、关于市场评估价基础上上浮25%予以赔偿问题

沈阳市人民政府办公厅98号通知规定"拆迁住宅房屋，实施货币补偿的，补偿标准在被拆迁房屋市场评估价格基础上上浮20%~30%。具体比例由有关地区或单位根据拆迁项目所处区位、被拆迁房屋不同户型等实际情况确定。"沈阳市人民政府令第46号《沈阳市国有土地上房屋征收与补偿办法》第二十四条规定："征收住宅房屋，实施货币补偿的，补偿标准在被征收房屋房地产市场评估价格基础上上浮20%~30%。区、县（市）人民政府应当根据征收项目所处区位、被征收房屋不同户型、建筑年代、结构等实际情况确定具体上浮比例。"上述规定一脉相承，是沈阳市政府制定的一项惠民政策，目的是维护被征收人的合法权益。该规定符合《国有土地上房屋征收与补偿

条例》第十九条规定的对被征收房屋价值的补偿不得低于类似房地产市场价格的基本原则,依法有效。根据上述规定,在正常的合法征收过程中,征收住宅房屋,被征收人能够获得在市场评估价格基础上上浮 20%~30% 的优惠。根据因违法强制拆除被征收人获得的行政赔偿不应低于合法征收获得补偿的基本原则,行政赔偿应当包含被征收人依照地方行政规范性文件在合法征收中可获得的优惠。本案中,二审判决结合案件实际情况,在市场评估价格的基础上,酌定上浮 25% 予以赔偿,较好地保护了被申请人的合法权益,判决结果依法有据,合乎法理和情理。和平区政府主张 98 号通知不适用于本案,理由不能成立。

四、关于租房损失的赔偿问题

《最高人民法院关于行政诉讼证据若干问题的规定》第六十八条第(五)项规定:"根据日常生活经验法则推定的事实","法庭可以直接认定"。也就是说,依据生活常理能够推定的事实,无需当事人举证证明。本案中,尽管被申请人未举证证明房屋被强拆后实际支付了房租,但是,在居住房屋被强制拆除的情况下,被申请人必须要另找生活居住的地方。无论是租住他人房屋,或者另行购房居住,还是投亲靠友借住他人家中,在获得赔偿之前,被申请人因失去原有住房另行安排住处的损失都是实际存在的。即便是投亲靠友,未实际支出房租,客观上房租损失也是依然存在的,只是亲朋好友免除了被申请人的房租损失而已。而在法律上,并不能因为亲朋好友的馈赠而免除侵权人的赔偿责任。因此,根据经验法则可以推定:在房屋被强制拆除的情况下,被申请人的房租损失是必然存在的。据此,二审判决在被申请人未出具实际支付租金证据的情况下,认定租金损失存在,符合行政诉讼事实认定的基本规则。房租损失的具体金额认定应当科学合理,以保障被征收人的基本居住条件为原则。沈阳市政府办公厅发布的 98 号通知规定:临时安置补助费 18 元/平方米,按照被拆迁房屋的建筑面积计算,每户每月最低 600 元,最高 1000 元。二审判决以该安置补偿标准为基准,结合案件实际情况,酌定租房损失为每月 900 元予以赔偿,判决结果依法有据,本院应予支持。

综上,和平区政府的再审申请不符合《中华人民共和国行政诉讼法》第九十一条第(三)、(四)项规定的情形。依照《最高人民法院关于执行〈中华人民共和国行政诉讼法〉若干问题的解释》第七十四条的规定，裁定驳回和平区政府的再审申请。

**裁判解析**

行政机关违法强制拆除征收范围内的被征收人享有合法产权的房屋，被征收人在请求确认强拆行为违法同时，一并请求行政赔偿的，实质是将征收补偿变成了行政赔偿，对此，人民法院应当予以支持。将房屋损失作为行政赔偿一并解决，有利于简化程序，及时保障被征收人的合法权益，实质化解行政争议。过去一些法官将违法强制拆除房屋的损失救济问题归为征收补偿，认为不属于行政赔偿的范围，要求当事人通过征收补偿程序另行解决，这种审理思路是不利于行政争议及时有效化解的，也不符合《中华人民共和国国家赔偿法》关于人民法院在行政诉讼中一并审理行政赔偿的规定。审理行政赔偿案件中，人民法院应当全面、充分考虑被征收人各方面的实际损失。房屋损失的价格，原则上应当按照《国有土地上房屋征收与补偿条例》第十九条和《国有土地上房屋征收评估办法》第十条规定，以房屋征收决定公告之日市场价格评估价确定。但是，如果行政赔偿过于滞后，房价大幅上涨，以房屋征收决定公告之日的市场价格评估价予以赔偿，无法弥补被征收人损失的，人民法院应当以赔偿时的同区域类似房屋的市场价格确定房屋赔偿数额。征收补偿方案中在市场价格基础上还有优惠的，该部分优惠也属于被征收人的实际损失，在行政赔偿中应当一并予以赔偿。

总之，在征收补偿转换成行政赔偿案件的审理中，判决行政机关承担的行政赔偿数额，至少不得低于当事人通过征收补偿可得的数额。否则，就是鼓励行政机关违法强制拆除。本案中，沈阳市政府制定的规范性文件和地方规章均明确规定，对于选择货币补偿的被征收人，可以在市场评估价格基础上上浮20%~30%予以补偿。行政机关违法强制拆除征收范围内被征收人的合法房屋，对于符合奖励条件的被征收人，行政赔偿时不仅要考虑市场评估价值赔偿，对于被征收人通过合法征收补偿程序也能够获得的奖励,应当视为被征收人的实际损失,一并予以赔偿。之所以要将应得的奖励纳入赔偿范围,一方面,是考虑应得奖励本身确属实际损失范畴;另一方面,如果把应得奖励不作为实际损失、不予赔偿,有可能造成行政机关违法强拆承担的行政赔偿的数额,低于依法行政情形下行政机关给予被征收人行政补偿的数额,这样的结果实质是鼓励行政机关违法行政。只有让违法者付出更多的代价,才有可能遏制违法行为的蔓延。

【合议庭成员:郭修江 汪国献 李明义】

【主审法官:郭修江】

【执笔人:郭修江 陆 阳 熊俊勇】

## 46 房屋征收中市场价格补偿的理解适用

【裁判要旨】《国有土地上房屋征收与补偿条例》第十九条第一款规定："对被征收房屋价值的补偿，不得低于房屋征收决定公告之日被征收房屋类似房地产的市场价格。被征收房屋的价值，由具有相应资质的房地产价格评估机构按照房屋征收评估办法评估确定。"这里的"被征收房屋类似房地产的市场价格"，应当是指与被征收房屋的区位、用途、建筑结构、新旧程度、建筑面积以及占地面积、土地使用权等影响被征收房屋价值的各种因素基本相当的房地产的市场价格。

*最高人民法院案号：（2015）行监字第1678号*

再审申请人（一审原告、二审上诉人）：刘秀芳。

被申请人（一审被告、二审被上诉人）：沈阳市大东区人民政府。住所地：辽宁省沈阳市大东区津桥路20号。

法定代表人：李军，区长。

刘秀芳诉沈阳市大东区人民政府（以下简称大东区政府）行政赔偿一案，沈阳市中级人民法院于2014年12月16日作出（2014）沈中行初字第134号行政赔偿判决，赔偿刘秀芳物品财产损失24000元、房屋损失112000元，驳回其他诉讼请求。刘秀芳不服上诉，辽宁省高级人民法院于2015年4月2日作出（2015）辽行终字第68号行政赔偿判决，驳回上诉，维持一审判决第一项物品财产损失，变更房屋损失为193200元、租房损失26400元，驳回其他赔偿请求。刘秀芳申请再审。

**案件基本事实**：刘秀芳在沈阳市大东区×路×号×有一处有产籍房屋，建筑面积16平方米。2004年9月17日，沈阳市房产局给沈阳市土地储备交易中心核发《房屋拆迁许可证》，刘秀芳的房屋在该许可证划定的拆迁范围内。2011年9月5日，大东区政府责成拆迁办对刘秀芳的房屋实施了拆除。刘秀芳不服诉至法院，沈阳市中级人民法院于2013年5月20日作出（2013）沈中行初字第33号行政判决，确认大东区政府于2011年9月5日对刘秀芳的房屋实施的拆除行为违法。刘秀芳向大东区政府提出行政赔偿申请未果，遂向沈阳市中级人民法院提起行政诉讼，请求大东区政府赔偿房屋损失，对房屋所占土地使用权予以补偿、院落面积予以补偿，赔偿屋内物品损失，租房、搬家、奖励损失，给予财产灭失一倍的赔偿及精神损失赔偿，总计2044201.52元。

**一审判决认为**：大东区政府对刘秀芳房屋实施的强制拆除行为，经法院生效判决确认违法。据此，刘秀芳有向大东区政府主张赔偿的权利。关于刘秀芳提出的物品损失赔偿，虽然刘秀芳未提供充分证据证明物品实际损失数额，但因大东区政府实施强制拆除时未对刘秀芳物品进行登记保全，对此大东区政府负有相应责任。为此，刘秀芳主张的照片损失酌情按10000元赔偿，其他物品损失酌情按刘秀芳主张数额的80%（即17500元×80%=14000元）予以赔偿。关于刘秀芳提出的房屋损失赔偿，因涉案房屋已经被拆除，无法通过评估的方式确定房屋价值，故，结合房屋实际情况，酌定单价每平方米7000元，大东区政府应赔偿16平方米×7000元/平方米=112000元。关于刘秀芳提出的房屋所占土地使用权补偿、院落面积补偿，因上述损失系房屋损失的组成部分，另行主张不予支持。关于刘秀芳提出的租房、搬家、奖励损失赔偿，因该项请求是房屋补偿的项目，不属于国家赔偿范围，不予支持。关于刘秀芳提出的给予财产灭失价值一倍的赔偿请求，因该请求没有法律依据，不予支持。关于刘秀芳提出的精神损失赔偿，因不符合《中华人民共和国国家赔偿法》有关精神赔偿的法定要件，不予支持。综上，依照《中华人民共和国国家赔偿法》第二条，《最高人民法院关于审理行政赔偿案件若干问题的规定》第三十二条、第三十三条之规定，判决大东区政府于判决发生法律效力之日起15日内赔偿刘秀芳物品损失24000元、房屋损失112000元；驳回刘秀芳其他诉讼请求。刘秀芳不服一审判决，提起上诉。

**二审判决认为：** 刘秀芳对一审判决关于物品损失的赔偿数额没有异议，大东区政府虽有异议，但没有上诉，且一审时也未能提出反驳证据，故一审判决中该判项并无不当。关于房屋损失的赔偿数额，因法院三次委托相关评估机构评估后均被退回，故一审法院酌定按每平方米7000元进行赔偿，符合实际，较为合理。刘秀芳要求按照11230元的单价予以赔偿，但其向法院提供的新闻报道不能作为认定房屋单价的有效依据，故对其该项请求不予支持。一审判决酌定房屋损失赔偿的本质是房屋拆迁补偿，因此，对房屋损失赔偿数额的认定应当考虑拆迁补偿方案的内容。刘秀芳房屋所在拆迁区域的补偿方案中，对不足45平方米的房屋在实行货币补偿时按照以下方式予以补偿：房屋建筑面积部分按照评估价格予以补偿，45平方米与房屋建筑面积之间的差额部分按照评估价格的40%予以补偿，本案对被拆迁房屋的损失赔偿数额应为7000×16+（45-16）×7000×40%=193200元。一审判决仅按照被拆迁房屋的建筑面积予以补偿，显然低于补偿方案中的补偿数额，应予纠正。关于土地使用权、院落面积的赔偿请求，刘秀芳虽主张有33平方米院落，但其未取得土地使用权证。根据本案实际情况，土地价值已经包含在房屋的赔偿数额之中，一审法院认为不存在独立的土地使用权补偿项目的观点正确。关于租房费用及搬家奖励赔偿，搬家奖励是拆迁人对自动搬迁的被拆迁人采取的奖励措施，属于附条件的给付，刘秀芳主张纳入赔偿范围没有事实根据和法律依据，一审不予支持正确。但刘秀芳的房屋于2011年9月即被强制拆除，必然要产生租房费用，房租损失应予赔偿，一审不予支持不当，应予纠正。综合考虑被拆迁房屋面积较小，且其与丈夫郭永发各有一处16平方米房屋，要求两笔租房费用的因素，酌定按照每个月600元的标准对租房损失予以赔偿，自强拆发生当月至判决生效当月共计44个月，赔偿租房损失26400元。关于增加一倍赔偿财产损失的请求，刘秀芳在二审庭审中已经明确放弃，该项请求亦没有法律依据，一审不予支持正确。关于精神损失赔偿请求，因没有事实依据和法律依据，一审不予支持亦正确。依照《中华人民共和国行政诉讼法》

第六十一条第(二)项、《中华人民共和国国家赔偿法》第三十六条第(八)项、《最高人民法院关于审理行政赔偿案件若干问题的规定》第三十三条的规定,判决:维持一审判决第一项关于赔偿刘秀芳物品损失 24000 元的判项;变更第二项为赔偿刘秀芳房屋损失 193200 元、赔偿刘秀芳租房损失 26400 元;驳回刘秀芳的其他赔偿请求。大东区政府于该判决发生法律效力之日起 15 日内向刘秀芳支付上述赔偿款项共计 243600 元。

**刘秀芳申请再审称:**(1)2014 年沈阳市房产局公布的沈阳市房屋市场价格,对社会有指导作用。在房屋被违法拆除无法评估的情况下,应当参照上述房屋市场价格,按每平方米 11230 元予以赔偿。(2)根据《关于进一步做好城市房屋拆迁补偿安置工作的通知》(沈政办发〔2010〕98 号)文件的规定,货币补偿应当上浮 30%。(3)二审判决认为土地价值已经包含在房屋的赔偿数额之中,违反法律规定。(4)搬家费、奖励费的损失,是由于大东区政府没有给申请人签订协议、主动搬家的机会造成的,应予赔偿。(5)被征收人每月租金为 1200 元,二审判决每月 600 元租金损失,赔偿明显过低。(6)房屋被强拆造成精神上的打击和痛苦,请求支持赔偿精神损失。请求:撤销二审判决第二、三、四项判项,判令按照每平方米 11230 元的标准赔偿房屋损失,赔偿 45 平方米的房屋赔偿款,并在此基础上上浮 30%;赔偿房屋坐落地块 33 平方米的基准地价每平方米 2783 元;租房居住 24 个月以后的房屋租金按照每月 1200 元的标准予以赔偿;赔偿搬家费 800 元和奖励费 1 万元;赔偿精神抚慰金 10 万元。

大东区政府未提交书面答辩意见。

**最高人民法院经审查认为:**大东区政府对申请人的房屋实施的强制拆除行为,已经被生效判决确认违法。大东区政府违法拆除申请人房屋,造成相应的房屋价值、屋内物品以及因房屋被强制拆除而形成的房租等实际损失,依法应当予以赔偿。二审判决认定事实清楚,适用法律正确,确定的赔偿项目和赔偿数额并无不当,应予维持。刘秀芳对一、二审判决中第一项关于物品损失的赔偿数额并无异议,对二审判决第二、三、四项的数额及标准提出质疑，但理由均不能成立。

一、关于房屋损失的赔偿数额问题

《国有土地上房屋征收与补偿条例》第十九条第一款规定："对被征收房屋价值的补偿，不得低于房屋征收决定公告之日被征收房屋类似房地产的市场价格。被征收房屋的价值，由具有相应资质的房地产价格评估机构按照房屋征收评估办法评估确定。"《国有土地上房屋征收评估办法》第十四条第一款规定："被征收房屋价值评估应当考虑被征收房屋的区位、用途、建筑结构、新旧程度、建筑面积以及占地面积、土地使用权等影响被征收房屋价值的因素。"参照上述规定，对被征收房屋的市场价格补偿，不低于被征收房屋类似房地产的市场价格，应当考虑被征收房屋的区位、用途等影响被征收房屋价值的因素综合评估确定。本案中，由于刘秀芳的房屋被拆除，一审法院三次委托相关评估机构评估，均被退回，无法通过评估的方式确定房屋的价值。故一审法院比照案件审理时相同地段、类似房屋的货币安置补偿价格以每平方米7000元进行赔偿，符合房屋征收补偿时市场价格补偿的基本原则，本院予以支持。刘秀芳提出应按照11230元的单价予以赔偿，但该价格并非被强制拆除房屋同区位、类似房屋的市场价格，本院不予支持。在违法强制拆除房屋的情形下，被征收人获得的行政赔偿数额不应低于赔偿时被征收房屋的市场价格。否则，因违法强制拆除房屋行为，行政机关付出的行政赔偿数额还要低于其合法征收支付的补偿数额，其实质效果是鼓励行政机关违法强制拆除。鉴于此，二审判决结合刘秀芳房屋所在拆迁区域的补偿方案中，对不足45平方米的房屋以实行货币补偿时的补偿方式计算赔偿数额，即：房屋建筑面积部分按照评估价格补偿，45平方米与房屋建筑面积之间的差额部分按照评估价格的40%补偿，从而纠正了一审判决仅按照被拆迁房屋的建筑面积予以补偿的计算方法，充分保护了刘秀芳的合法权益。刘秀芳要求以45平方米作为其房屋的建筑面积计算赔偿数额，没有事实和法律根据，本院不予支持。刘秀芳提出根据沈政办发〔2010〕98号文件，对其房屋的货币补偿应当上浮30%。经查，沈政办发〔2010〕98号文件系沈阳市人民政府办公厅于2010年9月27日发布施行的。根据该文件第二条的规定，拆迁住宅房屋，实行货币补偿的，补偿标准在被拆迁房屋市场评估价格基础上上浮20%~30%。但是该文件第七条也规定："通知发布施行之日前,已实施的拆迁项目,执行原补偿安置政策;通知发布施行之日后,新批准的拆迁项目,执行通知规定的补偿安置政策。"刘秀芳房屋的拆迁项目批准时间系2004年,在沈政办发〔2010〕98号文件发布施行之前,故应当执行原补偿安置政策。刘秀芳要求房屋损失赔偿上浮30%的再审申请理由不能成立。关于刘秀芳提出的33平方米院落面积的赔偿请求。刘秀芳所主张的院落并未取得土地使用权证,且根据本案实际情况,土地价值已经包含在一审酌定的房屋损失赔偿数额之中,故对刘秀芳的该项诉求本院不予支持。

二、关于搬迁奖励及租房费用的赔偿请求问题

《国有土地上房屋征收与补偿条例》第十七条规定:"作出房屋征收决定的市、县级人民政府对被征收人给予的补偿包括:(一)被征收房屋价值的补偿;(二)因征收房屋造成的搬迁、临时安置的补偿;(三)因征收房屋造成的停产停业损失的补偿。""市、县级人民政府应当制定补助和奖励办法,对被征收人给予补助和奖励。"参照上述规定,征收补偿应当包括搬迁费和临时安置补助费、搬迁奖励等。但是,是否应当支付上述费用,还要根据征收补偿方案规定的相关条件,结合被征收人是否具有相应的实际损失予以确定,并非任何情况下均要给予被征收人上述各项补偿。搬迁奖励是拆迁人对主动搬迁、积极配合拆迁工作的被拆迁人给予的奖励。本案中,由于刘秀芳与拆迁人就补偿问题意见不一致,未达成协议,与大东区政府并无关联,刘秀芳并不符合获得搬迁奖励的基本条件,一审判决对此赔偿请求不予支持并无不当。刘秀芳的房屋于2011年9月被强制拆除,租房损失是房屋被强拆后的实际损失,依法应予赔偿,二审酌定按每月600元的标准予以赔偿,并无不当,刘秀芳要求对超过24个月的租金损失按照每月1200元计算,没有事实和法律根据,本院不予支持。

三、关于精神损害赔偿的问题

根据《中华人民共和国国家赔偿法》第三条、第三十五条的规定,行政机关及其工作人员在行使行政职权时侵犯公民人身权致人精神损害并造成严重后果的,应当支付相应的精神损害抚慰金。也就是说,我国目前的国家赔偿制度中,精神损害赔偿限于国家侵犯公民人身权造成严重精神损害后果的

情形，具体而言，只有国家机关及其工作人员实施了《中华人民共和国国家赔偿法》第三条及第十七条列举的行为时，才可能产生精神损害赔偿。本案中，刘秀芳的房屋被强制拆除，但其人身并未受到强制或损害，故不符合《中华人民共和国国家赔偿法》规定的支付精神损害抚慰金的情形。一审、二审判决未支持其关于精神损害的诉讼请求，并无不当，本院予以支持。

综上，刘秀芳的再审申请不符合《中华人民共和国行政诉讼法》第九十一条第（三）、（四）项规定的情形。依照《最高人民法院关于执行〈中华人民共和国行政诉讼法〉若干问题的解释》第七十四条的规定，裁定驳回刘秀芳的再审申请。

### 裁判解析

房屋征收补偿案件或者行政机关违法强制拆除被征收人合法房屋后的行政赔偿案件，对被征收人房屋的补偿、赔偿，应当按照《国有土地上房屋征收与补偿条例》第十九条第一款规定，以房屋征收决定公告之日被征收房屋的市场价格予以补偿、赔偿。如何确定被征收房屋的市场价格？第一，要根据被征收房屋的基本情况。包括被征收房屋的区位、用途、建筑结构、新旧程度、建筑面积以及占地面积、土地使用权等因素。房屋的基本情况是确定补偿、赔偿价值的基础。第二，按照被征收房屋的市场评估价进行赔偿、补偿。征收补偿、赔偿，要让被征收人获得的补偿、赔偿价款，能够满足其从市场上买回同区位类似的房屋。第三，原则上要以征收决定公告之日作为评估时点，对被征收房屋进行市场价值评估，以评估价作为补偿、赔偿的基础标准。当然，如果因征收机关的原因，致使赔偿、补偿过于迟延，市场价格大幅上涨，按照征收决定公告之日的市场评估价予以补偿、赔偿，当事人根本不可能从市场上买回与被征收房屋类似房屋的，也可以以实际赔偿、补偿时的市场评估价予以补偿、赔偿。第四，为鼓励及时搬迁或者货币补偿，行政机关可以在市场评估价基础上对被征收人予以适当奖励；行政赔偿中，被征收人可以获得的奖励属于实际损失的范畴，行政机关应当一并予以赔偿，确保赔偿数额不低于被征收人依法应当获得的补偿数额。同时，对于被征收人不合法、不合理的诉求，人民法院亦不应当支持。本案中，刘秀芳的房屋被违法强制拆除，理应获得市场评估价值的赔偿。但是，赔偿数额应当以同区域类似房屋的市场评估价予以确定。一审比照案件审理时相同地段、类似房屋的补偿价值，确定本案房屋赔偿数额，符合本案实际。刘秀芳提出按同区域商品房销售价每平方米11230元单价予以赔偿，不符合本案实际。因为，该价格并非被强制拆除房屋类似房屋的市场价格，两类房屋有本质的区别。

【合议庭成员：郭修江　汪国献　高　珂】

【主审法官：郭修江】

【执笔人：郭修江　陆　阳　熊俊勇】

## 47 "住改非"房屋的征收补偿标准

**【裁判要旨】**根据《国有土地上房屋征收评估办法》第九条第三款规定,产权证记载为住宅用房,实际用于经营的,从房屋的性质上仍属于住宅,一般应当以房屋权属证书和房屋登记簿记载的性质为准,进行市场价格评估,核定补偿数额。但已依法取得营业执照的,应根据其经营情况、经营年限及纳税等实际情况,按照征收补偿方案规定,给予适当的营业性损失补偿。

**最高人民法院案号:(2016)最高法行申292号**

再审申请人(一审原告、二审上诉人):崔德荣。

委托代理人:臧桂芝。

委托代理人:顾冬庆,北京京平律师事务所律师。

被申请人(一审被告、二审被上诉人):吉林省梅河口市人民政府。住所地:吉林省梅河口市人民大街2008号。

法定代表人:张恒,市长。

委托代理人:王海彬,市房屋征收经办中心工作人员。

委托代理人:张玉龙,吉林荣华律师事务所律师。

崔德荣诉吉林省梅河口市人民政府(以下简称梅河口市政府)房屋征收决定一案,通化市中级人民法院于2014年11月13日作出(2014)通中行初字第17号行政判决,驳回崔德荣的诉讼请求。崔德荣不服,向吉林省高级人民法院提起上诉,吉林省高级人民法院于2015年12月28日作出(2015)吉行终字第11号行政判决,驳回上诉,维持一审判决。崔德荣申请再审。

**案件基本事实**：2013年2月26日，梅河口市发展和改革局向梅河口市建设局下发梅发改字（2013）21号《关于下达梅河口市2013年保障性安居和旧城区改造工程房屋征收计划的通知》，其中保障性安居工程（棚户区改造）项目表包括爱民佳苑东侧棚户区。梅河口市发展和改革局、梅河口市建设局、梅河口市国土资源局经审核认为，项目用地符合梅河口市国民经济和社会发展规划、城市总体规划及土地利用总体规划。2013年7月，梅河口市政府组织相关部门对《梅河口市爱民中东侧棚户区地块（二期）房屋征收补偿方案》进行论证，并发布公告，征求公众意见，同时发布选择评估机构的公告。征求意见公告期满后，梅河口市政府根据征求意见情况，修改征收补偿方案并予以公告。2013年9月27日，梅河口市政府作出梅政房征（2013）7号《关于对爱民路东侧棚户区地块（二）房屋征收的决定》，并予以公告。多数被征收人选择梅河口市诚信房地产评估测绘有限公司（以下简称诚信评估公司）为评估机构。崔德荣30平方米有照住宅房屋在征收范围内。2013年10月31日，诚信评估公司对崔德荣有照房地产、装修及附属价值作出梅诚房评报征字第（2013-5-10-B-50）号《房地产估价报告》。崔德荣收到估价报告后，申请复核评估。2013年11月27日，诚信评估公司作出答复，维持原评估结果。崔德荣收到答复后,未向房地产价格评估专家委员会申请鉴定。2013年11月4日，梅河口宏朋资产评估事务所受梅河口市房屋征收经办中心委托，对崔德荣的机器设备（毛衣编织机8台、精纺机1台、缝合机3台）的搬迁费（包括拆卸费、装卸费、短途运输费及再安装调试费）及拆迁费进行了评估，评估价值为4600元。在规定的签约期限内，房屋征收部门与崔德荣经多次协商，双方未能达成补偿协议。2013年12月23日,梅河口市政府作出梅政房征补（2013）129号《关于对崔德荣房屋征收补偿的决定》（以下简称129号《征收补偿决定》），主要内容为：崔德荣的30平方米有照住宅房屋采取原区域产权调换方式安置，调换面积为64.6平方米多层住宅房屋，需交房屋差价款45080元；附属设施补偿及其他补助费按估价报告结果执行，合计补偿23393元。崔德荣不服129号《征收补偿决定》，向吉林省人民政府提出行政复议申请。吉林省人民政府于2014年4月14日作出吉政复决地字（2014）13号行政复议决定，维持了梅河口市政府作出的征收补偿决定。崔德荣仍不服提起本案诉讼，请求撤销129号《征收补偿决定》，并对因房屋征收造成的停产停业损失和从业人员的工资予以合理补偿。另查明，诚信评估公司在2002年以前是梅河口市住房保障和房产管理局的一个部门，2002年改制后独立。在该公司注册的评估师保留了原单位事业编制。2015年6月23日，吉林省住建厅作出《关于责令诚信评估公司限期改正有关问题的通知》。该公司于2015年7月解体。

**一审判决认为**：梅河口市政府作出的梅政房征（2013）7号《关于对爱民路东侧棚户区地块（二）房屋征收的决定》符合法律规定。崔德荣主张诚信评估公司与梅河口市房产局有利害关系，但未能出示充分证据予以证明。诚信评估公司系独立法人且具有相应的房地产价格评估资质，并经合法程序选定为该征收地块的房地产价格评估机构。评估报告的作出亦符合法定规程。崔德荣虽然申请复估，但在收到复核答复后，并未向房地产价格评估专家委员会申请鉴定，应视为对该报告的认可。梅河口市政府依据该评估报告和该地块征收补偿方案规定的标准作出129号《征收补偿决定》，并无不当。崔德荣主张经营损失补偿不合理以及应给付从业人员工资损失，亦未能提供充分证据证明该主张。梅河口市政府以该地块征收补偿方案设定的标准予以补偿，并不违反法律的规定。依照《最高人民法院关于执行〈中华人民共和国行政诉讼法〉若干问题的解释》第五十六条的规定，经该院审判委员会讨论决定，判决驳回崔德荣的诉讼请求。崔德荣不服上诉。

**二审判决认为**：诚信评估公司作为被征收地块房地产评估机构是由被征收人通过多数决定方式选定的。崔德荣对评估结果有异议，申请复核评估，诚信房地产评估公司作出书面答复，评估程序符合《国有土地上房屋征收与补偿条例》第十九条、第二十条的规定。根据《国有土地上房屋征收评估办法》（以下简称《征收评估办法》）第九条第三款"对于已经登记的房屋，其性质、用途和建筑面积，一般以房屋权属证书和房屋登记簿的记载为准……"之规定，崔德荣被征收的30平方米房屋，房屋所有权证记载的用途为住宅，虽然实际用于经营，但在性质认定上仍应为住宅，故梅河口市政府对崔德荣30平方米房屋按住宅房屋予以产权调换安置并无不当。且梅河口市政府在作出129号《征收补偿决定》时已考虑其房屋实际用途，按补偿方案规定的标准，对崔德荣停产停业损失进行了补偿，故崔德荣要求对其30平方米住宅房屋按经营性房屋予以补偿的主张不成立。按照补偿方案规定，被征收人不能提供所得税完税凭证或养老保险缴纳证明的，停产停业损失补偿按照被征收房屋的评估价值比例给予补偿。崔德荣经营毛衣编织加工部，主张有7名工人，但不能提供所得税完税凭证或养老保险缴纳证明，梅河口市政府按被征收房屋价值84600元的10%给予崔德荣一次性补偿8460元，符合相关法律及政策规定。二审庭审中，崔德荣提出要求对营业损失进行评估后补偿、从业人员按每人1220元补偿24个月，该项请求没有事实及法律依据。《征收评估办法》第十四条第二款规定："被征收房屋室内装饰装修价值，机器设备、物资等搬迁费用，以及停产停业损失等补偿，由征收当事人协商确定；协商不成的，可以委托房地产价格评估机构通过评估确定。"梅河口宏朋资产评估事务所受梅河口市房屋征收经办中心委托，对崔德荣的机器设备（毛衣编织机8台、精纺机1台、缝合机3台）的搬迁费（包括拆卸费、装卸费、短途运输费及再安装调试费）进行评估，评估价值为4600元。梅河口市政府按评估结果补偿其机械设备搬、拆迁费4600元，符合法律及政策规定，并无不当。崔德荣提出要求梅河口市政府补偿机器设备调试费10万元，但未提供相关证据予以证明，对该项请求不予支持。综上，梅河口市政府作出的129号《征收补偿决定》认定事实清楚，决定内容适当，崔德荣要求撤销该补偿决定的理由不充分，不予支持。依照《中华人民共和国行政诉讼法》第八十九条第一款第（一）项之规定，判决驳回上诉，维持原判。

**崔德荣申请再审称**：（1）对评估结果提出异议。认为梅河口市政府作出征收补偿决定委托的评估机构不具有合法资质，评估程序违法，评估机构与梅河口市政府有利害关系，评估结果不客观。（2）对其30平方米的住宅房屋的补偿标准提出异议。主张应当按照经营性房屋予以补偿。请求撤销一、二审判决，发回重审。

**梅河口市政府答辩称**：（1）诚信评估公司作出评估行为时，是经依法批准成立的,评估人员也是合法注册的,评估报告合法有效。(2)2013年梅河口市进行大面积房屋征收工作,为了加快棚改进程,经审查符合条件的评估公司可以先行对拟征收的房屋进行现场勘查等相关工作,先行调查不违法。(3)房屋登记册等是对被征收人资产进行摸底登记,作为补偿的基本参考资料,最终按照实际情况予以补偿,被征收人在登记册上签字,不存在造假问题。(4)崔德荣的房屋登记为住宅,按照住宅房屋进行补偿并给予营业损失补偿符合法律规定。请求驳回崔德荣的再审申请。

**最高人民法院经审查认为**:崔德荣对其申请再审的主张,均未举证证明。一、二审判决驳回其诉讼请求,并无不当。崔德荣申请再审的理由不能成立。

一、关于评估报告的合法性问题

《房地产估价机构管理办法》第三条规定:"本办法所称房地产估价机构,是指依法设立并取得房地产估价机构资质,从事房地产估价活动的中介服务机构。"《房地产估价师执业资格制度暂行规定》第二条规定:"本规定所称房地产估价师是指经全国统一考试取得房地产估价师《执业资格证书》,并注册登记后从事房地产估价活动的人员。"诚信评估公司系经依法批准成立的具有房地产评估资质的评估机构,评估人员也依法取得了估价师执业资格。虽然该公司接受委托作出本案评估报告时,评估人员因企业改制保留了事业单位编制,不符合有关房地产估价机构行政管理相关要求,相关行政管理部门依法对其进行查处,但是,并没有法律、行政法规规定,此种情况下评估机构的设立以及其作出的评估结论应属无效。诚信评估公司系独立核算企业,崔德荣主张该公司的评估人员与梅河口市政府以及项目开发企业存在利害关系,评估结论不具有合法性,但其对此未能举证证明。

《征收评估办法》第四条规定:"房地产价格评估机构由被征收人在规定时间内协商选定;在规定时间内协商不成的,由房屋征收部门通过组织被征收人按照少数服从多数的原则投票决定,或者采取摇号、抽签等随机方式确定。具体办法由省、自治区、直辖市制定。"梅河口市政府根据多数被征收人的意见,选定诚信评估公司作为本案征收补偿行为的评估单位,选定评估机构的主要程序合法。《征收评估办法》第二十条规定:"被征收人或者房屋征收部门对评估结果有异议的,应当自收到评估报告之日起 10 日内,向房地产价格评估机构申请复核评估。"《国有土地上房屋征收与补偿条例》第十九条规定:"对被征收房屋价值的补偿,不得低于房屋征收决定公告之日被征收房屋类似房地产的市场价格。被征收房屋的价值,由具有相应资质的房地产价格评估机构按照房屋征收评估办法评估确定。"诚信评估公司依照法定程序作出评估结论,崔德荣主张该评估报告对其被征收财产的价值认定不合理,虽申请复估但在收到复核答复后并未向房地产评估专家委员会申请鉴定,应视为对该报告的认可。在一、二审及本院审查期间,崔德荣亦未举证证明,诚信评估公司对其被征收财产的评估价格,明显低于当地类似房地产的市场价格。综上,尽管诚信评估公司自身存在不符合行业行政管理相关规定的问题,但不足以否认评估结论的合法性。崔德荣主张评估不合法申请再审,本院不予支持。

二、关于住宅兼营业用房的补偿问题

《征收评估办法》第九条第三款规定,对于已经登记的房屋,其性质、用途和建筑面积,一般应当以房屋权属证书和房屋登记簿的记载为准。《国务院办公厅关于认真做好城镇房屋拆迁工作维护社会稳定的紧急通知》(国办发〔2003〕42 号)第四条规定:"对拆迁范围内产权性质为住宅,但已依法取得营业执照经营性用房的补偿,各地可根据其经营情况、经营年限及纳税等实际情况给予适当补偿。"依照以上规定,产权证记载为住宅用房,尽管被征收人实际用于经营,但从房屋的性质上讲仍应认定为住宅。42 号通知同时授权地方人民政府对此类房屋的补偿标准作出具体规定。梅河口市政府制定的本案征收补偿方案规定,不临主要街路自行改变用途的住宅房屋,工商税务手续齐全,实际用于经营的,按照住宅标准予以补偿安置;选择货币补偿,营业损失按照被征收房屋价值的 10% 予以一次性补偿。征收补偿方案的上述规定,与法律、行政法规不相冲突,应当认定为合法有效。崔德荣的 30 平方米有照房屋登记为住宅,实际用于经营,129 号《征收补偿决定》按照住宅予以评估补偿,并给予住宅总价值 10% 的营业损失补偿,符合征收补偿方案的规定。崔德荣主张应当按照经营性用房的标准予以补偿,没有事实和法律依据,本院不予支持。

综上,梅河口市政府作出的被诉征收补偿行为,认定事实基本清楚,主要程序合法，崔德荣的再审申请不符合《中华人民共和国行政诉讼法》第九十一条（三）、（四）项规定的情形。依照《最高人民法院关于执行〈中华人民共和国行政诉讼法〉若干问题的解释》第七十四条的规定，裁定驳回崔德荣的再审申请。

## 裁判解析

对于产权登记性质记载为住宅实际用于经营的房屋，俗称"住改非"房屋，在征收补偿时应当如何确定补偿价格，各地做法不统一。根据《征收评估办法》第九条第三款规定，原则上应当以房屋权属证书和房屋登记簿记载的房屋性质为准进行市场价值评估定价。《国务院办公厅关于认真做好城镇房屋拆迁工作维护社会稳定的紧急通知》（国办发〔2003〕42号）第四条确立了对此类房屋予以"适当补偿"的原则。但是，何谓"适当补偿"，各地差异很大，42号通知将最终决定权交给各地方政府自主裁量。实践中，有的地方以经营性用房评估价格的适当比例予以补偿；有的地方以住宅用房进行评估补偿，同时增加固定数额乘以实际经营年限的经营性损失补偿；还有的同样是按住宅房屋进行评估补偿，增加的经营性损失则划定几个时段，分别不同情形给予不同的固定数额的补偿，等等。笔者认为，关于"住改非"房屋征收补偿标准确属各地政府的自由裁量权范围的事项，原则上人民法院应当尊重各地政府在其地方性法规、规章或者征收补偿方案中确立的补偿标准。只要这个标准对被征收房屋是按照市场价格进行评估定价补偿，补偿数额高于同类普通住宅房屋的补偿标准，即应当予以认可。应当注意的是，"住改非"房屋补偿标准高于普通住房补偿标准予以补偿的前提条件是，被征收人依法取得营业执照，照章纳税，合法经营。如果是未取得营业执照用于经营的，则只能按照房产证或者不动产登记簿记载的住宅性质予以市场价格评估定价确定补偿数额，不增加经营性损失补偿。本案中，梅河口市政府制定的本案征收补偿方案规定，不临主要街路自行改变用途的住宅房屋，工商税务手续齐全，实际用于经营的，按照住宅标准予以补偿安置；选择货币补偿，营业损失按照被征收房屋价值的10%予以一次性补偿。崔德荣的30平方米有照房屋登记为住宅，实际用于经营，129号《征收补偿决定》按照住宅予以评估补偿，并给予住宅总价值10%的营业损失补偿，补偿标准符合征收补偿方案的规定，不违反法律、法规和规章规定。

【合议庭成员：郭修江 苏 戈 高 珂】

【主审法官：郭修江】

【执笔人：郭修江 陆 阳 熊俊勇】

## 48 "停产停业期间必要的经常性费用开支"的理解适用

【裁判要旨】《中华人民共和国国家赔偿法》第三十六条第(六)项规定,吊销许可证和执照、责令停产停业的,赔偿停产停业期间必要的经常性费用开支。所谓"停产停业期间必要的经营性费用开支",是指维系企业被停产停业期间生存所需的基本开支,包括职工基本工资、税金、水电费等费用。

最高人民法院案号:(2016)最高法行赔申 14 号

再审申请人(一审被告、二审上诉人):吉林省四平市铁东区人民政府。住所地:四平市铁东区开发区大路469号。

法定代表人:郭志勇,区长。

委托代理人:王春生,该区政府法制办工作人员。

委托代理人:臧志军,吉林至均律师事务所律师。

被申请人(一审原告、二审上诉人):四平市山佳石材有限公司。住所地:四平市铁西区阳光新城。

法定代表人:陈洪梅,经理。

四平市山佳石材有限公司(以下简称山佳公司)因诉吉林省四平市铁东区人民政府(以下简称铁东区政府)行政赔偿一案,辽源市中级人民法院于2013年12月18日作出(2012)辽行初字第8号行政赔偿判决,责令铁东区政府赔偿房屋建筑物损失、构筑物损失、机器设备损失、租用农民土地费用、停产期间留守人员工资及电费等,共计222.31万元。双方当事人均不服上诉,吉林省高级人民法院于 2014 年 8 月 11 日作出（2014）吉行终字第 13 号行政裁定，撤销一审判决，发回重审。辽源市中级人民法院于 2015 年 1 月 15 日作出（2014）辽行重字第 1 号行政赔偿判决，责令铁东区政府赔偿 1398199.38 元。双方当事人上诉，吉林省高级人民法院于 2015 年 11 月 12 日作出（2015）吉行终字第 15 号行政赔偿判决，撤销一审判决，责令铁东区政府赔偿损失 1674073.72 元。铁东区政府申请再审。

**案件基本事实：**山佳公司前身是四平市开发区石材厂，成立于 1996 年，原厂址位于四平市铁东区山门镇。2001 年应四平市主管部门要求，石材厂搬迁至四平市铁东区山门镇的新兴村（一采区）和龙王村（二采区）。2005 年 2 月 23 日，山佳公司成立，领取企业法人营业执照，主要经营范围：建筑材料销售、建筑用闪长岩露天开采。山佳公司成立后，办理了采矿许可证、安全生产许可证等相关证件，并缴纳矿产资源补偿费等费用。2008 年 2 月 12 日，四平市国土资源局铁东分局为山佳公司颁发采矿许可证（二），有效期自 2008 年 1 月至 2009 年 1 月。2008 年 5 月 28 日，山佳公司领取第二采区（吉）FM 安许证字（2008）Y141 及第一采（吉）FM 安许证字（2008）Y2889《安全生产许可证》，有效期自 2008 年 5 月 28 日至 2008 年 12 月 31 日。2008 年 12 月 3 日，山佳公司向四平市国土资源局铁东分局申请延续采矿许可证有效期，该局逾期未作出是否准予延续的答复。2009 年 7 月 24 日，铁东区政府根据四平市有关领导现场办公意见和市政府有关部门的建议，作出《四平市铁东区人民政府关于关闭山门至叶赫公路两侧可视范围内露天采石场的公告》（以下简称《公告》），主要内容为："为保障四平市经济、旅游、社会与生态环境保护协调发展，保证四平市区五十余万人民生活饮用水的安全，按照四平市人民政府要求，依据《水污染防治法》第五十九条《风景名胜区条例》第二十六条、《吉林省矿产资源开发利用保护条例》第十条等规定，对山门至叶赫公路两侧可视范围内，且处在山门水库水源二级保护区内的四平市铁东区山佳第二采石场、安和采石场、铁山采石场、全家沟二采石场等四家露天采石场实施关闭。一、自本公告发布之日起 30 日内各采石场自行拆除采石、加工设备及地面临时建筑，国土资源管理部门责令停止非法开采活动，供电公司停止供电，并拆除供电线路及设备。二、国土、公安、安监、工商、林业、环保、电力等有关部门自公告发布之日起7日内注销上述采石场相关证照。三、如拒不执行,将依据《最高人民法院关于审理非法采矿、破坏性采矿刑事案件具体应用法律若干问题的解释》及各部门相关规定,予以移交司法机关,追究其刑事责任。"2009年10月10日,四平市国土资源局作出四国土资责停(2009)51号《责令停止违法行为通知书》,责令山佳采石二场停止开采。2009年10月16日,四平市安全生产监督管理局作出四安监管字(2009)80号《关于注销铁东区山门镇安和采石场等4家非煤矿山安全生产许可证的通知》,注销山佳公司二采区的安全生产许可证。2009年10月26日,四平市电力行政执法监察大队对山佳公司实施断电,山佳公司的生产活动停止,工人被遣散。山佳公司不服铁东区政府《公告》提起行政诉讼。辽源市中级人民法院作出(2011)辽行初字第1号行政判决,撤销《公告》。铁东区政府上诉,吉林省高级人民法院作出(2012)辽行终字第8号行政判决,驳回上诉维持原判。2011年9月27日,山佳公司向铁东区政府申请行政赔偿,铁东区政府收到行政赔偿申请后未予答复。山佳公司于2011年12月5日提起本案行政赔偿诉讼,请求铁东区政府赔偿损失550万元。吉林省高级人民法院指定辽源市中级人民法院管辖。经山佳公司申请,辽源市中级人民法院委托吉林长城资产评估有限责任公司(以下简称长城评估公司)对山佳公司的损失进行评估。长城评估公司于2013年8月16日作出吉长资评报(2013)第1010号资产评估报告,评估结论为:(1)截至评估基准日2009年10月26日委估资产(机器设备按正常使用扣除折旧的方式评估)评估价值为515.12万元,其中房屋建筑物、构筑物、机器设备的评估价值分别为44.61万元、70万元、136.41万元;(2)截至评估基准日为2009年10月26日,委估资产(机器设备按残值方式评估)评估价值为423.83万元,机器设备按残值方式的评估价值为45.11万元。矿山预期收益损失的评估价值241.52万元,停产期间人员工资12.27万元,停产期间的电费1.63万元。评估报告的有效期为一年。2013年12月18日,辽源市中级人民法院作出(2012)辽行初字第8号行政赔偿判决,责令铁东区政府在判决生效之日起10日内赔偿山佳公司房屋建筑物损失44.61万元、构筑物损失70万元、机器设备损失91.3万元、租用农民土地费用2.5万元、停产期间留守人员工资12.27万元、停产期间电费1.63万元，共计222.31万元。山佳公司和铁东区政府均不服提起上诉，吉林省高级人民法院于2014年8月11日作出（2014）吉行终字第13号行政裁定，撤销一审判决，发回重审。重审中，山佳公司将诉讼请求550万元变更为1925884.75元，即原判决结果222.31万元中，扣除办公室及宿舍、大车库、小车库的损失（分别为207396元、100434元、46492元）以及租赁当地农民土地费用的损失（2.5万元），即办公室及宿舍、大车库、小车库仍归山佳公司所有，租赁农民的土地仍由山佳公司使用，山佳公司不主张这部分的损失；增加2013年4月至2014年10月期间的看守人员的人工费76000元（2个人，每月共4000元）、增加2013年4月至2014年10月期间的电费6106.75元（平均每月340元）。经庭审质证，山佳公司、铁东区政府对吉长资评报（2013）第1010号资产评估报告均不要求重新鉴定，但铁东区政府提出鉴定已超过一年有效期，不应采信。

**辽源市中级人民法院（2014）辽行重字第1号行政赔偿判决认为**：山佳公司龙王村（二采区）生产经营活动未超出经营范围，属合法经营。该公司办理了采矿许可证、安全生产许可证，并递交延续采矿许可证申请，四平市国土资源局铁东分局对延续申请逾期未予答复，依据《矿产资源开采登记管理办法》第十八条、《中华人民共和国行政许可法》第五十条规定，应视为准予延续。《安全生产许可证条例》第九条第二款规定："企业在安全生产许可证有效期内，严格遵守有关安全生产的法律法规，未发生死亡事故的，安全生产许可证有效期届满时，经原安全生产许可证颁发管理机关同意，不再审查，安全生产许可证有效期延期3年。"四平市安全生产监督管理局在铁东区政府发布《公告》前，未对山佳公司进行过任何处罚，应视为山佳公司获得自动延续安全生产许可证有效期3年的权利。铁东区政府于2009年7月24日发布《公告》，电力部门于2009年10月26日对山佳公司实施停电行为，山佳公司生产活动已无法进行，工人已遣散。铁东区政府提出山佳公司并未停产，证据不足，其辩解主张不予支持，故认定山佳公司于2009年10月26日已停止生产。长城评估公司作出的资产评估报告合法有效，体现了双方争议资产的基本价值，且双方不要求重新评估，故采信该资产评估报告。铁东区政府

《公告》已被生效行政判决撤销，违法关闭，注销相关资质和许可，造成山佳公司今后无法生产，山佳公司为生产经营建设的房屋、构筑物、购买的专用机器设备闲置，无法发挥应有的作用，山佳公司请求铁东区政府行政赔偿，应予支持。根据《中华人民共和国国家赔偿法》第三十六条第（六）项、第（八）项规定，铁东区政府应按资产评估报告评估价值净值赔偿山佳公司房屋建筑物（配电室两个分别为8987元、4560元）损失13547元，构筑物（铁艺门廊349元、花墙11736元、门柱5141元、大门5752元、门外护坡14041元、门内护坡13891元、大护坡288772元、毛石砌水池230018元、铁制蓄水池3473元、平整场地51604元）损失614777元；机器设备（机器设备的评估价值减去机器设备的残值：1364088元－451140.28元＝912947.72元，因山佳公司未尽到监管责任使其损失扩大，故应自行承担40%责任，铁东区政府承担60%责任）损失547768.63元，2009年10月26日至2014年10月期间留守人员的工资199700元及企业停产耗电费22406.75元。山佳公司诉请赔偿仓库费用73613元、厕所4668元、构筑物铁网棚85217元，因上述建筑物均建在租用的农民集体土地上，未经相关部门批准，其主张不予支持。依照《中华人民共和国国家赔偿法》第二条、第九条第二款、第三十六条第（六）项、第（八）项，《中华人民共和国行政诉讼法》第六十七条之规定，判决铁东区政府于判决生效之日起10日内赔偿山佳公司各项损失共计1398199.38元，评估费29400元由铁东区政府负担。山佳公司、铁东区政府均不服，提起上诉。

**吉林省高级人民法院（2015）吉行终字第15号行政赔偿判决认为**：山佳公司拥有合法的营业执照，二采区从事采石未超出营业执照规定的经营范围，且铁东区政府作出《公告》，并没有山佳公司违法经营的事实依据；2008年12月，山佳公司申请延续采矿许可证期限，四平市国土资源局铁东分局逾期未予答复，视为同意延续申请；2008年山佳公司二采区《安全生产许可证》有效期自2008年5月28日至2008年12月31日止，违反《安全生产许可证条例》第九条关于安全生产许可证的有效期为3年的规定，该证的有效期限依法应按3年计算。山佳公司属于合法经营，铁东区政府认为山佳公司二采区未经工商部门批准擅自从事经营活动、未取得采矿许可证及安全生产许可证的理由不成立。铁东区政府作出的《公告》行为已被生效行政判决撤销,《公告》缺乏事实及法律依据。基于《公告》,电力部门停止山佳公司工业用电,导致企业全面停产,《公告》是造成山佳公司损失的直接原因,铁东区政府依法应予赔偿。虽然铁东区政府对长城评估公司作出的资产评估报告有效期提出异议,但双方均不要求重新鉴定,一审采信该评估报告并无不当。依据该评估报告,山佳公司的两间配电室合计13547元,门外护坡、内护坡、大护坡、毛石砌水池、铁制蓄水池、平整场地合计591799元,属于山佳公司二采区正常经营必备投入,因二采区关闭,导致上述设施价值不能实现,依法应予赔偿。仓库、厕所、大门、铁艺门廊、门柱、花墙六项合计101259元,因山佳公司仍在继续使用,故不予赔偿。铁网棚不属于采区经营设备,不予赔偿。机器设备损失总额为912947.72元,因机器设备损失额是依据评估价值减去机器设备的残值计算所得,评估报告的基准日为2009年10月26日,山佳公司在评估基准日确定后对机器设备是否尽到合理管护义务,并不影响评估结果。故一审判决以山佳公司未尽到合理管护义务,导致机器设备价值贬损,应承担40%的责任不当。山佳公司自停产之日起至评估报告出具之日止,即自2009年11月起至2013年8月止,该期间留守人员工资,按照评估报告确定的数额122700元,加上评估期间留守人员工资14500元(按每月2900元计算,自2013年4月至8月共5个月),工资合计为137200元。电费属于停产期间合理支出,按照评估数额16300元,加上评估期间实际支出2280元,合计18580元,应予赔偿。经吉林省高级人民法院审判委员会讨论决定,依照《中华人民共和国行政诉讼法》第八十九条第一款第(二)项、《中华人民共和国国家赔偿法》第二条第一款、第十五条第一款、第三十六条第(六)项、第(八)项、《最高人民法院关于审理行政赔偿案件若干问题的规定》第三十二条之规定,判决撤销一审判决;责令铁东区政府于判决生效后10日内赔偿山佳公司各项损失共计1674073.72元,评估费29400元由铁东区政府负担。

**铁东区政府申请再审称**:(1)铁东区政府并未实施造成山佳公司"采石场被迫停产"的行政行为,山佳公司也没有按《公告》要求"自行拆除设备及地面临时性建筑""被迫停产"。一、二审判决对铁东区政府发布《公告》

与山佳公司诉请的"采石场被迫停产"损失是否存在法律上的因果关系,没有审查认定。(2)一、二审判决关于山佳公司"二采区在铁东区政府《公告》前拥有合法的营业执照、采矿许可证和安全生产许可证,属于合法经营"的认定,是错误适用相关法律得出的错误结论。一、二审判决错误认定山佳公司已取得采矿许可证,进而以国土部门没有对山佳公司的延期申请予以答复为由,错误认定"视为准予延续";在山佳公司对安全生产许可证的有效期没有提出异议的情况下,二审判决直接依据《安全生产许可证条例》第九条规定,将山佳公司实际取得的二采区安全生产许可证有效期,由2008年5月至2008年12月,认定为应按3年计算,违反"不告不理"诉讼原则,更违反了司法权不能替代行政权的审判原则;一、二审判决在已查明山佳公司二采区没有环境评价手续的情况下,回避《中华人民共和国矿产资源法》关于矿山资源建设必须经过环保评估、生产设施必须与环保设施同步建设的法律规定,回避二采区违法经营的事实。(3)一、二审判决关于赔偿范围的认定,与《中华人民共和国国家赔偿法》的相关规定明显相悖。山佳公司因销售石材而发生的人工费、电费、维修费等费用,不属于停产期间必要的经常性费用开支,不应计入国家赔偿范围;违法行政行为造成山佳公司停产的期间充其量计算到2011年9月《公告》被终审判决撤销,二审判决将停产期间计算至2013年8月,与《中华人民共和国国家赔偿法》规定相悖;将机器设备、房屋、道路等固定资产的评估价值列入财产损失范围给予国家赔偿,于法无据。根据《中华人民共和国行政诉讼法》第九十一条第(三)、(四)项规定,请求:撤销(2015)吉行终字第15号行政赔偿判决第二、三项;改判铁东区政府不承担赔偿责任。

**山佳公司答辩称**:(1)铁东区政府《公告》已经实际执行,山佳公司被迫停止生产,并因此造成损失,应当予以赔偿。(2)铁东区政府主张山佳公司没有取得二采区采矿许可证、安全生产许可证,与事实不符,不能成立;主张山佳公司二采区没有环评手续,违法经营,理由不成立。(3)山佳公司主张的财产损害赔偿,属于合法权益,诉求应该得到支持。铁东区政府的再审申请没有事实、法律依据,依法应予驳回。

**最高人民法院经审查认为**：铁东区政府的《公告》业已经生效行政判决确认违法，违法关闭采石场造成山佳公司合法权益的实际损失，依法应当予以赔偿。二审法院结合本案实际，判决铁东区政府赔偿山佳公司各项损失共计1674073.72元，公平合理，本院予以支持。铁东区政府的申请再审理由均不能成立。

　　一、关于适格赔偿义务机关问题

　　根据《中华人民共和国国家赔偿法》第二条的规定，国家机关和国家机关工作人员行使职权，有本法规定的侵犯公民、法人和其他组织合法权益的情形，造成损害的，受害人有依照本法取得国家赔偿的权利。本案中，铁东区政府于2009年7月24日发布《公告》，对包括山佳公司二采区在内的四家露天采石场实施关闭。其后，四平市国土资源局、四平市环境保护局、四平市林业局、四平市工商管理局、四平市安全生产监督管理局、四平市电力行政执法监察大队等部门，根据铁东区政府的《公告》，先后实施了注销山佳公司相关资质、出台关闭意见、停止工业用电等一系列行为，最终导致山佳公司二采区全面停产。铁东区政府《公告》中有关关闭山佳公司二采区的内容，在相关职能部门和单位的共同配合之下，已经得到实际履行。故，铁东区政府的《公告》与山佳公司的损失之间具有直接的因果关系，铁东区政府是本案适格的赔偿义务机关。铁东区政府主张未实施关闭行为，一、二审未就因果关系问题进行审查，与事实不符，其该项申请再审理由不能成立。

　　二、关于是否存在合法权益损失问题

　　《最高人民法院关于审理行政赔偿案件若干问题的规定》第三十三条规定，被告的具体行政行为违法但尚未对原告合法权益造成损害的，人民法院应当判决驳回原告的赔偿请求。也就是说，行政赔偿案件中，赔偿请求人获得赔偿的前提是，其合法权益受到违法行政行为的损害。本案中，铁东区政府依据《中华人民共和国水污染防治法》第五十九条《风景名胜区条例》第二十六条《吉林省矿产资源开发利用保护条例》第十条，作出关闭采石场的《公告》，已经被生效判决撤销，其违法性已经得到确认。且在本案一、二审期间，铁东区政府亦未提供证据证明山佳公司二采区处在风景名胜区范围内或山门水库水源地二级保护区范围内，抑或山佳公司有违法排放污染物等其他依法应予关闭的违法行为。山佳公司二采区在铁东区政府作出《公告》之前，拥有合法的营业执照；采矿许可证到期后申请延长有效期，主管部门逾期未予答复，依法应当视为批准延期；尽管山佳公司二采区的安全生产许可证登记的有效期限已经届满，但是该许可证记载的有效期限明显与《安全生产许可证条例》第九条关于安全生产许可证有效期为3年的规定相抵触，一、二审在认定山佳公司不存在安全生产问题的情况下，将其安全生产许可证的有效期按照法定3年计算，亦无不当。因此，铁东区政府主张山佳公司二采区属于违法开采，没有合法权利可保护，缺乏事实根据，其该项申请再审理由亦不能成立。

三、关于赔偿范围及数额问题

根据《中华人民共和国国家赔偿法》第三十六条第（六）、（八）项的规定，侵犯公民、法人和其他组织的财产权造成损害的，吊销许可证和执照、责令停产停业的，赔偿停产停业期间必要的经常性费用开支；造成其他损害的，按照直接损失给予赔偿。本案二审判决结合案件实际情况，对一审判决确定的赔偿数额予以调整，确定的赔偿范围和赔偿数额符合法律规定，公平合理。停产停业期间必要的经常性费用开支，是维系企业被停产停业期间生存所需的基本开支，包括职工基本工资、税金、水电费等费用。由于停产停业，企业失去收入来源，相关损失应当由作出违法行政行为的行政机关予以赔偿。铁东区政府称，山佳公司因销售石材产生了人工费、电费等费用，但并未提供充分证据予以证明，其主张不予支持。停产停业损失期间，应当包括违法行政行为造成当事人无法进行正常生产经营活动的全部期间。铁东区政府认为，停产停业期间充其量可以计算至2011年9月《公告》被终审判决撤销之日。本院认为，铁东区政府的上述主张与案件事实不符，《公告》被终审判决撤销后，铁东区政府并未提供山佳公司恢复生产经营的基本条件，企业一直处于停产停业状态。二审判决以2013年8月评估报告出具之日作为停产停业的截止时间，与案件事实相符合，更有利于对当事人合法权益的保护，本院予以支持。山佳公司二采区事实上已经无法在原地继续生产经营，故其为了开采矿石而购置的机器设备、修筑的护坡、水池等设施，均无法发挥应有的价值，这些损失属于因违法《公告》关闭行为造成的直接损失，二审法院在扣除残值的基础上判决铁东区政府对上述损失予以赔偿，于法有据，并无不当。

综上，铁东区政府的再审申请不符合《中华人民共和国行政诉讼法》第九十一条第（三）、（四）项规定的情形。依照《最高人民法院关于执行〈中华人民共和国行政诉讼法〉若干问题的解释》第七十四条的规定，裁定驳回铁东区政府的再审申请。

## 裁判解析

《中华人民共和国国家赔偿法》第三十六条第（六）项规定，吊销许可证和执照、责令停产停业的，赔偿停产停业期间必要的经常性费用开支。"停产停业期间必要的经常性费用开支"具体应当包括哪些部分，实践中难以把握。就字面解释而言，"经常性费用开支"应当是指维系企业被停产停业期间生存所需的基本开支。首先，由于企业停产停业，维系企业继续生存下去，就必须保留原有的职工，在企业没有利润的情况下，实际支付的企业职工工资，是企业的纯支出，属于企业合法权益损失的范围，应当予以赔偿；其次，为维持企业停产停业期间的生存，必须要有人看守企业的生产、办公场所，并对相关机器、设备等进行正常维护和管理，由此产生的水、电等费用支出，属于"经常性费用开支"，应当予以赔偿；最后，企业停产停业期间，税务机关收取的土地使用税、房产税等，属于企业的正常开支，因停产停业没有利润，缴纳的相关税费是企业合法财产直接损失，应当予以赔偿。总之，为维护企业正常运转所必要的各项开支，均应当属于应予赔偿的"停产停业期间必要的经常性费用开支"。本案中，因铁东区政府违法关闭采石场造成山佳公司停产停业，停产停业期间实际支付的留守人员的合理工资支出，水、电费支出，以及相关税费，属于《中华人民共和国国家赔偿法》第三十六条第（六）项规定的"经常性费用开支"，判决予以赔偿合法有据。

【合议庭成员：郭修江　张能宝　董　华】

【主审法官：郭修江】

【执笔人：郭修江　陆　阳　熊俊勇】

## 49 违法强制拆除造成可回收废旧建筑材料损失的赔偿

**【裁判要旨】** 违法建筑物、构筑物,不属于合法权益范畴。但是,通过适当、合法方式拆除可得的废旧建筑材料,属于当事人的合法权益。行政机关违法强制拆除造成可回收、利用的废旧建筑材料损失的,依法应当予以赔偿。

最高人民法院案号:(2016)最高法行申605号

再审申请人(一审原告、二审上诉人):闫立忱。

被申请人(一审被告、二审上诉人):辽宁省沈阳市浑南区①人民政府。住所地:辽宁省沈阳市浑南新区世纪路13号。

法定代表人:吕凡,区长。

委托代理人:孙晓菊,辽宁国奥律师事务所律师。

闫立忱诉辽宁省沈阳市东陵区人民政府(以下简称东陵区政府)强制清除地上附着物并行政赔偿一案,沈阳市中级人民法院于2013年12月18日作出(2013)沈中行初字第64号行政判决,确认东陵区政府的强制拆除行为违法并赔偿闫立忱地上种植物损失43200元、动力机井损失3000元、大棚损失20001元。闫立忱、东陵区政府均不服提起上诉,辽宁省高级人民法院于2014年3月20日作出(2014)辽行终字第50号行政判决,驳回上诉,维持一审判决。闫立忱申请再审。

---

① 原为东陵区,2014年8月更名为浑南区——编辑注。

**案件基本事实**：2010年3月12日,沈阳市人民政府印发《关于加强"大浑南"地区土地开发建设管理工作的通告》,规定自通告发布之日起,未经批准任何单位和个人不得在规划范围内的耕地上挖塘养鱼、修建温室大棚和畜禽棚舍,以及开展其他破坏耕作层的各类生产经营活动。闫立忱的7.2亩承包地在通告禁止建设行为的土地范围内。通告发布后,闫立忱在6亩土地上擅自建成简易温室大棚。2010年6月28日,东陵区政府与沈阳市浑南新区管理委员会,以沈东陵(浑南)政发(2010)1号通知,发布《浑南新城集体土地房屋及地上附着物拆迁补偿办法(暂行)》(以下简称《补偿办法》)。2010年7月1日,东陵区政府发布公告,决定依照《补偿办法》等相关政策、法律、法规规定,对白塔街道和桃仙街道的火石桥、莫子山等18个村实施拆迁,拆迁期限自2010年7月1日至2010年12月31日。2012年4月,东陵区政府将闫立忱1.2亩土地的地上物实施了强制拆除,又于2013年3月对闫立忱6亩土地的地上物实施了强制拆除。2013年5月13日,闫立忱提起本案诉讼,请求确认强制拆除行为违法并依法予以补偿。

**一审判决认为**：《辽宁省实施〈中华人民共和国土地管理法〉办法》第二十五条第二款规定:"自征地公告发布之日起,突击栽种的树木、青苗和抢建的建筑物、构筑物等,不予补偿。"对集体土地上抢建、抢种行为的认定,应该以土地征收并发布征地公告为前提。东陵区政府提交的证据不能证明闫立忱使用的土地已经由有权机关批准征收,并发布征地公告,因此,东陵区政府以闫立忱抢种、抢建为由实施强制拆除行为,缺少事实依据,应当认定为违法。东陵区政府违法强拆行为,造成闫立忱的财产损失,应予赔偿。东陵区政府在强拆之前没有对闫立忱地上物进行登记调查,在强拆中也未作证据保全工作,导致目前无法查实闫立忱地上物在强拆之时的实际情况,对此东陵区政府应该承担举证不能的法律责任。闫立忱提交的《情况说明》缺少其他证据佐证,不能完全以此证明其财产损失。《补偿办法》可以作为本案判决赔偿的参考。闫立忱所主张的地上种植物赔偿基本符合附件3中温室果木、花卉、菌类、药材、苗木的补偿条件,且该项补偿标准最高,每亩补偿价格为6000元。东陵区政府应赔偿闫立忱的地上种植物损失7.2亩×6000元/亩=43200元。

闫立忱主张地上有 1 眼动力机井,并称东陵区政府同意按照每眼 3000 元予以补偿,东陵区政府对此无异议,赔偿闫立忱 1 眼动力机井损失 3000 元。闫立忱主张其大棚面积与承包地面积相同,明显违背科学的种植方法。且,经现场查看,强拆发生地大棚建设普遍结构过于简单,故酌定按照《补偿办法》规定的大棚补偿标准的 20% 予以赔偿,东陵区政府应赔偿闫立忱大棚损失 6 亩 ×666.7 平方米 × 25 元 × 20% = 20001 元。综上,依照《最高人民法院关于执行〈中华人民共和国行政诉讼法〉若干问题的解释》第五十七条第二款第(二)项、《中华人民共和国国家赔偿法》第四条第(二)项之规定,判决确认强制拆除行为违法;东陵区政府在本判决生效之日起 15 日内赔偿闫立忱地上种植物损失 43200 元、动力机井损失 3000 元、大棚损失 20001 元。东陵区政府、闫立忱均不服,提起上诉。

**二审判决认为**:东陵区政府提交的证据不能证明闫立忱使用的土地已经由有权机关批准征收并发布了征地公告。因此,东陵区政府以闫立忱抢种、抢建为由实施强制拆除行为缺少事实依据,应当认定为违法。一审已对闫立忱因违法强拆行为造成的损失判决赔偿,不存在闫立忱所主张的遗漏地上附着物补偿诉请问题。由于双方均不能证明因强拆行为造成的具体财产损失,且无法以评估的方式确认闫立忱地上物损失数额,一审法院以《补偿办法》作为本案判决赔偿的参考依据,并根据闫立忱青苗种植情况,按《补偿办法》中最高补偿标准每亩价格 6000 元计算损失比较合理。经一审法院现场查看,闫立忱所建大棚结构过于简单,不能证明其种植的作物需要种植在大棚内,且未投入使用,一审酌定按照《补偿办法》中大棚补偿标准的 20% 计算赔偿数额,亦无不当。依照修改前的《中华人民共和国行政诉讼法》第六十一条第(一)项的规定,判决驳回上诉,维持一审判决。

**闫立忱申请再审称**:(1)本案是确认强拆行为违法并履行补偿职责之诉。一审判决认定"本案系赔偿案件",对本案诉请的"征地补偿"却未驳未判,剥夺了当事人的诉讼权利。(2)关于大棚的事实认定证据不足。一、二审判决认定"经法院现场查看,强拆发生地大棚建设普遍过于简单",与事实不符,按照《补偿办法》大棚补偿标准的20%赔偿，没有依据。请求撤销二审判决，撤销一审判决有关赔偿部分的内容，判令浑南区政府依法予以征收补偿。

**浑南区政府辩称**：（1）闫立忱的诉讼请求为确认强拆行为违法并依法补偿，两者属于不同的法律关系，强拆违法不存在补偿。一、二审判决赔偿正确。（2）闫立忱在禁止建设行为的通告发布之后建设大棚，建造行为属于抢建，大棚是违法建筑，应予拆除，且大棚不具备使用条件，目的并非从事生产经营。一、二审判决认定事实清楚，适用法律正确。请求驳回闫立忱的再审申请。

**最高人民法院经审查认为**：根据修改前的《中华人民共和国行政诉讼法》第三十二条及《最高人民法院关于执行〈中华人民共和国行政诉讼法〉若干问题的解释》第二十六条之规定，被告对作出的行政行为负有举证责任，应当在收到起诉状副本之日起10日内提供作出行政行为时的证据，未提供的，视为没有证据。本案浑南区政府在收到起诉状副本和举证通知书后，无正当理由在法定举证期限内没有提交证明其强制拆除行为合法的证据，应认定浑南区政府的强拆行为没有证据。浑南区政府作出的强制拆除行为，严重违反法定程序，超越职权，且浑南区政府对其强拆行为的违法性已予认可。因此，一、二审判决确认强拆行为违法，并无不当。

《中华人民共和国行政强制法》第八条规定，公民、法人或者其他组织因行政机关违法实施行政强制受到损害的，依法有权要求赔偿。《中华人民共和国国家赔偿法》第四条规定，违法征收、征用财产造成损害的，受害人有取得赔偿的权利。闫立忱在起诉时的诉讼请求之一是要求确认强拆行为违法，一、二审法院判决确认浑南区政府强拆行为违法，违法的行政行为造成当事人损失，应该依法予以赔偿。闫立忱针对政府的强拆行为对其造成的损失主张补偿而不是赔偿，没有法律依据，一、二审判决赔偿并无不当。集体土地征收中，土地补偿款依法应当支付给作为集体土地所有权人的集体经济组织，集体经济组织的个体成员并非集体土地征收的补偿主体，无权就土地补偿款向人民法院提出诉求。因此，亦不存在一、二审遗漏诉讼请求问题。

《中华人民共和国国家赔偿法》第二条规定："国家机关和国家机关工作

人员行使职权，有本法规定的侵犯公民、法人和其他组织合法权益的情形，造成损害的，受害人有依照本法取得国家赔偿的权利。"本案中，闫立忱在禁止建设行为的通告发布之后建设大棚，系抢建行为，所建大棚是违法构筑物，不属于合法权益范畴。但考虑政府违法强拆行为造成大棚成本损失，一、二审判决参照《补偿办法》中大棚补偿标准，按照其价格20%补偿闫立忱大棚建设成本，并无不当。

综上，闫立忱的再审申请不符合《中华人民共和国行政诉讼法》第九十一条第（三）、（四）、（六）项规定的情形。依照《最高人民法院关于执行〈中华人民共和国行政诉讼法〉若干问题的解释》第七十四条的规定，裁定驳回闫立忱的再审申请。

## 裁判解析

《中华人民共和国国家赔偿法》第二条规定："国家机关和国家机关工作人员行使职权，有本法规定的侵犯公民、法人和其他组织合法权益的情形，造成损害的，受害人有依照本法取得国家赔偿的权利。"也就是说，只有违法行政行为造成当事人合法权益损害的，受害人才有获得国家赔偿的权利。没有合法权益受损，就没有国家赔偿。对于违法建筑物、构筑物而言，当事人对该建筑物、构筑物本身不具有合法权益，即便行政机关违法强制拆除违法建筑物、构筑物，通常情况下不会产生行政赔偿问题。然而，应当注意是，当事人对违法建筑不享有合法权益。但是，对违法建筑物、构筑物中的建筑材料却享有合法权益。如果行政机关在拆除违法建筑物、构筑物的过程中，没有按照《中华人民共和国行政强制法》的规定采取适当的强制执行措施进行强制拆除，而是采用野蛮拆迁方式，将违法建筑物、构筑物简单推倒、摧毁，造成当事人通过正常、适当方式强制拆除可回收利用的废旧建筑材料损失的，行政机关对该部分合法权益损失应当予以赔偿。如何理解可回收利用的废旧建筑材料，笔者认为，主要是指按照正常拆除方式不会作为建筑垃圾完全毁损的相关建筑材料，例如，可回收的旧门窗、钢架、板材以及可拆卸且有利用价值的旧电表、水表等附属物，均属于可回收利用的废旧建筑材料范围。判断是否有价值,还要根据建筑材料的新旧程度、拆卸后的再利用市场价值等进行综合判断。判决行政机关赔偿可回收利用的废旧建筑材料损失,具有重要的现实意义。目前,旧城改造、棚户区改造已经成为各地政府工作的重要内容,同时野蛮强拆也时有发生,各地野蛮强拆不仅造成被征收人合法财产损失,甚至出现了强拆过程中致人死伤的重大恶性事件。因此,规范强制拆除行为势在必行。《中华人民共和国行政强制法》第五条明确规定:"行政强制的设定和实施,应当适当。采用非强制手段可以达到行政管理目的的,不得设定和实施行政强制。"行政机关实施强制执行行为,其手段和方式必须适当,野蛮强拆违反《中华人民共和国行政强制法》的基本原则。人民法院判决赔偿野蛮强拆造成当事人合法建筑材料的损失,能够有效遏制违法强拆蔓延势头。

【合议庭成员:郭修江 汪国献 苏 戈】

【主审法官:郭修江】

【执笔人:郭修江 陆 阳 熊俊勇】

## 50 不履行监管职责造成当事人损失的行政赔偿

【裁判要旨】行政机关不履行法定职责造成公民、法人或者其他组织人身、财产损害的,应当依法承担相应的行政赔偿责任。但其前提条件是,行政机关不履行的是针对具体行政相对人的、特定的职责义务,且该不履行法定职责义务的行为造成了当事人人身、财产的实际损失。如果行政机关未履行的是法律规定的抽象的职责义务,即便当事人确有损失,因损失与抽象的不作为行为之间缺乏因果联系,亦不属于行政赔偿的范围。

最高人民法院案号:(2016)最高法行申616号

再审申请人(一审原告、二审上诉人):刘恩仁。
再审申请人(一审原告、二审上诉人):刘恩宝。
再审申请人(一审原告、二审上诉人):刘桂梅。

刘恩仁、刘恩宝、刘桂梅(以下简称刘恩仁等人)因诉沈阳市人民政府(以下简称沈阳市政府)不履行返还集资款法定职责一案,沈阳市中级人民法院作出(2015)沈中立行初字第3号行政裁定,对刘恩仁等人的起诉不予立案。刘恩仁等人不服提起上诉,辽宁省高级人民法院于2015年12月1日作出(2015)辽立行终字第74号行政裁定,驳回上诉,维持一审裁定。刘恩仁等人申请再审。

**案件基本事实:** 2015年5月18日,刘恩仁等人向沈阳市中级人民法院起诉称:沈阳市政府及其相关职能部门违法招商引资,批准设立中美合资沈阳万象生物技术有限公司（以下简称万象公司），并在媒体号召城乡居民、下岗职工、农村富余劳动力参与合作养殖。刘恩仁等人为此向万象公司缴纳集资款 745000 元。由于沈阳市政府疏于监管，万象公司从事非法金融业务，于 2003 年 12 月被公安机关依法查封。刘恩仁等人因此遭受巨大经济损失。请求：判令沈阳市政府返还刘恩仁等人集资款 745000 元，及自 2003 年 12 月 13 日至今的银行同期贷款利息。

**一审裁定认为**：根据《中华人民共和国行政诉讼法》第四十九条规定，提起诉讼应当属于人民法院受案范围。刘恩仁等人的诉讼请求，不属于人民法院受案范围。依据《中华人民共和国行政诉讼法》第五十一条第二款规定，裁定对刘恩仁等人的起诉不予立案。刘恩仁等人不服提起上诉。

**二审裁定认为**：刘恩仁等人因参与企业集资而遭受经济损失，请求政府返还集资款及利息，该请求不属于行政诉讼调整范围。刘恩仁等人的上诉理由没有法律依据，不予支持。一审裁定不予立案并无不当，应予维持，依照《中华人民共和国行政诉讼法》第八十九条第一款第（一）项的规定，裁定驳回上诉，维持一审裁定。

**刘恩仁等人申请再审称**：沈阳市政府对万象公司负有执法失职、监管不严的责任，致使人民群众遭受巨大的经济损失。一、二审应该给予立案。请求：撤销一、二审裁定，指令一审法院立案审理。

**最高人民法院经审查认为**：根据《中华人民共和国行政诉讼法》第二条及《最高人民法院关于执行〈中华人民共和国行政诉讼法〉若干问题的解释》第一条第二款第（六）项的规定，因行政机关和行政机关工作人员的行政行为而使公民、法人或者其他组织合法权益遭受侵犯的，向人民法院提起诉讼，属于行政诉讼的受案范围。行政机关以外的公民、法人或者其他组织实施的行为造成当事人损害的，应当由造成损害的人承担法律后果，不应当由行政机关承担法律后果，故此类非行政行为不属于行政诉讼的受案范围。本案中，因万象公司实施的集资行为,给刘恩仁等人造成经济损失,应由该公司承担相应的法律责任。刘恩仁等人请求沈阳市政府返还集资款及利息,没有事实和法律根据。一、二审据此对刘恩仁等人的起诉裁定不予立案,并无不当。刘恩仁等人主张,沈阳市政府对万象公司负有监管不严的责任,致使当事人遭受经济损失,依法应予赔偿。本院认为,行政机关不履行法定职责造成公民、法人或者其他组织人身、财产损害的,应当依法承担相应的行政赔偿责任。但其前提条件是:第一,必须存在对具体的当事人不履行特定职责义务的违法事实;第二,造成了当事人人身、财产实际损失;第三,不履行特定法定职责义务的行为,与当事人实际损失之间,存在因果关系。本案中,刘恩仁等人虽主张沈阳市政府未尽监管职责造成其集资款不能返还,但其所主张的未履行监管职责,仅仅是认为沈阳市政府未履行法律规定的抽象的监管职责,不是沈阳市政府对其负有的特定职责义务。因此,其该项主张亦不能成立。

综上,刘恩仁等人的再审申请不符合《中华人民共和国行政诉讼法》第九十一条第(一)项规定的情形。依照《最高人民法院关于执行〈中华人民共和国行政诉讼法〉若干问题的解释》第七十四条的规定,裁定驳回刘恩仁、刘恩宝、刘桂梅的再审申请。

### 裁判解析

行政机关不履行法定职责行为造成当事人合法权益损失的,应当承担相应的行政赔偿责任。但是,前提条件是行政机关不履行法定职责行为与当事人的损失之间存在直接的因果关系。也就是说,因行政机关不履行法定职责行为造成当事人的实际损害,行政机关对损害的形成具有直接的过错责任。行政机关不履行法定职责行为与当事人的损失之间不具有因果关系,对损失的形成没有过错的,行政机关不承担行政赔偿责任。《最高人民法院关于公安机关不履行法定行政职责是否承担行政赔偿责任问题的批复》(法释〔2001〕23号)也规定:"由于公安机关不履行法定行政职责,致使公民、法人和其他组织的合法权益遭受损害的,应当承担行政赔偿责任。在确定赔偿的数额时,应当考虑该不履行法定职责的行为在损害发生过程和结果中所起的作用等因素。"参照该司法解释的规定，行政机关不履行法定职责行为造成当事人合法权益损害，承担行政赔偿责任的前提是：不履行法定职责行为在损害发生过程和结果中发挥了具体的作用。所谓发挥作用，也就是要有因果关系，行政机关不履行法定职责行为对损失的发生和损害结果的形成有过错责任。本案中，刘恩仁等人因参与企业非法集资被骗而遭受经济损失，请求沈阳市政府返还集资款及利息，其诉求的实质是对沈阳市政府未尽监管职责造成其上当受骗而请求政府行政赔偿。沈阳市政府是否应当予以赔偿，首先应当分析沈阳市政府的不履责行为是否对其损失的发生和结果发挥了作用，具有过错责任。从本案事实看，刘恩仁等人主张沈阳市政府未尽监管职责指的是沈阳市政府未按照法律规定积极履行监管职责义务，并非对刘恩仁等人的特定义务，这种抽象的不履责行为与每一位参与非法集资人员的个体经济损失之间，并不存在具体的因果关系。如果沈阳市政府确实未尽监管职责，也是对社会大众合法权益保护的漠视，并非对特定个体权利的漠视，因此，刘恩仁等人请求沈阳市政府行政赔偿，缺乏必要的事实根据和法律依据。同时，刘恩仁等人与被诉不履行抽象的监管职责行为之间，不存在特定的权利义务关系，亦不具有原告资格。

【合议庭成员：郭修江　李明义　汪国献】

【主审法官：郭修江】

【执笔人：郭修江　陆　阳　熊　俊】

# 后 记

最高人民法院第二巡回法庭行政审判团队自2015年2月2日至2016年6月30日共办理行政案件380余件，行政审判团队的主审法官和法官助理从中精选出50个有典型意义的案件，经过精心撰写和编辑形成本书。本书收录的所有案件的记录、送达等事务性工作是由最高人民法院第二巡回法庭战成和关月书记员完成的，他俩也参与了本书的校对工作；东北大学硕士研究生关鑫，作为第一批实习助理并续聘第二期助理，在行政审判团队工作一年时间，为本书收录案例的审理工作付出了大量辛勤的劳动；吉林大学硕士研究生翟爽、黑龙江大学硕士研究生宋查明，作为第二批实习助理，吉林大学硕士研究生向伟、东北大学硕士研究生王程成、沈阳师范大学研究生孟子煊，作为第三批实习助理，与行政审判团队一起工作半年时间，他们直接参与相关案件的审理活动，为收录案例的审理以及本书的校对做了大量工作。在此一并表示衷心感谢！没有审判团队的齐心协力，一年半的时间，主审法官根本不可能完成近400件案件的审理，更不可能有50个典型案例的发布和本书的面世。团队精神永存！

因认识、能力及时间所限，本书论述不当之处在所难免，请大家批评指正。